ミネルヴァ日本評伝選

生きているうち鬼といわれても

松永安左エ門

橘川武郎著

ミネルヴァ書房

刊行の趣意

「学問は歴史に極まり候ことに候」とは、先哲荻生徂徠のことばである。

歴史のなかにこそ人間の智恵は宿されている。人間の愚かさもそこにはあらわだ。この歴史を探り、歴史に学んでこそ、人間はようやくみずからの正体を知り、いくらかは賢くなることができる。新しい勇気を得て未来に向かうことができる。徂徠はそう言いたかったのだろう。

「ミネルヴァ日本評伝選」は、私たちの直接の先人について、この人間知を学びなおそうという試みである。日本列島の過去に生きた人々の言行を、深く、くわしく探って、そこに現代への批判を聴きとろうとする試みである。日本人ばかりではない。列島の歴史にかかわった多くの異国の人々の声にも耳を傾けよう。

先人たちの書き残した文章をそのひだにまで立ち入って読み、彼らの旅した跡をたどりなおし、彼らのなしとげた事業を広い文脈のなかで注意深く観察しなおす——そのとき、はじめて先人たちはいまの私たちのかたわらによみがえってくる。彼らのなまの声で歴史の智恵を、また人間であることのよろこびと苦しみを、私たちに伝えてくれもするだろう。

この「評伝選」のつらなりのなかから、列島の歴史はおのずからその複雑さと奥ゆきの深さをもって浮かび上がってくるはずだ。これを読むとき、私たちのなかに新たな自信と勇気が湧いてきて、その矜持と勇気をもって「グローバリゼーション」の世紀に立ち向かってゆくことができる——そのような「ミネルヴァ日本評伝選」にしたいと、私たちは願っている。

平成十五年（二〇〇三）九月

上横手雅敬
芳賀　徹

松永安左エ門　実業家の頃

粉吹茶碗　銘「十石」

野々村仁清作「色絵吉野山図茶壺」

（上下とも，山崎信一撮影，福岡市美術館蔵・松永コレクション）

肖像画（宇佐美省吾筆）

晩年（杉山吉良撮影）

扁額「耳庵」 茶人・鈍翁益田孝が書いて贈ったもの
（壱岐松永記念館蔵）

小田原松永記念館（小田原市郷土文化館分館）
敷地内には松永旧居「老欅荘」も保存されている

はしがき

歴史における個人の役割

特定の個人を取り上げ、その人物について評伝を書くということは、別の言い方をすれば、その人物の歴史上の役割を明確にするということである。しかし、歴史における個人の役割を検証することは、それほど容易な作業ではない。

そこで問われる基本的な論点は、「個人αの活動によって歴史の流れが変ったか」ということである。この問いに対して肯定的に答えた場合には、つづいて、「もし個人αの活動がなかったとしても、別の個人βが登場して同様の活動を展開し、ほぼ同様の歴史の流れが形成されたであろうから、αの個人的役割は限定的なものにとどまる」という、反論が待ち構えている。この反論をクリアしない限り、歴史における個人の役割をきちんと検証したことにはならないのである。

本書のテーマ

本書のテーマは、日本電力業の発展過程における松永安左エ門《まつながやすざえもん》の役割を検証することにある。結論を先取りすれば、「松永の活動によって日本電力業の歴史は変った」と主張するわけであるが、その主張には、「もし松永の活動がなかったならば、松永と同様の活動を展開する別の人物は登場しえなかったであろうから、日本電力業の歴史は異なるものとなっていただろう」という、強い推測が込められている。つまり、本書は、日本電力産業史における松永安左エ門個人の役割が限定的なものではなく、きわめて大きなものであったとの見方をとるのである。

右記のようなテーマに取り組むため、本書では、叙述の対象を電力業経営にかかわる松永の言動に限定する。それは、与えられた紙幅を、日本電力業の発展過程における松永の役割を検証することに、可能な限り充当したいと考えるからである。

日本電力業の発展過程

「松永の活動によって日本電力業の歴史は変った」かについて検討するためには、日本電力業の発展過程を概観することから始めなければならない。わが国で最初の電力会社である東京電燈が設立されたのは一八八三年（明治十六年）のことであるが、それから今日にいたる日本の電力業の発展過程は、企業形態の変遷に注目すると、次の三つの時代に区分することができる。

A. 民有民営の多数の電力会社が主たる存在であり、それに、地方公共団体が所有・経営する公営電気事業が部分的に併存した時代（一八八三〜一九三九年）

B. 民有国営の日本発送電と九配電会社が、それぞれ発送電事業と配電事業を独占的に担当した電力国家管理の時代（一九三九〜五一年）［ただし、配電統合により九配電会社が発足したのは、一九四二年のことである］

C. 民有民営・発送配電一貫経営・地域独占の九電力会社が主たる存在であり、それに、地方公共団体が所有・経営する公営電気事業や特殊法人である電源開発㈱、官民共同出資の日本原子力発電㈱などが部分的に併存する九電力体制の時代（一九五一年以降）［「九電力体制」は、一九八八年の沖縄電力の民営化によって、「十電力体制」へ移行した。しかし本書では、九電力体制から十電力体制への移行が日本の電力業の企業形態に本質的な変化をもたらすものではなかったとの認識にもとづいて、便宜上、一九八八年以降の時期についても、「九電力体制」という表現を使用する］

このうちAの時代は、電力会社間の市場競争の有無によって、以下のように、さらに三つの時期に細分化される。

A1．おもに小規模な火力発電に依拠する電灯会社が都市ごとに事業展開し、競争がほとんど発生しなかった時期（一八八三～一九〇七年）

A2．おもに水力発電と中長距離送電に依拠する地域的な電力会社が激しい市場競争（「電力戦」）を展開した時期（一九〇七～三二年）

A3．カルテル組織である電力連盟の成立と供給区域独占原則を掲げた改正電気事業法の施行により、「電力戦」がほぼ終焉した時期（一九三二～三九年）

また、Cの時代も、市場競争の有無によって、

C1. 民営九電力会社による地域独占が確立しており、市場競争が存在しなかった時期（一九五一～九五年）

C2. 電力自由化の開始により、電力の卸売部門と小売部門で市場競争が部分的に展開されるようになった時期（一九九五年以降）

の二つの時期に細分化される。

日本電力業の特質　以上のように概観することができる日本電力業の発展過程の大きな特質は、国家管理下におかれたBの時代を例外として、基本的には民営形態で営まれてきた点に求めることができる。この点は、やはり電気に関連する公益事業であり、戦前は電力業と同じく逓信省の管轄下にあった電気通信業が、一八六九年の事業開始から一九八五年の日本電信電話公社の民営化まで一貫して政府の直営ないし公社経営のもとにおかれたことと、対照的ですらある。

電気通信業の場合と異なり、電力業で民営形態が支配的であった理由としては、初期条件の違い（a）とその後の条件の違い（b）という、二点を指摘すべきであろう。aは、明治政府が国防上ないし治安維持上の観点から電気通信業を決定的に重視したということであり、bは、民間電力会社内に電力業経営の組織能力が蓄積され、それが、いく度か試みられた電力国営化の動きを基本的には封じ込めた（国家主義的イデオロギーの台頭を背景に強行された一九三九～五一年の電力国家管理を例外として）ということである（Kikkawa, 1992・2001）。

民営形態が支配的だったという日本電力業の発展過程の特質は、国際比較を行うと、いっそう鮮明になる。例えば、第二次世界大戦後のヨーロッパでは、電力国営化の動きが活発化し（Myllyntaus, 1991）、現にイギリス・フランス両国では、一九四六年から一九四八年にかけて電力業が国営化された（Caron, 1979; Hannah, 1979・1982）。しかし、同じ時期の日本では、これと正反対の動きがみられた（Kikkawa, 1993）。戦時統制の一環として実施された電力国家管理を廃止し、今日も続く民営九電力体制を生み出した一九五一年の電気事業再編成が、それである。電気事業再編成の結果、戦後日本の電力業の企業形態は、大規模な民間九電力会社を中心的な経営主体とするという、国際的にみて際立った特徴を有することになった。このような企業形態は、民有民営方式が支配的である点で主要ヨーロッパ諸国のそれとは異なり、民間電力会社の事業規模が大きい点でアメリカのそれとも異なっていた（Vietor, 1986）。

日本電力業が基本的には民営形態で営まれてきた点を強調することに対しては、たとえ民営形態が支配的であったにしても、公益事業である電力業に対しては政府の介入は避けられないから、電力業経営の自立性は限定されたものとなり、民営であることは意味をもたないのではないか、という反論がありうるかもしれない。しかし、このような議論は、公益規制が存在する状況のもとでも民間の電力業経営者が政府から自立し、自律的な経営を展開する可能性があることを見落としている点で、重大な難点をもっている。前著（橘川、一九九五）の第二〜四章、第六〜七章で詳述し、本書でも後述するように、右記の可能性は、一九三〇年代および一九五〇年代から一九七〇年代初頭にかけての時期には、現実のものとなったのである。

松永安左エ門に注目する理由

すでに述べたように、民営形態が支配的だという日本電力業の発展過程の特質が形成された理由は、明治政府が電力業を国防上ないし治安維持上の観点から電気通信業ほどには重視しなかったという初期条件（a）に加えて、「民間電力会社内に電力業経営の組織能力が蓄積され、それが、いく度か試みられた電力国営化の動きを基本的には封じ込めた」という事後的条件（b）が作用した点に求めることができる。このうちbの「民間電力会社内に蓄積された組織能力」の最も顕著な体現者となったのが、ほかならぬ松永安左エ門である。

本書が松永安左エ門に注目する理由は、この点に求めることができる。

「電力の鬼」

松永安左エ門は、九電力体制を生み出した一九五一年の電気事業再編成直後の時期に、公益事業委員会委員長代理として電気料金の値上げを推進した際、その強行姿勢を揶《や》揄《ゆ》される形で「電力の鬼」と呼ばれるようになった。しかし、この悪名、いや異名は、彼の本質をものの見事に言い当てたものである。

松永安左エ門が当時、電気料金値上げについて一歩もひかぬ強い姿勢を示したのは、彼の信念である民営九電力体制の基盤を固めるために、それが必要不可欠な施策だと判断したからである。要するに、松永は信念の人であった。最も合理的だと考えた電力業に関するビジネスモデルを確立するためには、時には「鬼」ともなって、非妥協的な姿勢を貫いたのである。

本書の構成

松永安左エ門は、一八七五（明治八）年に生誕した。彼が電力業経営の第一線に立っていたのは、第二次世界大戦までの時期に限られる。電力業経営者としての松永安左エ門のキャリアは、九州電燈鉄道とその前身各社（福博《ふくはく》電気軌道が改称した博多電燈軌道と九州電気とが一九一二年に合併して、九州電燈鉄道が誕生した）のトップマネジメントを歴任していた一九〇八～二二（明治四一～大正十一）年の時期と、東邦電力のトップマネジメントの座にあった一九二二～四二（昭和十七）年との時期とに、大きく二分することができる。

本書の第一章では、生誕から九州電燈鉄道時代までの松永の動向をあとづける。第二章と第三章では東邦電力時代の彼の活動を振り返るが、第二章では東邦電力社内での経営行動に、第三章では電力業界全体にかかわる行動に、それぞれ光を当てる。

東邦電力の経営者として電力国家管理の動きに徹底抗戦して敗れることになった松永安左エ門は、一九四二年の配電統合（いわゆる「第二次電力国家管理」）による東邦電力の解散後、隠居生活にはいった。しかし、第二次大戦の敗戦を経た一九四九年に松永は、電気事業再編成審議会の会長に就任し、第一線への復帰をはたした。

本書の第四章では、電力国家管理に対する松永の反対活動をあとづける。第五章では、電気事業再編成のプロセスで松永のリーダーシップがいかに貫徹されたかを検証する。

電気事業再編成を通じ、持論である民営九電力体制を構築することに成功した松永安左エ門は、一九七一（昭和四六）年に永眠するまで、電力中央研究所理事長などの要職に就いて活躍を続けた。彼の死後、石油危機などを経て、民営九電力体制は変質をとげるようになり、その弊害が目立つようになった。そして、ついに一九九五（平成七）年から、同体制の根幹を揺るがす電力自由化が開始されることになった。

本書の第六章では、民営九電力体制発足後の松永の活動を振り返る。そして、彼の死後の時期を取り扱う第七章では、電力自由化のプロセスに松永の遺産をいかに活かすべきかを考察する。

以上が、本書のおおまかな構成である。

基本的な参考文献　はしがきの最後に、松永安左エ門について論じる際に欠かすことのできない基本的な参考文献を、数点あげておこう。本書においても、これらの文献はしばしば登場する。

まず伝記としては、小島直記《こじまなおき》の大著、『松永安左エ門の生涯』（小島、一九八〇）がある。この書物は、多数存在する松永安左エ門の伝記のなかでも出色のものであり、本書も、松永の足跡の個人的側面にかかわる記述については、その大半を同書に拠っている。とくに、八八頁に及ぶ松永安左エ門の「年譜」は、きわめて高い資料的価値をもつ。

次に会社史としては、『東邦電力史』（東邦電力史刊行会編、一九六二）が重要である。東邦電力は、松永安左エ門が電力業経営者として辣腕をふるう場となった企業である。同書を読むと、同社が、松永の強力なリーダーシップのもとで、「科学的経営」を展開した様子が、手に取るように伝わってくる。なお、同社の前身となった関西水力電気・名古屋電燈・九州電燈鉄道に関する叙述も含まれている。

さらに、松永安左エ門自身が書き残したものとしては、『電力再編成の憶い出［復刻版］』（松永、一九七六）がとくに有用である。松永の死後に刊行されたこの書物には、彼の晩年の考えが要領よくまとめられている。電力業経営に関する松永の考えの最終的到達点を知るうえで、欠かせない書物である。

最後に研究書としては、筆者が九年前に刊行した『日本電力業の発展と松永安左ヱ門』（橘川、一九九五）がある。なお筆者は、一二〇年余におよぶ日本電力業史全体を鳥瞰した『日本電力業発展のダイナミズム』（橘川、二〇〇四ａ）を、最近発表した。

松永安左エ門――生きているうち鬼といわれても　目次

写真一覧

図表・資料一覧

松永安左エ門関係地図

家族（最前列左から一子夫人，母，安左エ門）（壱岐松永記念館蔵）

第一章　電力業との遭遇とビジネスモデルの確立
（一八七五〜一九二二年）

1　勃興期の日本電力業

松永安左エ門は、一八七五（明治八）年十二月一日、長崎県壱岐《いき》郡石田《いしだ》村で、事業を営む父・二代目松永安左エ門と母・ミスの長男として生まれた。幼名は亀之助であった。

松永の生誕と成長

亀之助は、満十四歳であった一八八九年九月、壱岐島を出て上京し、福澤諭吉が教える慶應義塾に入学した。のちに生涯の盟友となりライバルともなる福澤（旧姓岩崎）桃介《ももすけ》は、その前年の一月に福澤諭吉の養子となっており、亀之助の慶應義塾入学時には、アメリカ留学中であった。

福澤邸の近くの慶應義塾の寄宿舎で生活していた亀之助は、朝の散歩のお供をすることで、福澤諭吉の薫陶を直接受けることができた。一八八九年十一月に帰国した福澤桃介と亀之助が知り合ったのも、二人がそろって諭吉の散歩のお供をした際のことである（以上、小島、一九八〇、六二〜六六頁）。桃介は、帰国直後、諭吉の次女の房《ふさ》と結婚した。

一八九三年一月、父・二代目松永安左エ門が死去した。亀之助は家督を相続し、父の死から三カ月後の同年四月に三代目松永安左エ門を襲名した。

三代目松永安左エ門（以下、松永安左エ門）は、いったん慶応義塾をやめ、壱岐島に戻って、家業の整理にあたった。その後、一八九六年に慶応義塾に復学したが、卒業をまたずに中退し、福澤桃介の紹介で、一八九九年三月に日本銀行に就職した。しかし、サラリーマン生活は水に合わず、日本銀行員としての松永の生活は、わずか一年間で終了した。

生家（長崎県壱岐郡石田村）（壱岐松永記念館蔵）

その後松永安左エ門は、材木商（丸三商会）や石炭商・コークス商（福松《ふくまつ》商会）を営んだが、これらはいずれも福澤桃介との共同事業であった。このうち一九〇一年に創立した福松商会は、福澤と松永からそれぞれ一字ずつをとって命名したと言われている（小島、一九八〇、二五六頁）。

一九〇四年七月、松永安左エ門は、大分県中津《なかつ》町の旧家出身の竹岡カズ（のちの松永一子《かずこ》）と結婚した。安左エ門は満二十八歳、カズは満十九歳であった。

電力業との遭遇

福松商会での粉炭《ふんたん》やコークスの取扱いで北九州に人脈ができた松永安左エ門は、人に頼まれて一九〇九年に福岡市を走る福博《ふくはく》電気軌道の専務取締役となり、動力源である電力に目を向けるようになった。そして、一九一〇年には九州電気株式会社を設立し、同社の常務取締役として電力業経営へ本格的にのめりこんでいった。一方、福澤桃介もまた、一九〇九年に福博電気軌道の社長、および一九一一年には九州電気の取締役に就任した。松永安左エ門と福澤桃介は、ほぼ同時に、二人三脚を組むようにして、電力業経営者としてのキャリアを刻み始めたのである。

若い頃　右は弟（壱岐松永記念館蔵）

九州電気は、一九一二年に博多電燈軌道と合併し、九州電燈鉄道として新発足した。本章では、松永安左エ門が電力業経営者としての初期のキャリアを積んだ、九州電燈鉄道にいたる北九州の電力諸会社における彼の活動を振り返る。松永が電力業経営者として活躍を開始した時期は、本書の「はしがき」で示した時期区分に照らせば、Ａ2の前半に当たる。本題にはいる前に、この節では、Ａ1からＡ2の前半にかけての時期における日本電力業の動向を概観する。

日本電力業の勃興

日本最初の電力会社として一八八三（明治十六）年に設立された東京電燈は、一八八七年には南茅場町《みなみかやばちょう》火力発電所の運転を開始し、一般向けの電気供給を始めた。世界最初の一般供給用発電所がイギリスのロンドンで運転を開始したのは一八八二年のことであるから、南茅場町火力発電所は、それからわずか五年だけ遅れて運転を開始したことになる。

それ以後日本では全国の主要都市で電力会社の設立が相次ぎ、日露戦争（一九〇四～〇五年）直前の一九〇三年末の時点では、『日本帝国統計年鑑』によれば、六〇社の電力会社が存在していた（内閣統計局編、一九〇四、八七九～八八二頁）［ただし、同書には、福岡・香川両県の電力会社が計上されていないため、実際の電力会社数は六〇社よりもいくらか多かったものと思われる］。しかし、電源開発の状況を示した表1・1や、固定資本形成に対する電力投資の比率を示した図1・1からわかるように、日露戦争以前の時期には、電力業の事業規模はまだきわめて小さかった。

日露戦後期の事業拡大

このような状況は、日露戦争を境に大きく変化した。表1・1および図1・1から明らかなように、電力業の事業規模は日露戦後期に爆発的に拡大した。この事業規模の拡大は、電灯の一般家庭への普及の開始（図1・2）と、工場電化の開始（図1・3）とを主要な内容とする、電気需要の急膨張によって引き起こされた。表1・2から明らかなように、日露戦後期には、なかでも電灯需要の膨張が重要な役割をはたした。この時期には、電灯料金が顕著に低落するなかで、従来の石油ランプに代って電灯が、一般家庭でもともされ始めた（関西地方電気事業百年史編纂委員会編、一九八七、六四～六七頁）。

表1－1　第1次世界大戦以前の電源開発

（単位：千kW）

期　　間	水力	火力	合計
1883～1903年	0.4	0.8	1.2
1904～1914	33.5	14.2	47.6
1915～1918	33.8	7.3	41.0

注：1．数値は1カ年平均の純増額。
　　2．電気事業用落成分のみ計上。
出典：『電気事業要覧』。

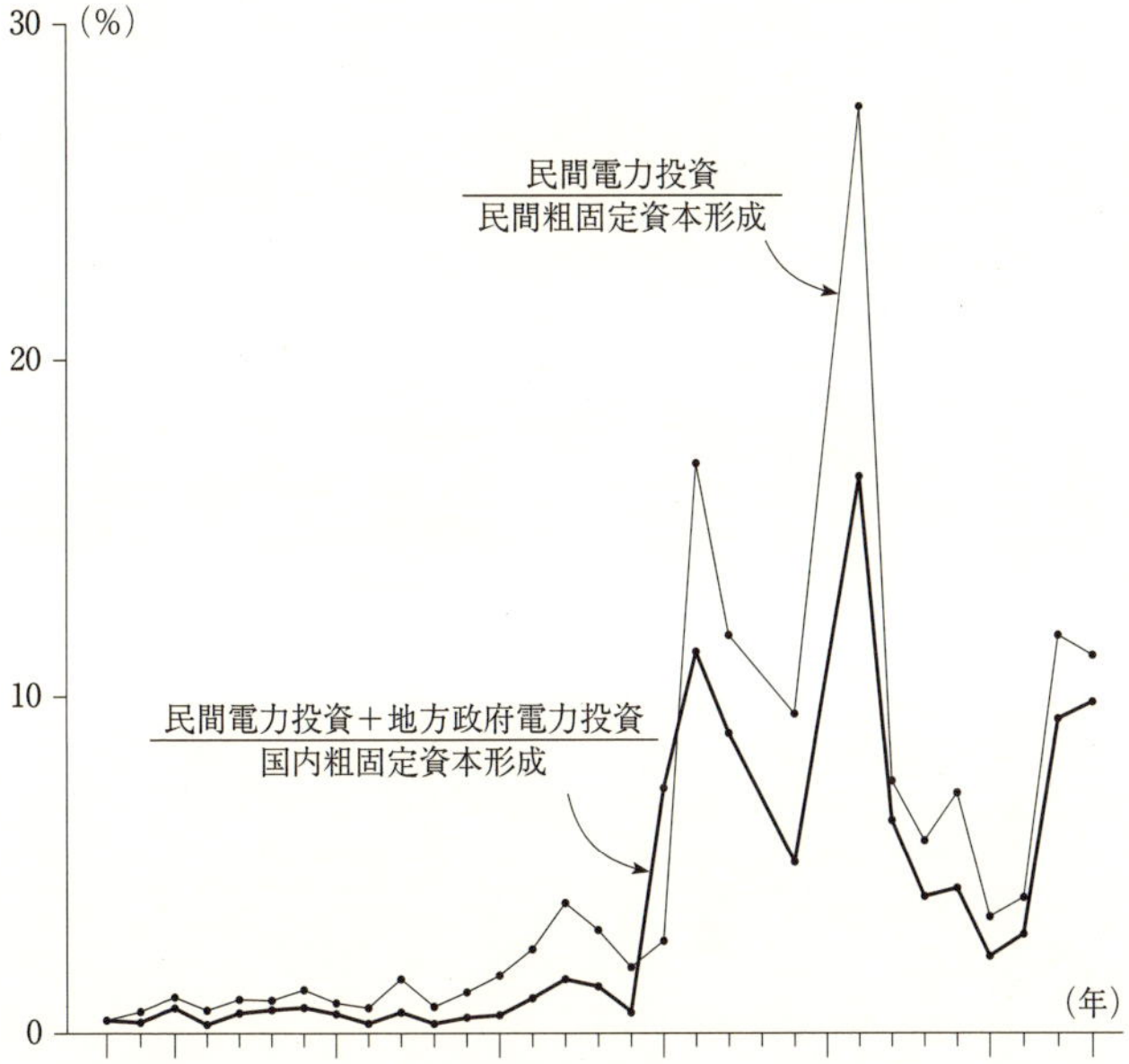

図1－1　固定資本形成に対する電力投資の比率
出典：江見康一『長期経済統計4　資本形成』。

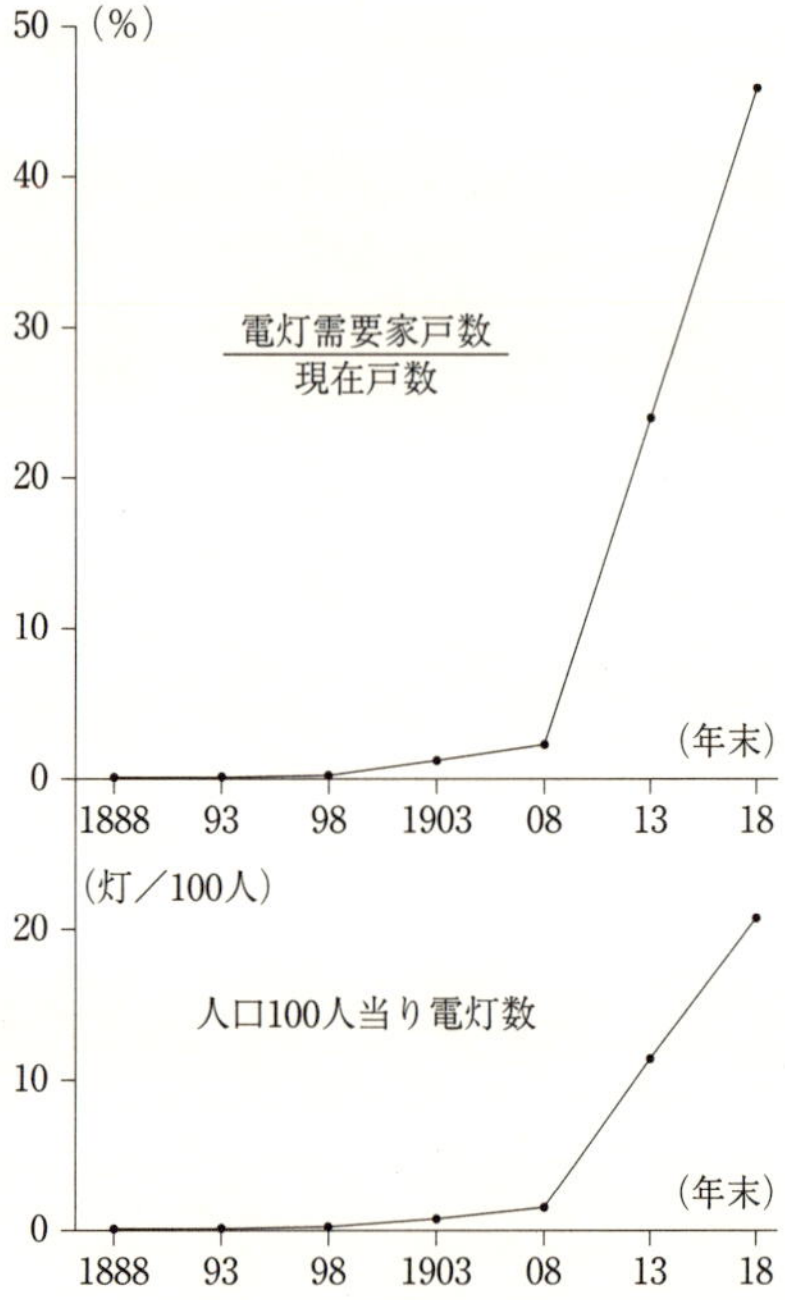

図1－2　電灯の普及状況

出典：『日本帝国統計年鑑』。『電気事業要覧』。

一方、日露戦後期には、電力・石炭相対価格（石炭に対する電力の価格）も低下傾向を示した（阿部・橘川、一九八七、一二～一五、二〇～二一頁、橘川・阿部、一九八七、二二九～二三五頁）。このことは工場電化を開始させる重要な条件となったが、ここで見落してはならない点は、図1・3からわかるように、日露戦後期には電動機の普及が蒸気機関の普及に比べれば立ち遅れていたことである。電力・石炭相対価格が低下したにもかかわらずこのような状況が生じたのは、配電網の形成が不十分だったからであった〔例えば、産地綿織物業の事例については、（阿部・橘川、一九八七、一七～二〇頁）参照〕。日本全国で配電網の整備が進んだのは、第一次世界大戦後のことであった。

このように日露戦後期には電灯料金と電力・石炭相対価格はともに下落し、電気総合単価も低下傾向を示した。電気総合単価の低下を可能にした最大の要因は、中距離送電技術の確立と結びついた大容量水力発電所の建設による発電コストの低減に求めることができる。中距離送電と結びついた大容量水力発電所の嚆矢となったのは、東京電燈が一九〇七年に運転を開始した駒橋《こまはし》発電所であった。

水主火従への移行

表1・1にあるように、日露戦後期には、従来とは異なり、水主火従の電源開発が行われた。その

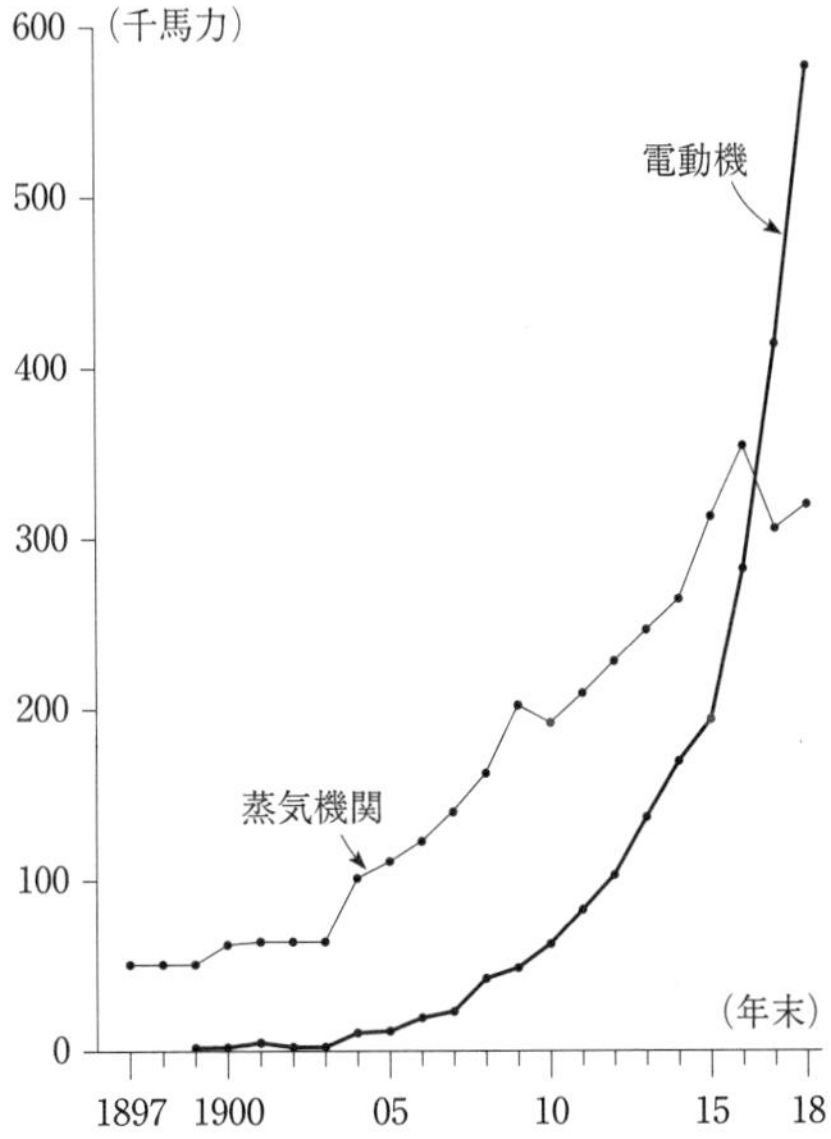

図1−3　製造業の蒸気機関・電動機の馬力数
出典：南亮進『長期経済統計12　鉄道と電力』。

表1−2　消費電気量の増加状況

（単位：百万 kWh）

期　　間	電灯	電力	合計
1908〜1914年	94	45	139
1915〜1918	109	210	318

注：1．数値は1カ年平均の純増額。
　　2．電気事業者の需要端の増加状況。
出典：南亮進『長期経済統計12　鉄道と電力』。

結果、一九一一年には、水力発電所の出力が火力発電所の出力を凌駕するにいたった（南、一九六五、二〇六頁）。

第一次大戦期の電力業

一九一四〜一八（大正三〜七）年の第一次世界大戦期には、表1・2から明らかなように、日露戦後期をはるかにしのぐ勢いで電気需要は膨張した。第一次世界大戦期には、電灯の一般家庭への普及は継続し（図1・2）、電動機が蒸気機関を凌駕するいわゆる「第二の動力革命」が進行した（図1・3）。表1・2にあるように、この時期には電力需要の膨張がとくに重要な役割をはたし、一九一八年には電力用消費電気量が電灯用消費電気量を上回るにいたった（南、一九六五、一九八頁。なお、ここでは、電気事業者の需要端の電力用消費電気量と電灯用消費電気量とを比較している）。第二の動力革命が急速に進行した背景には、石炭価格が急騰したため、第一次世界大戦期には電力・石炭相対価格が大幅に低落した（阿部・橘川、一九八七、一五頁）という事情が存在した。

このような電気需要の拡大にもかかわらず、第一次世界大戦期には、電源開発は伸び悩み（表1・1）、固定資本形成に対する電力投資の比率は減退した（図1・1）。これは、第一次世界大戦期特有の投資制約要因によって引き起こされた現象であった。「大戦ブーム」と呼ばれた好況の影響で、日本の多くの産業が収益性を高め、活発な設備投資を展開したため、収益性が安定的な電力業には、十分な設備資金が回らなくなったのである。それは、不況が慢性化した日露戦後期に、他の多くの産業が収益性を低下させるなかで、安定的な収益性を維持した電力業に社会的資金が集中したのとは、まさに、正反対の事態であった〔以上の点については、（橘川、一九九五、三六～四六頁）参照〕。

早期発展のメカニズム

世界最初の一般供給用発電所の始動からわずか五年後に日本最初の一般供給用発電所が運転を開始したことからもわかるように、日本の電力業は、欧米先進諸国の電力業とほぼ同時に成立した。後発国日本において、いわゆる「移植産業」が欧米先進諸国とほぼ同時に成立し、その後も順調な発展をとげたことは異例の事態であったが、これが可能になった背景には、電力業の場合には国際競争が存在しないという特殊事情が存在した。

しかし、ここで見落すことができない点は、後発国における電力業の早期発展にとって、国際競争の欠如は、必要条件ではあっても十分条件ではないことである。別言すれば、後発国の側に一定の経済的条件が備わっていなければ、電力業が早期に発展することは困難だと言うことができるが、その際必要とされる中心的な条件の一つは、電力業が資本集約度の高い産業であることを考え合せれば、資金面での条件ということになろう。すでに、別の機会に検討したように（橘川、一九九五、三二～四六頁）、日本の電力業は、日露戦後期に株式発行を通じた社会的資金の動員を進展させ、この条件をクリアした。そして、その際みられた株主数の多数化の立ち遅れという限界性も、第一次世界大戦期には解消に向かった。

このように、株式発行を通じた日本電力業の資金調達方式は第一次世界大戦の終りまでに一応の確立をみたが、この方式には一つの問題点が含まれていた。それは、電力業の収益性が比較的安定していたために、他の産業の景況の良し悪しによって、電力業の資金調達の規模が他律的に規定されるという問題点であった。やや図式的に言えば、電力業の資金調達にとって不況期は有利であり、好況期は不利であったということになる。日露戦後期は前者の典型的事例であり、第一次世界大戦期は後者の典型的事例であった。第一次世界大戦期までの日本電力業の資金調達は、一種の反循環的特質を有していたのである〔この日本電力業の資金調達における反循環的特質が希薄化したのは、内部資金の拡充が進んだ一九三〇年代のことである（橘川、一九九五、四八～六六頁）〕。

ところで、ここで指摘しなければならないのは、資金問題の解決は、あくまで日本電力業の早期発展にとっての「中心的な条件の一つ」だったことである。早期発展が実現するためには、いま一つの「中心的な条件」が必要であった。その条件とは、発展のダイナミズムを生み出す優れた経営者の存在という、人的な条件のことである。

日本の電力業の場合には、発展初期からダイナミズムを体現する経営者が、数は多くないが確実に存在した。その代表格は、A2の時期に頭角を現わした松永安左エ門と福澤桃介であった。次節では、松永と福澤の電力業経営者としての初期の活動に光を当てる。

2　電力業経営者としてのスタート

松永安左エ門と福澤桃介

具体的な検討にはいる前に、なぜ、松永安左エ門と福澤桃介に注目するのかを明らかにしなければならない。その理由は、三つある。

である。

第一の理由は、二人が第二次世界大戦以前の日本の電力業界における代表的な経営者だったことである。九州電燈鉄道の常務や東邦電力の社長などをつとめた松永が「電力の鬼」と呼ばれ、名古屋電燈の社長や大同電力の社長などをつとめた福澤が「電気王」と呼ばれるようになったことは、そのことを端的に示している。松永と福澤は、電力統制問題を本格的に検討するため一九二九年一月に設置された臨時電気事業調査会（逓信大臣の諮問機関）に、業界代表の委員として参加した。

親しい間柄

第二の理由は、松永と福澤の二人が、個人的にきわめて親しい間柄だったことである。

この点について、小島直記の大著『松永安左エ門の生涯』は、「桃介は安左エ門にとって、兄貴分、盟友、生涯をつらぬく事業の仲間となる」（小島、一九八〇、七五頁）、と述べている。一方、大西理平編の『福澤桃介翁伝』は、さらにふみこんで、次のように記している。

桃介氏が福澤先生〔福澤諭吉のこと…引用者〕の裏返しであるその同じ着物を、表に返して着たのが、松永安左ヱ門である。松永氏の得意の逆説法と放言と短気なセッカチと、二六時中寸時もぢつとして居られぬ何かして居らぬと気が済まぬレストレスネスな所など、全て桃介氏直伝の流儀ならざるなしである。唯松永氏が桃介氏ほど偽悪を衒《てら》はず、不品行を大ビラに振舞はぬ所などは、同じ着物でも元に戻つて表に返した福澤先生の御下りの儀を被て居るからである。即ち同じ着物ながら先生一代と、桃介氏の裏返しと、そのお下りを又表返しに三代の長年月を被た為め、大分ボロボロに裂

福澤桃介

けたり、色の褪《あ》せた所はあるにしても兎に角福澤先生の衣鉢の幾部分を伝へて居ることに於て、松永氏の存在も偉なりとせねばならぬ。又其処に松永氏の強い個性のあることを争はれぬ。

（大西編、一九三九、一九〇〜一九一頁）

桃介氏が海上ビルの中央亭で病に倒れ、昏々として生死の間に彷徨して居る時に、無意識に口を突いて出た言葉は外ならぬ。

「安さん、々々々、」

と云ふ連呼であった。この二た声箇なりと雖も両人が一生を通じて、結ばれた深縁の如何に緊密不可分のものであるか、喧嘩をしても離間をしても、両人の奥底深く潜在して消すに消されぬ感激の一念は、如何ともすべからざるもののあることが知られる。（大西編、一九三九、一九二〜一九三頁）

松永安左エ門にとって、一八六八年生まれで七歳年上の福澤桃介は、慶応義塾の先輩であり、日本銀行への就職を世話してもらった「兄貴分」であった。また、株式売買への関与や政界への進出などの点で、松永は、福澤のあとを追う形となった［福澤桃介は、一九一二年五月に、千葉県から衆議院議員に選出された。松永安左エ門は、それから五年後の一九一七年四月に、福岡市選出の衆議院議員に当選した」。さらに、福澤と松永との関係は、丸三商会（一八九九〜一九〇〇年）や福松商会（一九〇一年設立）の経営の面では、「盟友」ないし「事業の仲間」と呼べるものであった。

電力業における連携　第三の理由は、ほかならぬ電力会社の経営に関しても、松永と福澤の二人が連携したことである。

この点は、

①九州の福博電気軌道、九州電気、博多電燈軌道、九州電燈鉄道（後述するように、これらの会社はすべて継承性をもつ）において、松永と福澤が同時にトップマネジメントに名を連ねたこと、
②福澤が社長をつとめていた名古屋電燈の経営の立て直しを、松永が遂行したこと、
③いずれも五大電力の一角を占め、互いに関係会社である東邦電力（松永）と大同電力（福澤）のトップマネジメントとして、同時代に活躍したこと、

などに現われている。

電源開発モデルの違い　ところで、これまでいくつかの伝記のなかで、松永は、電力業経営者として福澤の後継者であるということが言われてきた（例えば、大西編、一九三九、二四八、四〇四、四一一頁）。たしかに、ここまで指摘してきた第二の理由や第三の理由を考慮に入れるならば、このような議論が生じるのは、しかたがないことなのかもしれない。

しかし現実には、次章で詳述するように、電力統制問題に関する松永と福澤の見解は、相当に異な

っていた。密接な間柄にあり、同じ時期に同じ電力会社を経営していたこともある松永と福澤の電力統制構想が食い違いをみせたのは、両者の電源開発に対する考え方が大きく違っていたからであった。松永は水火併用方式、福澤は水力中心主義という、異なる電源開発モデルを両者は推進したのである。

電力業経営への着手

福澤桃介と松永安左エ門が初めて電力業の経営に乗り出しかけたのは、一八九八年に利根川水力電気の設立を試みたときであった。しかし、結局、二人は、この事業計画から手を引くことになった（小島、一九八〇、一六五～一七〇頁）。

それから八年後の一九〇六年十一月に福澤は、佐賀県の広滝《ひろたき》水力電気の大株主となった（大西編、一九三九、二五五、年譜八頁）。そして彼は、一九〇九年八月に設立された福博電気軌道の社長や、一九一〇年九月に設立された九州電気の取締役に、次々と就任した（表1・3）。これらの広滝水力電気・福博電気軌道・九州電気の各社は、すでに一八九六年三月に設立されていた博多電燈とともに、一九一二年六月に誕生した北九州を代表する大規模電力会社、九州電燈鉄道の前身となった（図1・4）。

福澤は、一九二三年に刊行された『九電鉄二十六年史』のなかで、

詩に曰く『毖彼泉水。亦流干淇。有懐干衛。靡日不思』と。予の元九州電燈鉄道株式会社に於けるや、実に斯くの如きものあり。蓋し、予が電気事業との交渉を生ずるに至れるは、全く其端を同社の創立に発し、同社は予の為めに発祥の源泉たるを以てなり。今日予の関与する多数電気会社の事業の如き、其の流れて淇に注げるにも比すべき乎、（東邦電力株式会社、一九二三、序一頁）［なお、

表1－3　松永と福澤の図1－4掲載会社における役員経歴

会社名	松永安左エ門	福澤桃介
広滝水力電気	1908年2月〜1910年9月 監査役	
福博電気軌道	1909年8月〜1911年9月 専務	1909年8月〜1911年9月 社長
九州電気	1910年9月〜1912年6月 取締役 1911年1月〜1912年6月 常務	1911年1月〜1912年6月 取締役
博多電燈軌道	1911年11月〜1912年6月 専務	1911年1月〜1912年6月 相談役
九州電燈鉄道	1912年6月〜1922年5月 常務	1912年6月〜1922年5月 相談役

注：期間は，在任期間を示す。
出典：主として，『九電鉄二十六年史』東邦電力株式会社，による。

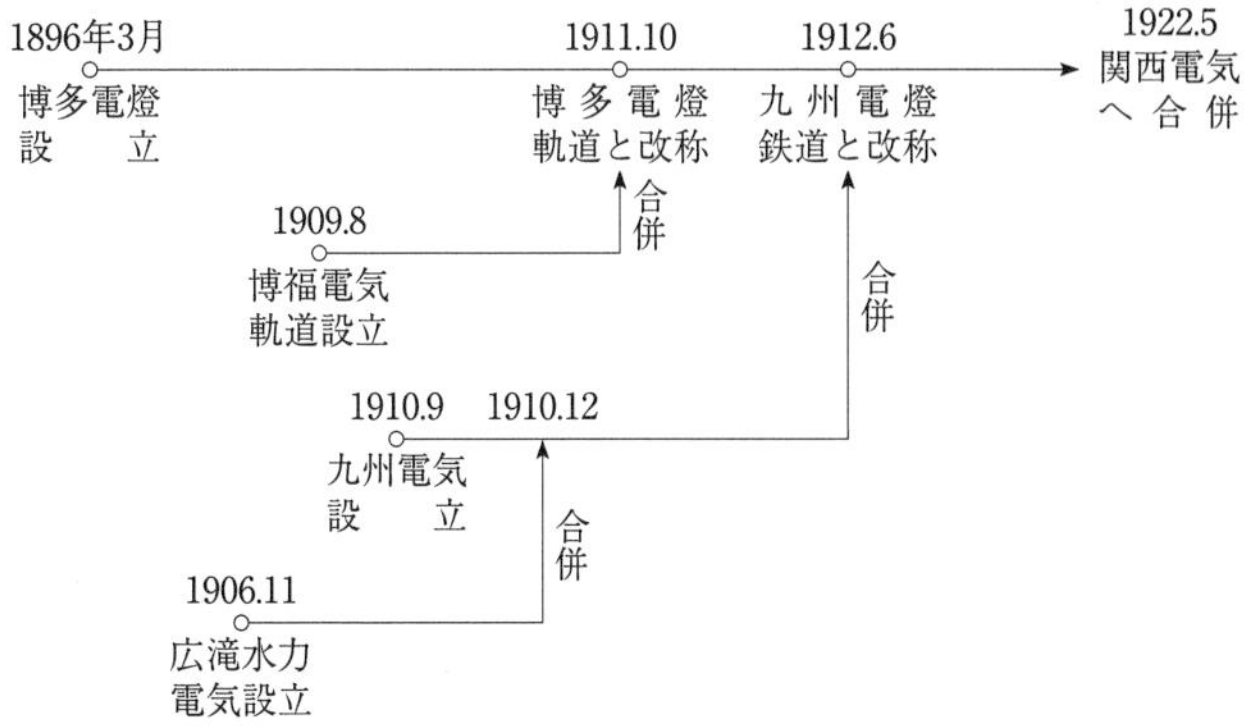

図1－4　九州電燈鉄道の成立過程

引用に際して、漢詩の部分に付せられていた返り点は省略した」

予が松永君との友義関係から、明治四十二年［一九〇九年…引用者］『福博電気軌道』の事業に関与し之に投資した一事が、枝から枝を出し、遂に予をして今日の如く本邦の電気事業と広き交渉を有せしむるに至つた、（東邦電力株式会社、一九二三、二四八頁）

と述べている。つまり、広滝水力電気や福博電気軌道などの経営への関与は、電力業経営者としての福澤の出発点となったのである。

福博電気軌道の後身・西日本鉄道の車両
（壱岐松永記念館蔵）

この点は、松永の場合も、まったく同様であった（小島、一九八〇、四六一～四九二頁）。松永は、一九〇八年から一二年にかけて、広滝水力電気、福博電気軌道、九州電気、博多電燈軌道、九州電燈鉄道の役員に、次々と就任した（表1・3）。

電力経営への姿勢の違い

こうして福澤と松永は、ほぼ同じ時期にともに北九州で電力業経営者としての歩みを開始したわけであるが、現実には、この時点での電力会社経営に対する二人の姿勢は、大いに異なっていた。この点について、『福澤桃介翁伝』は、次のように述べている。

明治四十二年松永氏が、福博電気軌道を創立する際、余り気乗りのしない桃介氏を引張り出して社長に推し、自ら専務取締役として一路電気事業に邁進するやうになつてから、表面桃介氏を担ぎながら、事実は殆んど松永氏の独舞台で、スクスク羽翼を伸ばして往つた。

左れば桃介氏も

『自分は時々顔を出す程度で、事実松永の独力経営であつた』

と其間の消息を漏らしてゐる。（大西編、一九三九、四〇九頁）

このような状況は、なにも福博電気軌道に限られたことではなく、九州電燈鉄道でも同様であった。九州電燈鉄道において、経営の実権を握ったのは常務の松永であり（小島、一九八〇、四八八頁）、相談役の福澤はあまり口出ししない大株主の座にとどまった［（九州電燈鉄道株式会社、一九一七）によれば、一九一七年五月末現在で、福澤桃介は、九州電燈鉄道の発行済株式総数三六万株のうち二万五〇〇株を所有する、同社の筆頭株主であった］。

3　九州電燈鉄道の経営とビジネスモデルの確立

前節で振り返ったように、松永安左エ門は、北九州の電力諸会社（広滝水力電気、福博電気軌道、九州電気、博多電燈軌道、九州電燈鉄道）の役員に、次々と就任することによって、電力業経営に本格的に関与するようになった。その活動の集大成とも言える九州電燈鉄道における松永の経営については、次の三点に注目する必要がある。

低料金高サービス

第一点は、松永が、低料金高サービスの利用者開拓主義を採用したことである。九州電燈鉄道時代に松永は、電灯料金を大幅に値下げするとともに、「電柱一本につき、三十灯以上の申込みがなければ延長しない」という供給規定上の制限を取り除き、辺鄙《へんぴ》な地域にも可能な限り電気を供給した。このような低料金高サービスによる利用者開拓主義は、結局は九州電燈鉄道の業績向上をもたらし、同社が九州電力業界の覇者となるうえで大きな力を発揮した。

水火併用の電源構成

第二点は、松永が、水火併用の電源構成を追求したことである。九州電燈鉄道の誕生をもたらしたのは博多電燈軌道と九州電気との合併であった（図1・4）が、松永は、この合併の実現にリーダーシップを発揮した。その際の彼の企図は、火力発電中心の博多電燈軌道と水力発電中心の九州電気とを統合することによって、水火併用の電力供給体制を構築し、発電コストを引き下げる点にあった。（東邦電力株式会社、一九二三、二四一～二四三頁）。

近代的な会計システム

第三点は、旧来の大福帳式の会計処理を改め、勘定科目を整理して、近代的な会計システムを導入したことである。

一連の調査をふまえて採用されたこのシステムは、約二十年後の一九三一（昭和六）年の電気事業法改正の際に、電気事業会計規則のなかにそのまま取り入れられることになったほど、革新的なものであった。十分な調査、研究をふまえて、科学的で合理的なシステムを導入するというこの手法は、その後も松永の電力業経営において、しばしば大きな効果をもたらした。

松永のキャリアとビジネスモデル

電力業経営者としての松永安左エ門のキャリアは、九州電燈鉄道とその前身各社（広滝水力電気、福博電気軌道、九州電気、博多電燈軌道）のトップマネジメントを歴任していた一九〇八～二二（明治四一～大正十一）年の時期と、東邦電力のトップマネジメントの座にあった一九二二～四二（大正十一～昭和十七）年の時期とに、大きく二分することができる。本書では、続く第二章、第三章、第四章で、東邦電力時代の松永の経営行動に光を当てる。

九州電燈鉄道とその前身各社および東邦電力のトップマネジメントとして、松永は、

①需要家重視の姿勢の徹底
②水火併用方式にもとづく電源開発
③資金調達面での革新
④調査・研究に裏打ちされた科学性・合理性の追求

という四つの点で特徴づけられる、電力業に関する優れたビジネスモデルを作り上げた。このうち、③を除く三点については、低料金高サービスの利用者開拓主義の採用（①）、火力中心の博多電燈軌道と水力中心の九州電気との統合（②）、近代的な会計システムの導入（④）、などからみて、すでに、九州電燈鉄道時代に確立されていたとみなすことができる。残る③の「資金調達面での革新」を松永が成し遂げたのは、一九二〇年代から一九三〇年代にかけての東邦電力時代のことである。

第二章　東邦電力の「科学的経営」とその成果（一九二二～三八年）㈠

1　両大戦間期の日本電力業

本章では、松永安左エ門が東邦電力のトップマネジメントとして推進した「科学的経営」を、主として電源開発と資金調達に光を当てながら、詳しく検討する。本題にはいる前に、この節では、松永が東邦電力の経営に従事していた時代、本書の「はしがき」で示した時期区分に照らせば、A2の時期の後半からA3の時期にかけての日本電力業の動向を概観する。

発展軌道に乗った電力業

一九〇四～〇五（明治三七～三八）年の日露戦争ののち、日本の電力業は、発展軌道に乗るようになった。その発展のテンポは、一九一四～一八（大正三～七）年の第一次世界大戦を経ることによって拍車がかかった。

表2－1　消費電気量の増加状況

（単位：百万 kWh）

期　　間	電　灯	電　力	合　計
1919～24年	159	297	456
25～30	106	852	958
31～38	28	1,467	1,495

注：1．数値は，1カ年平均の純増額。
　　2．電気事業者の需要端の増加状況。
出典：南亮進『長期経済統計12　鉄道と電力』。

電気需要の増進

表2・1からわかるように、電気需要は、第一次世界大戦と第二次世界大戦のあいだの時期、つまり戦間期を通じて、基本的には順調に拡大した。そこでは、電力需要の伸びが電灯需要の伸びを上回るという傾向が見られたが、この傾向は、一九二〇年代に比べて一九三〇年代には、いっそう顕著になった。このような傾向が生じた原因としては、次の二点を指摘することができる。

第一点は、図2・1にあるように、戦間期を通じて、電力単価が趨勢的に低下し〔電力単価の低下は、厳密には、一九二三年から始まった〕、電灯単価が趨勢的に上昇したことである。この単価面での灯力間格差の拡大は、とくに一九二〇年代に顕在化したが、このような状況が生じた背景には、定額電灯料金制下での電球効率の改善、大都市の大口電力需要家の争奪戦を中心とする激烈な「電力戦」の展開、などの事情が存在した（橋本、一九七七～七八、（二）一四四頁、（三）三五五頁）。

第二点は、図2・2から窺い知ることができるように、電灯の一般家庭への普及が一巡したため、一九三〇年代に電灯需要の飽和が生じたことである。図2・1にあるように、一九三〇年代には、電力単価は下げどまり、電灯単価は上げどまって、単価面での灯力間格差の拡大は一段落した。にもかかわらず、表2・1で示したように需要の伸びの面での灯力間格差がいっそう拡大したのは、この電灯需要の飽和によるものであった。

なお、一九三〇年代に電力単価と電灯単価が安定化したのは、本書第三章で検討するように、電力連盟の結成と改正電気事業法の実施を契機にして、電力業においても独占体制が成立したことの帰結であった。ただし、この独占体制の成立による電気価格の安定化は、しばしば誤解されるように、需要者に不利な「独占的高価格」をもたらしたわけではなかった。現実には、一九三〇年代には、諸物

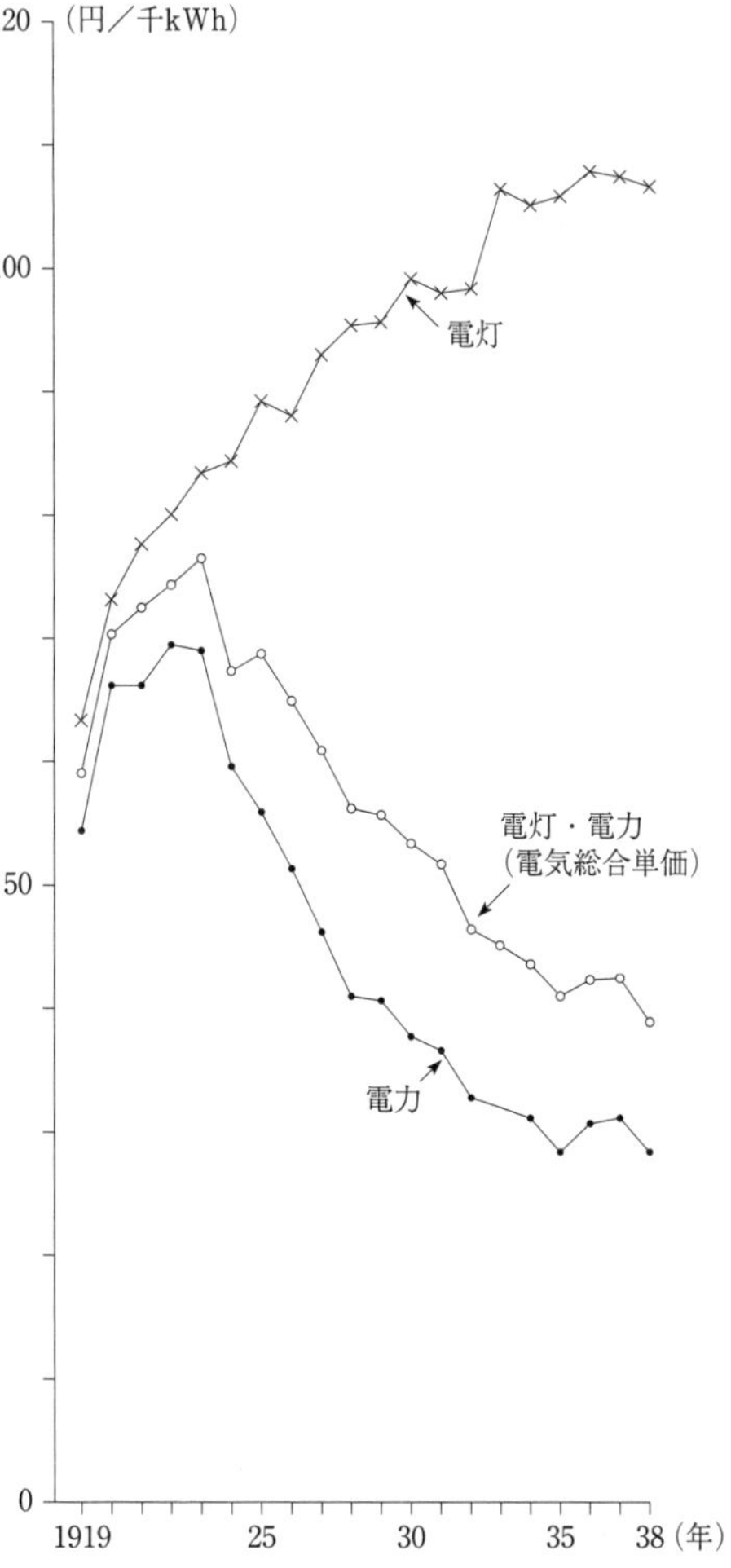

図2－1　電気平均単価の推移

注：平均単価は，収入を消費量で除したものである。
出典：南亮進『長期経済統計12　鉄道と電力』。

価が高騰するなかで電気価格が安定的に推移したため、電力単価・投資財物価比率と電灯単価・消費者物価比率は、いずれも低下した（図2・3）。一九三〇年代における電気需要の拡大は、このような電気価格の相対的低廉化を反映したものであった［ただし、一九三〇年代の消費電気量の増加率は、一九二〇年代のそれより低率であった。これは、電灯需要の飽和と工場電化の一巡によるものと思われる］。

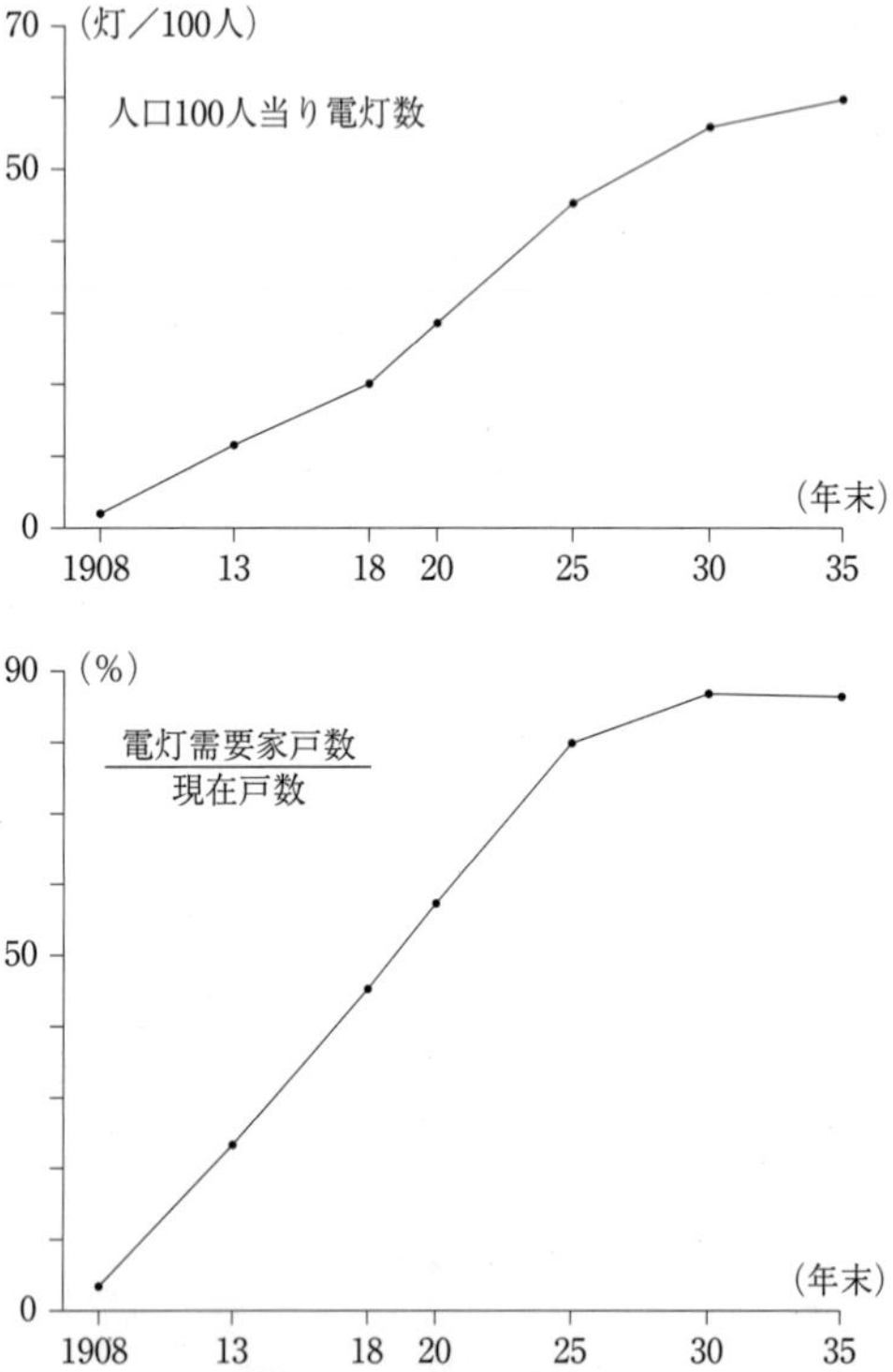

図 2－2　電灯の普及状況

出典：『日本帝国統計年鑑』。『電気事業要覧』。

電源開発の積極的展開

表2・2からわかるように、戦間期には、電気需要の拡大に対応して、電源開発が積極的に展開された。

ただし、ここで注目する必要があるのは、表2・2と表2・3とを比べればわかるように、発電力の増加状況と電力投資の状況が必ずしもパラレルには進行しなかったことである。とくに、表2・3から読み取ることができる、一九三〇年代の電力投資の水準が一九二〇年代のそれに比べて低位であったという事実は、注目に値する。

右記の事実を評価するに当たっては、

①一九二〇年代に展開された「電力戦」の過程で生じた余剰電力を縮小させるため、一九三〇年代初頭には電源開発が抑制されたが、そのことは、長期的には、発電力利用率を高め、発電コストを低減させる肯定的な意味合いをもったこと

②表2・2からも窺い知ることができるように、一九三〇年代中葉以

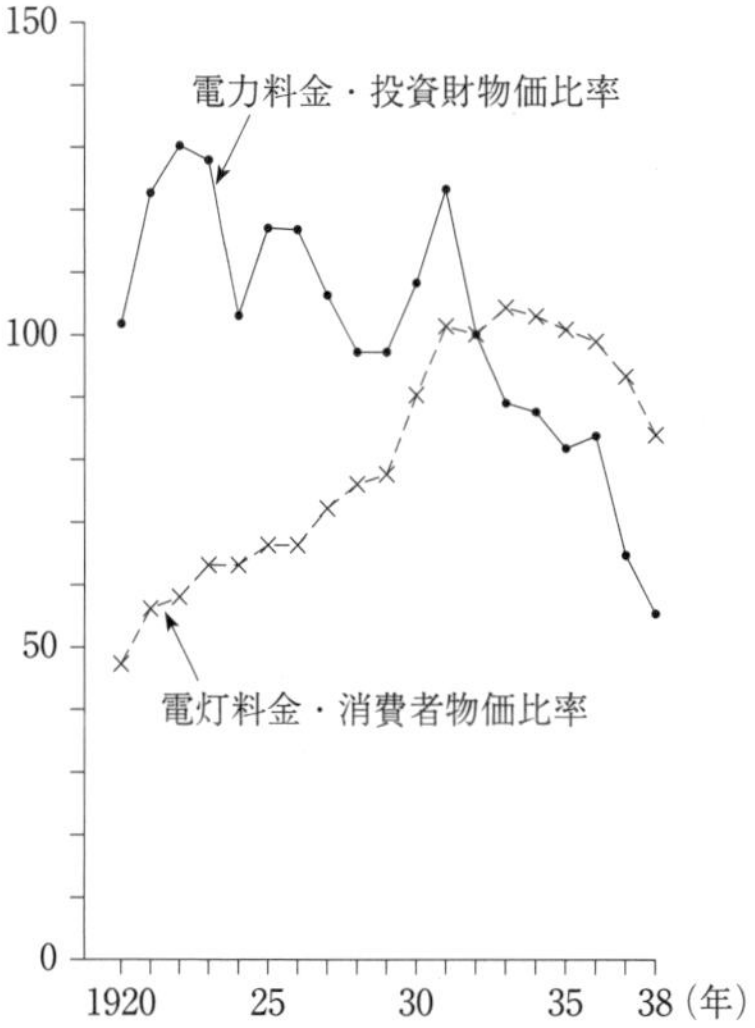

図2－3　電気料金・物価比率の推移

注：1932年＝100とする指数。

出典：大川一司他『長期経済統計８　物価』。
南亮進『長期経済統計12　鉄道と電力』。

表2－2　発電力の増加状況

（単位：千kW）

期間(年)	水　力	火　力	合　計
1919～24	131	45	176
25～30	253	113	366
31～38	169	164	332

注：1．数値は，1カ年平均の純増額。
　　2．電気事業用の落成分のみ計上。
出典：南亮進『長期経済統計12　鉄道と電力』。

表2－3　民間電力投資の状況

（単位：百万円）

期間(年)	水力関連	火力関連	合　計
1919～24	234	28	261
25～30	280	35	315
31～38	176	64	241

注：1．数値は，1カ年平均値。
　　2．発・送・変・配電設備に対する投資額。
　　3．電鉄業・自家用を含む。
出典：江見康一『長期経済統計4　資本形成』。

降の時期には、従来よりも火力開発に重点をおいた形で、電源開発が再び活発化したことの二点に目を向ける必要がある。つまり、一九三〇年代には、電源開発が後退したわけではなく、それまでよりも合理的な形で電源開発が推進されたのである。

ここで②の点に関連して強調する必要があるのは、一九三〇年代には、従来よりも少ない投資額で従来と同一規模の電源開発を行うことが可能になったことである。これを可能にした要因としては、図2・4からわかるように、一九三〇年代に比重を高めた火力発電所の建設費が水力発電所の建設費より相当低廉であったこと、および一九三〇年代には水力発電所の一kW当たり建設費もそれまでより低水準で推移したこと、の二点をあげることができる。

電力国家管理論争が始まった一九三〇年代中葉には、電気供給余力の比率は、発電コストの低廉化と供給の安定性との兼合いのうえで最も適切な五～六％に近い水準を保っていた（橘川、一九九五、一九三～一九四頁）。したがって、この時期には、電力国家管理論者の主張とは裏腹に、電力業の需給バランスは、ほぼ理想的な状態にあったと言うことができる。

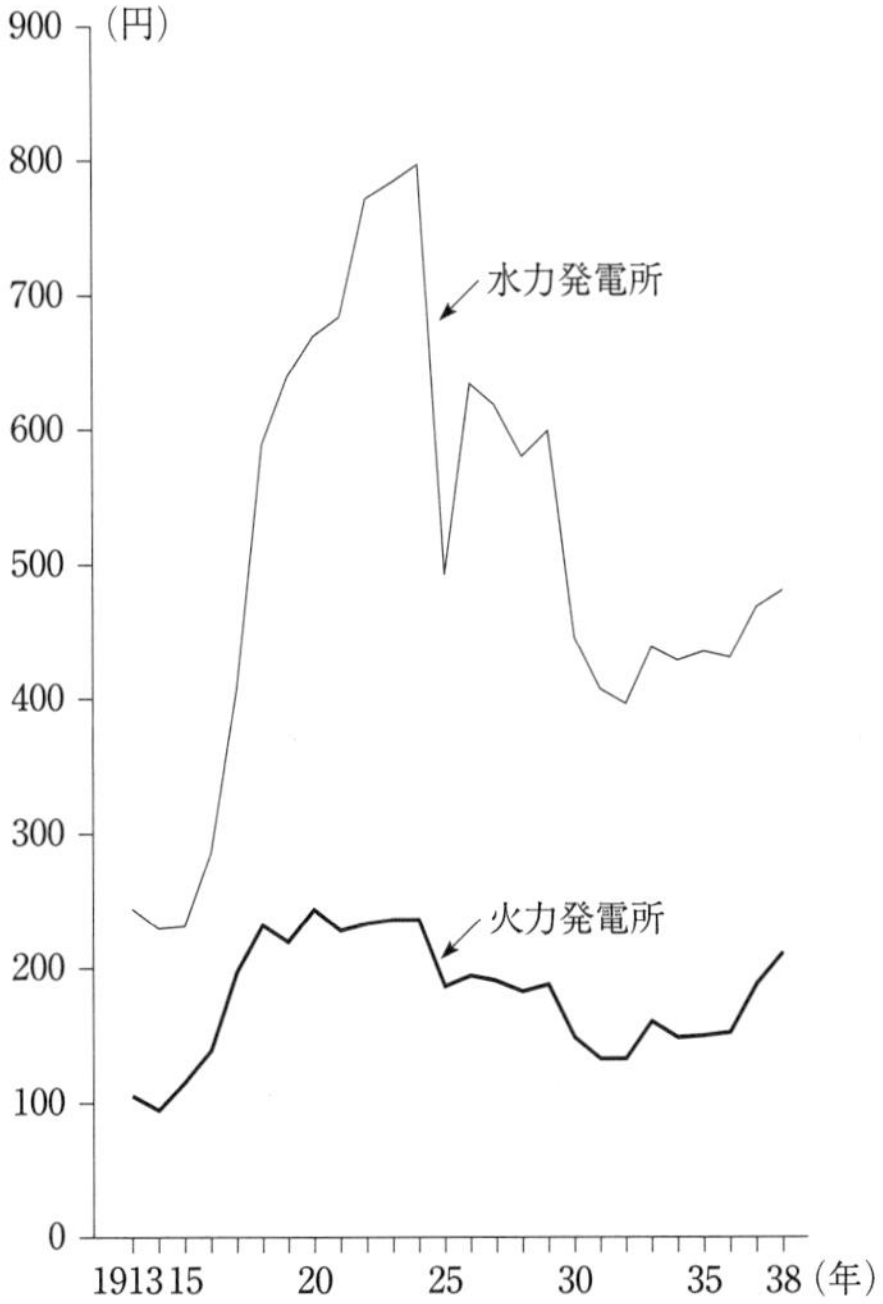

図 2－4　1 kW 当り建設費の推移

出典：江見康一『長期経済統計 4　資本形成』。

2 松永による東邦電力の「科学的経営」

福澤桃介と松永安左エ門

日本電力業の発展のテンポに拍車がかかった両大戦間期に、松永安左エ門は、東邦電力のトップマネジメントとして、一連の「科学的経営」を展開した。彼の経営手腕の卓越ぶりが顕著であったのは、電源開発と資金調達の二つの面においてであった。本節では、松永が東邦電力の経営に携わるようになった経緯を明らかにしたうえで、彼が推進した水火併用方式による電源開発に光を当てる。そして次節で、革新的な資金調達について掘り下げる。

本節では、再び福澤桃介の動向と対比させながら、松永安左エ門の動きを追う。それには、二つの理由がある。

一つは、松永が東邦電力の経営に関与するようになったのは、福澤の働きかけによるものだったからである。それどころか、東邦電力の発足それ自体が、福澤による名古屋電燈の経営失敗に対する事後処理策の一環だったと言うことができる。

いま一つは、福澤が電源開発に関して、松永と対照的な方針をとったからである。福澤の水力中心主義と、松永の水火併用方式は、その後も長期にわたって、日本の電力業界を二分する電源開発モデルとなった。盟友であり、ライバルでもある福澤と松永が、同じ時代に、どのような関係をもちながら、対照的な二つのモデルを実践していったかを明らかにすることは、日本電力業の歴史的な流れを

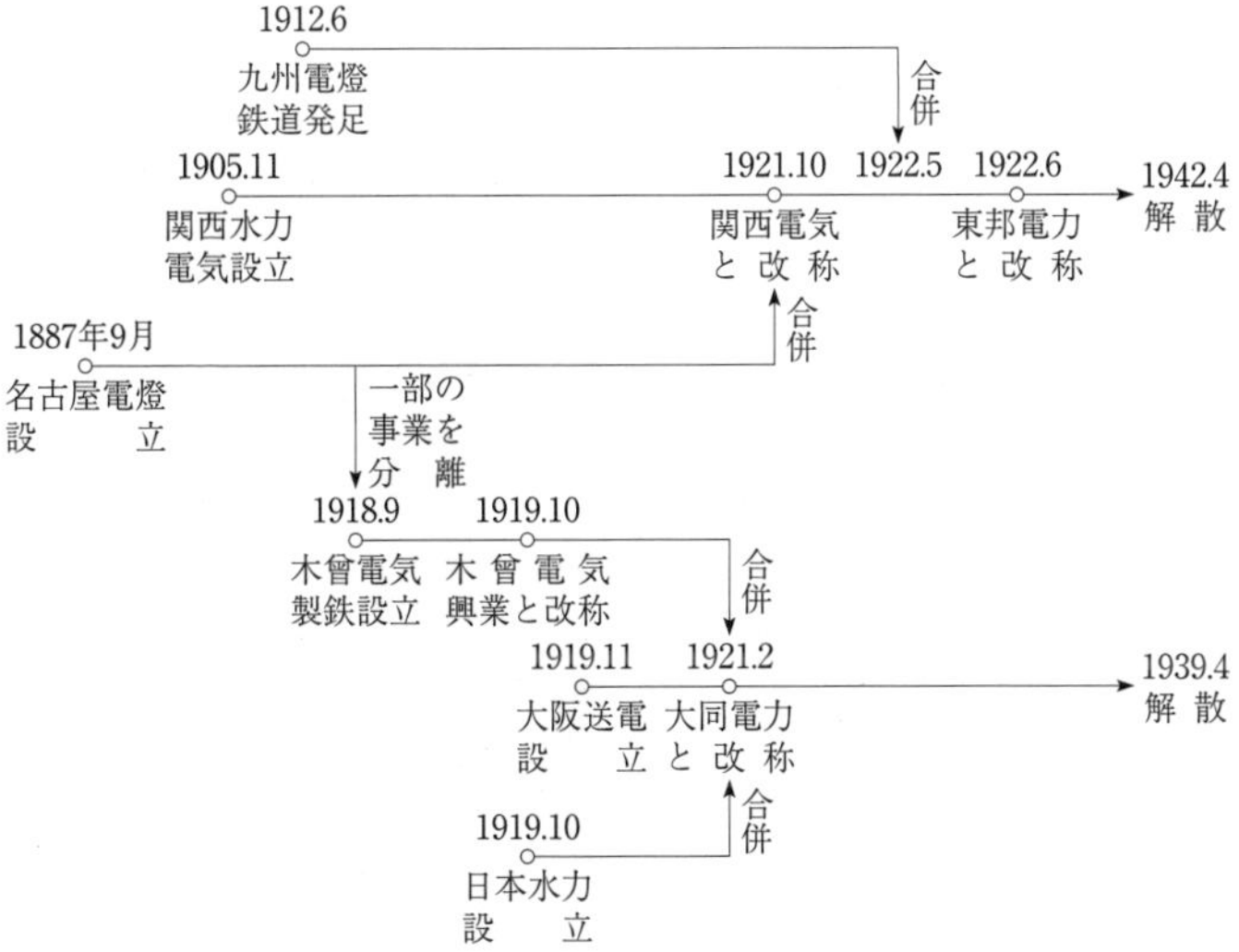

図2－5　東邦電力・大同電力の成立過程

つかむうえで、重要なポイントの一つだとみなすことができる。

名古屋電燈と福澤

前章で述べたように、福澤桃介は福博電気軌道や九州電燈鉄道などの経営を松永安左エ門に委ねたわけであるが、それでは、福澤自身は、いつの時点で電力業経営に本格的に携わるようになったのであろうか。

『福澤桃介翁伝』が「桃介氏が平生の持論を実行して、先づ地方に事業経営のスタートを切つたのは、当時尚ほ微々たる名古屋電燈会社であつた」（大西編、一九三九、二九〇頁）と記していることからもわかるように、その時点は、福澤が名古屋電燈の常務に就任した一九一〇年六月に求めることができる。なお、名古屋電燈は、東邦電力・大同電力両社の共通の源泉となった会社であり、その間の経緯は、図2・5のとお

名古屋電燈本社社屋

りである。

一九〇九年三月に名古屋電燈の株主となった福澤は、早くも翌一九一〇年上期末には同社の筆頭株主の地位を占めた（大西編、一九三九、二六三頁）。そして、一九一〇年一月には名古屋電燈の取締役、同年六月には常務に、それぞれ就任した（表2・4）。

木曽川開発への関心

福博電気軌道や九州電燈鉄道などにおいては、「あまり口出ししない大株主の座にとどまった」福澤が、名古屋電燈の経営には積極的に関与したのはなぜだろうか。その理由は、彼が水力発電、とりわけ木曽川筋の水力開発に強い関心をもったことに求めるべきであろう。この点について、『福澤桃介翁伝』は、次のように述べている。

名古屋電燈を経営するやうになつて、切実に水力電気の必要を痛感し、更に気を附けて見ると手近の所に長良川があり、之に続いて大物の木曽川がある。蓋しこの木曽川こそは、水力電気に関する総ての要素を具備する河川中の王座を占むるものである。彼が名古屋から目睫の間に、木曽川を発見したことは、偶然の天佑として勿体な過ぎる程の幸運と云はざるを得ない。普通水力発電に必

表2－4　松永と福澤の図2－5掲載会社における役員経歴

会社名	松永安左エ門	福澤桃介
名古屋電燈		1910年1月〜1921年10月 取締役 1910年6月〜1910年11月 常務 1913年1月〜1914年11月 常務 1914年12月〜1921年10月 社長
木曾電気製鉄		1918年10月〜1919年10月 社長
木曾電気興業		1919年10月〜1921年2月 社長
大阪送電		1919年11月〜1921年2月 社長
大同電力	1922年12月〜1936年12月 取締役	1921年2月〜1928年6月 社長
関西水力電気		1921年10月 社長
関西電気	1921年12月〜1922年6月 副社長	1921年10月〜1921年12月 社長 1921年12月〜1922年6月 相談役
東邦電力	1922年6月〜1928年5月 副社長 1928年5月〜1940年11月 社長 1940年11月〜1942年4月 会長	1922年6月〜1928年1月 相談役

注：1．期間は，在任期間を示す。
　　2．表1－3に掲載した九州電燈鉄道は除く。
出典：『稿本名古屋電燈株式会社史』東邦電力株式会社。大西理平編『福澤桃介翁伝』。『大同電力株式会社沿革史』。『東邦電力史』。

要な条件は

（一）水量の豊富なこと。

（二）河川の急勾配に依る落差の多いこと。

（三）電力の消費地に近く、送電設備に多額の経費を要せず、送電途中の電力ロッスの軽微なること。

（四）発電所が遠隔の僻地にありては物資の運搬に多額の運賃を要する不利あり。然るに木曽川は官設中央線に沿うて居る為め鉄道運輸に至便である。

（五）水源深くして四時水流の涸渇せざること。

等である。然るに全国多数の河川にても、以上の全部を備へて居るものは稀れである。例へば水力発電の雄として早く着手された中でも鬼怒川は落差は多いが、水量が多くない。宇治川は琵琶湖を擁して水量は多いが、落差の少ない欠点がある。然るに木曽川は以上全部の条件を完全に具備してゐるのである。（大西編、一九三九、二七四～二七五頁）

彼が水力電気事業を礼讃して『愉快で愉快でたまらぬ』と云つた通り、おひおひ水電に深入りして見れば見るほど油が乗つて来て興味津々、さしもの変通自在、豹変得意の彼も遂にほ水力電気と抱合つて、一生を心中するのも厭はないほど惚れこんでしまつたのである。心中と云へば利害の外に超越するものであるが、彼は実際火力発電と水力電気の優劣如何と云ふ斯界の論壇に於ても徹頭

徹尾、終始一貫の水力党である。（大西編、一九三九、二六七頁）

一九一〇年六月に名古屋電燈の常務に就任した福澤が、最初に取り組んだのは、ライバル会社であり、当時木曽川発電所を建設中であった名古屋電力を吸収合併することであった（東邦電力株式会社、一九二七、一六四、一六八～一六九頁）〔名古屋電燈による名古屋電力の合併は、一九一〇年十月に実現した〕。また彼は、同年九月には、木曽川水系の開発調査を開始した（小島、一九八〇、五二七頁）。これらの事実は、右記の引用文の内容と合致しており、福澤が木曽川筋の水力開発に強い関心をもったことを如実に物語っている。

木曾電気製鉄

福澤桃介は、地元名古屋財界の風当りが強まったため、一九一〇年十一月にいったん名古屋電燈の常務を辞任した。しかし、その後、一九一三年一月に同社の常務に返り咲き、翌一九一四年十二月に社長に就任した（表2・4）。

名古屋電燈の社長となった福澤は、同社の製鉄事業および木曽川筋の水力開発事業を分離独立させて、一九一八年九月に木曾電気製鉄を新設し、みずから社長に就任した（図2・5および表2・4）。この結果、彼は、名古屋電燈と木曾電気製鉄の両社の社長を兼任することになったが、両社の関係について、『東邦電力史』は、次のように説明している。

この福澤社長の構想は、名古屋電燈は配電事業を専業することとして、水力発電事業ならびに製鉄事業は分離して別会社木曽電気製鉄を創立し、水力電源の開発および卸売供給事業を専念させることを意図したものであった。（東邦電力史刊行会編、一九六二、三八頁）

結果的にみて、電力業経営者としての福澤桃介は、木曽川水系を中心とする「水力電源の開発および卸売供給事業」の面では成果をあげたが、「配電事業」の面では成功をおさめなかった。この後者の点を端的に示したのは、一九二〇～二一年に表面化した名古屋電燈の経営の混乱である。

名古屋電燈経営の混乱

名古屋電燈の経営の混乱は、同社社長福澤の政治活動と密接に関連して生じた。政友会に所属して一九一二～一四年には衆議院議員をつとめたこともある福澤は、名古屋市会における名古屋電燈系政友会議員の集まりである「電政派」と親密な関係を有していた。「電政派」は、一九二一年六月に、政友会系の名古屋市長（大喜多寅之助）を誕生させることに成功した。当時、名古屋電燈は、自社に不利な名古屋市との報償契約の廃棄もしくは改定をめざして運動中であった（『大阪朝日新聞』、一九二〇、一九二一、『新愛知』、一九二〇）から、「電政派」系の大喜多市長の登場は、大きな社会的反響をよんだ。政友会と対立する憲政会は、猛烈な勢いで巻き返しを図り、ついに一九二一年十月の市会議員改選において、政友会を抑えて多数を占めるにいたった。この結果、翌十一月には大喜多市長は退陣し、報償契約の廃棄または改定という名古屋電燈の要求も実現しなかった（東邦電力史刊行会編、一九六二、四三～四四頁、小島、一九八〇、五三六～五三七頁、杉浦、一九八六、三一三～三一六、三四七～三五一頁）。

事態が右記のような経過をたどるなかで、名古屋電燈と福澤社長に対する社会的批判が、急速に高まった。とくに、一九二一年上期に同社が増資がらみで年率二割という高配当を行ったことは、「タコ配当」の実施として非難の的となった（小島、一九八〇、五三七頁）。さらに、「名古屋電灯は、施設の改善およびサービス向上等に関心が薄かったため、停電が頻発して地元の不平は漸次高まっていた」（東邦電力史刊行会編、一九六二、四四頁）。

福澤の事後処理策

このような状況のもとで福澤は、「配電事業を専業すること」をめざした名古屋電燈の経営に対する熱意を失った。そして、彼は、①奈良市に本拠をおく関西水力電気を傘下におき、同社と名古屋電燈を合併させる、②みずからは社長の座を退き、あとの経営を松永安左エ門に委ねる、③そして、さらに九州電燈鉄道との合併を実現する、という三つの事後処理策を講じることにした（東邦電力史刊行会編、一九六二、四四頁）。

この方針にもとづき、一九二二年十月十八日に名古屋電燈と関西水力電気は合併し、新会社である関西電気が発足した（図2・5）。法律上の存続会社は関西水力電気であったが、合併直前の資本金が関西水力電気四五〇万円に対し名古屋電燈四八四八万七二五〇円だったことからわかるように、実質的には関西電気は、名古屋電燈の後継会社と言えるものであった。そのことを示すように関西電気のトップ人事では、福澤桃介が社長に（表2・4）、下出民義が副社長に就任するなど、旧名古屋電燈役員が大勢を占めた（東邦電力史刊行会編、一九六二、八二〜八六頁）。

松永への経営委譲

福澤が関西電気の社長に就任したのはあくまで一時的な措置にすぎず、同社の経営の実権は、既述のように、早晩、松永に委譲されることになっていた。そして、一九二一年十二月に開催された関西電気の最初の定時株主総会において、予定どおり福澤社長と下出副社長が退任し、代りに伊丹彌太郎（九州電燈鉄道社長）が社長に、松永安左エ門（同常務）が副社長に就任した（表2・4）。この関西電気の新しいトップ人事については、「社長伊丹彌太郎は、総会に出るだけのロボット的存在。実権はすべて安左エ門にあった」（小島、一九八〇、五四〇頁）と書かれている。

関西電気の副社長となった松永が一九二二年一月に発表した「就任の挨拶」の全文は、次のようなものであった。

一、前社長並に社長の意を奉戴する外他意なし
一、堅く政党的偏頗の行為を避け、会社をして政争の外に超然として安静繁栄を保たしめたし
一、軽跳浮薄の風を戒め、投機卑吝の俗を警め、社員をして堅実恪勤、需用家公衆に対し叮嚀親切ならしめんことを期す
右を以て就任の挨拶とす。

（松永、一九二二a、三頁）

このうち最初の項目は、一種の外交辞令であろう。これに対して、あとの二項目は、事実上、福澤前

社長の経営姿勢を批判したものであり、松永の本音とみなすことができる［（杉浦、一九八六、三四三頁）は、松永安左エ門が関西電気の経営に乗り出した当時の状況について、「会社へ行ってみれば事務所には工具や器具が散乱し、倉庫にはこわれた机が放りこんであるといった有様で、どちらが事務所だか倉庫だか分らない。一方、電気の方は停電が当りまえといった全く手のつけられぬ状態だった。地元から福沢打倒の声が湧いてくるのも、無理とはいえなかった」、と述べている］。

松永による経営再建

名古屋電燈の事実上の後継会社である関西電気の経営を福澤から継承した松永は、需要家に対するサービスの改善のため、全力をつくした（松永、一九二二b、三〜一一頁、一九二三a、三〜九頁）。松永は、主要配電線路の自動遮断化、修理班の増強、仮変電所の設置、購入電力の増加などの緊急措置を講じる一方、自ら中央給電所へベッドを持ち込んで陣頭指揮にあたり、ほぼ一年間で停電問題を解決した。会社が東邦電力として新発足してからも彼は、配電電圧の高圧化、引込線の改良、特別高圧送電線路の敷設、発電所の新増設などの努力を続けた。その結果、新発足後数年にして東邦電力は、名古屋市民の信用を回復するにいたった。

なお、関西電気は、一九二二年五月に九州電燈鉄道を合併したのち、同年六月に東邦電力と改称した（図2・5）。東邦電力として新発足してからも伊丹が社長、松永が副社長という体制がしばらく続いたが、一九二八年五月になって松永が、伊丹に代り同社の社長に就任した（表2・4）。

東邦の松永、大同の福澤

関西電気の副社長に就任したのち松永安左エ門は、その後身の東邦電力のトップマネジメントとして活躍した。一方、関西電気の社長の座から離れた福澤桃介は、大同電

東邦電力本社がおかれた東京海上ビル

力の社長としての活動に力を注ぐようになった（表2・4）。

大同電力は、木曾電気興業（木曾電気製鉄が一九一九年十月に改称したもので、社長は福澤桃介）、大阪送電（木曾電気興業の送電会社として一九一九年十一月に設立されたもので、社長はやはり福澤桃介）、日本水力（一九一九年十月に設立された会社で、社長は山本条太郎）の三社が一九二一年二月に合併してできた卸売電力会社で、ともに、①名古屋電燈を源泉とする、②五大電力に名を連ねる、という二点で、東邦電力と共通性をもっていた（図2・5）。つまり、福澤が大同電力の社長を辞する一九二八年六月までの期間、松永と福澤は、いずれも五大電力の一角を占め、互いに関係会社である東邦電力（松永）と大同電力（福澤）のトップマネジメントとして、同時代に活躍したわけである。

松永の水火併用方式

一九二〇年代の東邦電力における松永の活動に対して、当時の経済雑誌等は「科学的経営」という高い評価を与えた。これは、彼が発電コストを切り下げ、東邦電力の価格競争力を強化して、他の電力会社の名古屋市場への本格的侵入を阻止した点をふまえたものである。

東邦電力の発電コストの切下げにとって重要な意味をもったのは、松永による水火併用方式の採用と資金調達面での工夫である。このうちここでは、水火併用方式の採用について振り返ることにしよう。

当時多くの電力会社が採用していた水力偏重の発電方式は、需要が増大する冬季が渇水期であり、需要が減退する夏季が豊水期であるという、根本的な欠陥をもっていた。そのため、松永によれば、「冬季の最大負荷を目標として、水力設備を為せば、夏季に於て益々剰余電力の増加を招来する結果となり、而も、設備過大は金利の負担を重くし、引いて原価高を免れぬ」（松永、一九三三b、四七九頁）という状態が生じていた。そこで彼は、「発電水力を最も経済的に開発せんとするには、流量減少して発電力不足の場合、他に是れを補ふ方法を講ぜねばならぬ」（松永、一九二七a、三九三頁）と主張し、建設費が低廉な火力発電所を補給用として活用する水火併用方式の採用を提唱した。

東邦電力の電源開発

東邦電力は、この松永の提唱どおりに、一九二四年から一九二六年にかけて、名古屋火力発電所、名島火力発電所、前田火力発電所を、相次いで新増設した。同社が水力開発のみならず火力開発にも力を入れていたことは、一九三一年時点での発電力の構成を示した表2・5から、明らかに読み取ることができる。

東邦電力が水火併用方式にもとづき電源開発を進めたことは、松永の主張どおり、同社の発電コストを引き下げる効果を生んだ。一九三一年に刊行されたある調査によれば、販売地における発電力一kW当り設備費は、東京電燈では八八四円であったのに対して、東邦電力では七九二円にとどまった

名古屋火力発電所落成式

表2-5　東邦電力と大同電力の発電力の構成(1931年6月末現在)

(単位：kW)

会社名	水　力	火　力	受　電	合　計
東　邦　電　力	81,533	109,050	226,299	416,882
(東海地域)	(56,583)	(63,000)	(198,599)	(318,182)
(九州地域)	(24,950)	(46,050)	(27,700)	(98,700)
大　同　電　力	214,183	96,500	206,360	517,043

注：1．東邦電力の九州地域には，下関支店も含む。
　　2．(　)内は，内数。
出典：逓信省電気局編『第23回電気事業要覧』。

（阿部、一九三一、四一頁）。水火併用方式を採用して発電コストを切り下げ、大口電力についての価格競争力を強化した東邦電力は、一九二〇年代から一九三〇年代初頭にかけて展開された激烈な「電力戦」においても、最終的には、同業他社の名古屋への本格的侵入を阻止することに成功した。

松永が提唱し、東邦電力が推進した水火併用方式の電源開発は、「水力万能論」や「火力亡国論」がさかんな当時としては相当大胆な挑戦であった。その後、水火併用方式の経済性が確認され、業界全体でもこの方式を広く採用するようになったが、その時までにはかなりの時間が経過していた。

福澤の水力中心主義

一方、福澤は、松永とは対照的に、「徹頭徹尾、終始一貫の水力党」として行動した。もちろん福澤も補充用火力発電所の必要性に言及することもあった（福澤、一九二三a、三頁）が、彼の主張の力点は、あくまで水力開発の推進におかれた。例えば、一九二三年二月の時点で福澤は、次のように述べた。

謂ふまでも無く、本邦工業動力の資源たるものには石炭あり、石油あり。されど、其孰れも埋蔵寿命僅かに今後一世紀間に満たず。今にして之が浪費を慎む事無くんば、近く燃料の飢饉に陥るべきや必せり。勢ひ早く資源を他に求むるの工夫なかるべからず。

何ぞや。水力即ち之なり矣。

夫れ水の力たるや、原泉混々昼夜を舍てず。之により電力を発生し、工業に鉄道に燈火に、将た家庭に利用するを得ば、啻に至便を天下に供し得らるゝのみならず、又能く最高能率を発揮し得るものあるに至るや論を待たず。
（福澤、一九二三a、一〜二頁）

視よ本州中部にありては、所謂日本アルプス及び富士帯の畳畳たる山岳を中心として発する木曽、飛騨、神通、黒部、信濃、富士、天竜の諸川あり。又源を奥羽山系に発する阿賀野、最上、雄物、北上諸川の流るゝあり。是等の水力を綜合すれば、無量数百万馬力の天恵に達〔す〕。
（福澤、一九二三a、二頁）

大同電力は、福澤の主張どおりに、水力中心の電源開発を推進した（表2・5）。同社がとくに力を入れたのは、木曽川水系での水力開発であった。具体的には、一九二一年から一九二六年にかけて、木曽川筋に、大桑、須原、賤母《しずも》、桃山、読書《よみかき》、大井、落合の各水力発電所を、次々と新増設した（大同電力株式会社、一九四一、一九〇〜一九六頁）。

対照的な電力統制構想

松永安左エ門と福澤桃介は、最も早い時期に電力統制問題に関心を示した電力業経営者であった。ただし、二人が一九二三年から一九二八年にかけて発表した電力統制構想の内容は、対照的と言えるほど異なっていた。次章で詳述するように、松永が民営、発送配電一貫経営、水火併用方式などを提唱したのに対して、福澤は国営、発送電と配電の分離、水力中心主義などを主張した。

前章で紹介したような、松永を福澤の後継者とみなす見解に立つならば、二人の電力統制構想がこ

読書発電所（長野県木曽郡）

のように異なることを説明するのは困難であろう。しかし、本節での検討を終えたわれわれにとっては、両者の相違はむしろ、当然のことのように思われる。なぜなら、松永は水火併用方式を、福澤は水力中心主義を、それぞれ一貫して唱道したからである。そして、つねに需要家向けのサービス向上を重視した松永が民営や発送配電一貫経営を主張し、多額の資金を必要とする水力開発を第一義的に追求した福澤が国営や発送電事業の配電事業からの分離を提唱した〔ここでは、主として大規模水力開発に携わる発送電専業会社として、一九三九年に電力国家管理の担い手である日本発送電株式会社が、一九五二年に特殊法人である電源開発株式会社が、それぞれ設立されたという、その後の歴史的事実を想起する必要があろう〕のは、いわば自然の成行きとみなすことができる。松永はけっして福澤の後継者だったわけではなく、電力業経営者としての松永と福澤は、もともと対照的ともいえる行動をとったのである。

3　資金調達における松永の先進性

本節では、松永安左エ門の電力業経営者としての活動を検証する作業の一環として、東邦電力時代の松永を取り上げ、彼の電力資金問題に関する主張と、それが東邦電力の資金調達に及ぼした影響とを検討してゆく。

このような本節の課題設定の意味を明らかにするためには、あらかじめ以下の二つの論点に言及しておく必要があろう。第一の論点は、なぜ松永の電力資金問題に関する主張に注目するのかということであり、第二の論点は、なぜ東邦電力時代の松永を取り上げるのかということである。

資金問題の重要性

まず、第一の論点に関しては、松永の電力業界統制論を特徴づける電力民営論が、一貫して資金問題に関する主張と直結する形で展開された点が、指摘されなければならない。ここでは、松永がとくに電力民営論を力説した三つの時期（①電力統制問題が社会問題化し、業界内外で電力国営論が台頭した一九二〇年代後半、②電力国家管理をめぐる論争が生じた一九三〇年代後半、③電気事業再編成をめぐる論争が生じた一九四〇年代後半）について確認しておこう。

①の時期に松永は、「電力国営反対論」（松永、一九二八a）を発表し、「国営ならざるも統制は易し」と主張した。そのなかで彼は、「頗《すこぶ》る低利の資金を使用し得」る点を主要な論拠としてあげた電力国営論者に対して、「民営に依るも相当に低利の資金を使用し得」ると反駁した。また、松永は、

それより先に東邦電力の社内報的性格をもつ『電華』の誌上で、電力業について、「技術上及び営業上の諸問題も、帰着する処は財政問題で、資金調達の方法が其宜きを得ねばならぬ」と述べ、「真面目なる財政々策をさへ取つて、一歩々々進めば、我国の電気事業は、如何に民営であつても順調の発達進歩を遂げ得」ると強調した（松永、一九二五e、二頁）。

②の時期に松永は、「揉み、悩む電力管理案」（松永、一九三八）を発表し、審議中の電力国家管理関連法案を全面的に批判した。そのなかで彼は、「電気事業と云ふものは、毎年多額の資金が固定され」るから、「一時の銀行の貸金、政府の融通金で、糊塗《こと》して行けるものではない」との認識にもとづき、同法案が電力業の資金調達を阻害し、ひいては電源開発を遅滞させる点を問題にした。松永が指摘したのは、先行きに対する不安と株価の低落により、当面の電源開発の担い手である民間電力会社の資金調達が行き詰るという短期的な問題と、既発電力外債の担保物件の強引な分割処理〔電力国家管理関連法案は、民間電力会社に所有設備の一部を出資させ、日本発送電株式会社を新設することを主要な内容としていた。これは、民間電力会社がすでに発行していた外債の担保物件である工場財団を分割することを意味した〕により、将来の電源開発に必要な外資の流入が困難になるという戦後を見通した長期的な問題との、両方であった。

③の時期に松永は、「電力再建の急務」（松永、一九四九）を発表し、電気事業再編成審議会の会長に就任する以前の時点で、電気事業再編成に関する構想を明らかにした。そのなかで彼は、民有民営で発送配電一貫経営の電力会社を地域別に設立することを提案したが、この提案の背景には、戦後の

電力業の復興のためには外資の導入が必要不可欠であり、「民間配電会社の進歩的にして奉仕的な勤労」がなければ外資を誘引することはできない、という考え方があった。松永は、「外国資本は第一に安全と利潤が高度でなければ、一ドルでも一フランでも這入って来る気遣いはなく、それが安全で、儲かる実質を具えて居れば米英のドル・ポンド資本は元より、中国が不安で儲からぬとしたら、華僑の遊金さえ導入するに難くない」、と力説した。

このように松永の電力民営論は、資金問題に関する主張ときわめて密接に関連していた。したがって、彼の電力民営論を理解するためには、後者の内実を把握することがぜひとも必要になろう。本節が松永の電力資金問題に関する主張に注目するのは、このためである。

東邦電力時代の重要性

次に、「なぜ東邦電力時代の松永を取り上げるのか」という第二の論点に関しては、電力業界全体の統制に関する松永の基本構想が形成されたのは東邦電力時代であった点が、指摘されなければならない。

次章で詳しく取り上げるように、松永が、東邦電力の副社長であった一九二八年五月に、「戦後、現状に再編成したのとほとんど等しい案」（松永、一九六四）である『電力統制私見』を発表したことは、そのことを端的に示すものであった。本節が東邦電力時代の松永を取り上げるのは、彼が後年、「電力の鬼」として活躍する条件はこの時代に培われた、と考えるからである。

東邦電力の資金調達過程

東邦電力時代の松永の電力資金問題に関する主張を具体的に検討する前に、東邦電力の資金調達過程を概観しておこう。

表2－6　東邦電力の資金調達過程

（単位：千円）

期間（年度）	Ⓐ株金払込徴収額	Ⓑ社債発行償還差額	社債発行額（うち外債）	社債償還額（うち外債）	Ⓒ借入金純増額	Ⓓ積立金純増額	Ⓔ償却金	Ⓐ～Ⓔ合計
1923～27	4,205	12,765	22,116 (10,616)	9,351 (251)	△1,839	901	1,232	17,264
28～31	4,158	8,645	19,242 (5,742)	10,597 (5,872)	915	1,069	2,313	17,100
32～34	0	△2,380	20,000 (0)	22,380 (11,606)	△307	1,033	5,117	3,463
35～37	23,390	△25,532	8,333 (0)	33,865 (1,811)	2,767	1,514	8,550	10,689

注：1．いずれも1カ年平均値。
　　2．△は減少。
　　3．年度は東邦電力の会計年度（前年11月～10月）。
　　4．社債償還額は，各社債の償還が随時行われるごとに，その開始時点で計上。
　　5．借入金には支払手形を含む。
　　6．積立金は法定準備金と前期繰越金からなる。
出典：東邦電力『営業報告書』。

東邦電力は、前身の関西電気と九州電燈鉄道の合併により一九二二年六月に発足し、電力国家管理を完成させた配電統制令により一九四二年四月に解散した。本節では、この約二十年間の期間のうち、電力国家管理関連法案が成立した一九三八年以降の時期を除く、発足～一九三七年までの期間を検討対象とする。

表2・6にあるように、この期間の東邦電力の資金調達過程は、四つの時期に区分することができる。

第一期は、一九二二～二七年である。この時期には、旺盛な電源開発に対応して、大規模な資金調達が行われた。中心的な資金調達手段は社債であり、なかでも外債が新規資金調達面で重要な役割をはたした。これに対して内債は、発行額で外債を上回ったものの、償還額も大きく、新規資金調達額（発行額から償還額を差し引いた金額）では株式（株金払込徴収額）にも及ばなかった。

第二期は、一九二八～三一年である。この時期には、電源開発は沈静化したものの関係会社への投融資が拡大し、前期にほぼ匹敵する規模の資金調達が行われた。資金調達手段の全体的な構成に大きな変化はみられなかったが、内債と外債の役割が逆転した点に特徴があった。内債は、発行額が増加したうえに償還額が減少し、中心的な新規資金調達手段となった。これに対して外債は、発行額が償還額を若干下回り、新規資金調達機能を失った。

第三期は、一九三二～三四年である。この時期には、電源開発が沈滞し投融資の拡大が停止したことに対応して、資金調達規模が縮小した。前期から比重を高めた償却金の役割が増大し、積立金が機能を維持した以外は、他の諸手段による新規資金調達は行われなかった。内債の発行額は全期間中最大であったが、社債の償還額がそれを上回った。なかでも、発行を停止した外債の償還額が大きかった。前期まで一定規模で継続してきた株金の払込徴収は、行われなかった。

第四期は、一九三五～三七年である。この時期には、電源開発の再開に対応して、資金調達規模が再び膨張した。ただし、一九二〇年代とは異なり関係会社への投融資の拡大がみられなかったために、調達規模は第一期や第二期に及ばなかった。資金調達手段の全体的な構成に大きな変化が生じ、株金払込徴収額が急増した。償却金もひき続き比重を高め、借入金や積立金も役割を増大させた。これに対して社債は、必要資金調達手段としても機能を低下させ、発行額が減少するとともに、内債を中心に償還額が増加した。

以下では、それぞれの時期ごとに松永の電力資金問題に関する主張を検討してゆく。

まず、一九二二〜二七年の第一期を取り上げる。

資金コストへの注目

松永は、一九二七年七月に発表した「電気事業」のなかで、「電気事業の如き極めて巨額の資金を固定せしむる事業に於ては、其資金に関する問題は、実に最初の問題であつて同時に亦最後の問題である」（松永、一九二七a、三九八頁）と述べて、資金問題をきわめて重視する姿勢を示した。彼は、その後も一貫してこの姿勢を堅持したが、とくに一九二二〜二七年には、資金コストが電力原価に決定的な影響を及ぼす点を強調した。「電気事業」において松永は、社債・借入金の利子のみならず株式の配当金をも含めた広い意味での金利が電力原価におよぼす影響について、次のように説明した。

電気の「販売原価」は多種の要素により構成されるが、「是等多種の経費を分類して二とする」ことができる。「即ち一は『固定費』と称するもので、需要者の電力消費の如何に不拘、絶対に必要なる経費」であり、「其二は『電力費』と云ふもので、需要者の電力の消費の増減によって増減する経費」である。「固定費は全原価の七〇乃至九〇％を占め、電力費は極めて僅少であることを普通とする。而して右の固定費の内、金利は其大部分を占め、八〇乃至九〇％に及ぶのが常である。故に全原価の内金利のみが占むる率は六〇乃至八〇％に及ぶ。従つて金利の高低は実に電気の原価

を左右するものである。（松永、一九二七a、三九八〜四〇〇頁）

松永は、このような判断〔（『東洋経済新報』、一九二五）は、発電費中の「六割七分」は金利であると述べ、右記の松永の判断に近い見解を示した〕にもとづき、「要するに金利の低い資金を可及的多く使用することが、原価を低下せしめ、其事業を隆盛ならしむる根本の要素である」（松永、一九二七a、四〇〇頁）と結論づけた。この引用からもわかるように、この時期の彼の関心は、いかに低コストで資金を調達するかという点に集中していた。

二つの資金コスト低減策

松永が資金コストの低減に専念した背景には、東邦電力の母体となった関西電気・九州電燈鉄道の両社が、主としてコストの高い株式を通じて資金調達を行っていたという事情があった。両社の株式配当率は社債・借入金の利率より高率であり、各期の利益金の大半は配当金として処分されていた。

このような状況をふまえて松永は、

①株式配当率の抑制

②社債依存度の拡大

という二つの資金コストの低減策を打ち出した。そして、具体的には、

①に関して、基金法による固定資産の償却とカストマー・オーナシップの導入

②に関して、外債の発行と社債発行限度枠の拡張運動

などの諸施策を講じた。

株式配当率の抑制

東邦電力は、発足時から定款第二九条に、「当会社ハ毎決算期末ニ於ケル固定資本ノ千分ノ五以上ニ当ル金額ヲ償却ス」と明記していたが、これは、当時の電力会社としては異例の措置であった〔(富利、一九二九)によれば、当時、定款中に最低償却率を明記していた電力会社は、主要六二社のうち、東邦電力・東部電力・多摩川水力の三社にすぎなかった〕。また、東邦電力は、「当社が全株式を所有し、当社の固定資産償却を目的として複利積立を行う機関」として、東邦蓄積を一九二二年十月に設立したが、これも、「他に類例を見ないもの」であった（東邦電力史刊行会編、一九六二、一一八頁）。松永は、これらの措置を通じて、利益処分に際して基金法による固定資産の償却を優先させ〔(『東洋経済新報』、一九二八）は、この点を評価して、東邦電力について、「会社経営としては他の電力会社に較べて真面目にやり、（中略）例へば固定資産償却には早くから留意してゐたようである」と論評した〕、「配当封じ」を意図したのである（『ダイヤモンド』、一九三〇）。

いま一つの配当抑制策のカストマー・オーナシップとは、「公益事業会社が需用家ならびに供給区域およびその付近の居住者に会社株券あるいは借入証券を売り出す制度」（東邦電力史刊行会編、一九六二、四五二頁）であった。この制度は、第一次世界大戦当時、アメリカ政府が小額社債「自由公債」を募集し、成功を収めたことを契機として、同国で発達したものだった。アメリカの電力会社は、需要家に売り出す株券として、普通株に優先して配当が保証されるが、普通株より配当率が低い優先株をあてることが多かった。松永は、配当抑制に対する株主の抵抗を取り除くためには、配当抑制による電力原価低減の恩恵に浴する需要家を株主にするのが早道だと考え、カストマー・オーナシップの日本への導入と優先株の活用を提唱した（松永、一九二六d、一九二七a）。しかし、「この制度をわが国へ移入するに当っては、アメリカとの商法上の相違により、株式を需用家から直接募集することに対して、種々の障害が生ずる」（東邦電力史刊行会編、一九六二、四五二頁）という問題があった。そのため東邦電力は、次善の策として、一九二五年六月と八月に小額社債三口合計七五〇万円を発行し、需要家に売り出した（松永、一九二五c、一九二五d。なお、事務手続の煩雑さなどのために、東邦電力はその後、小額社債を発行しなかった）。

しかし、これらの配当抑制策は、一九二二～二七年には、ほとんど成果をあげなかった。毎期東邦蓄積に積み立てられた東邦電力の償却金は、定款上の最低水準である期末有形固定資産残高の〇・五％（年率一％）という低率にとどまったし（図2・6）、優先株の発行は実現しなかった。この時期の東邦電力は、前身の関西電気や九州電燈鉄道の場合と同様に、各期の利益金の大半を配当金として処分した。

社債依存度の拡大

このような配当偏重の利益処分は、東邦電力を含む当時の五大電力各社（東邦電力・東京電燈・宇治川電気・大同電力・日本電力）に共通する現象であった。ここでは、「社債ノ総額ハ払込ミタル株金額ヲ超ユルコトヲ得ス」という、商法第二〇〇条の規定が、重要な意味をもった。この時期に五大電力各社は、株式配当率より低率の利率で発行が可能な社債による資金調達に力を注いだが、その方式は、商法第二〇〇条の規定により限界づけられていた。社債

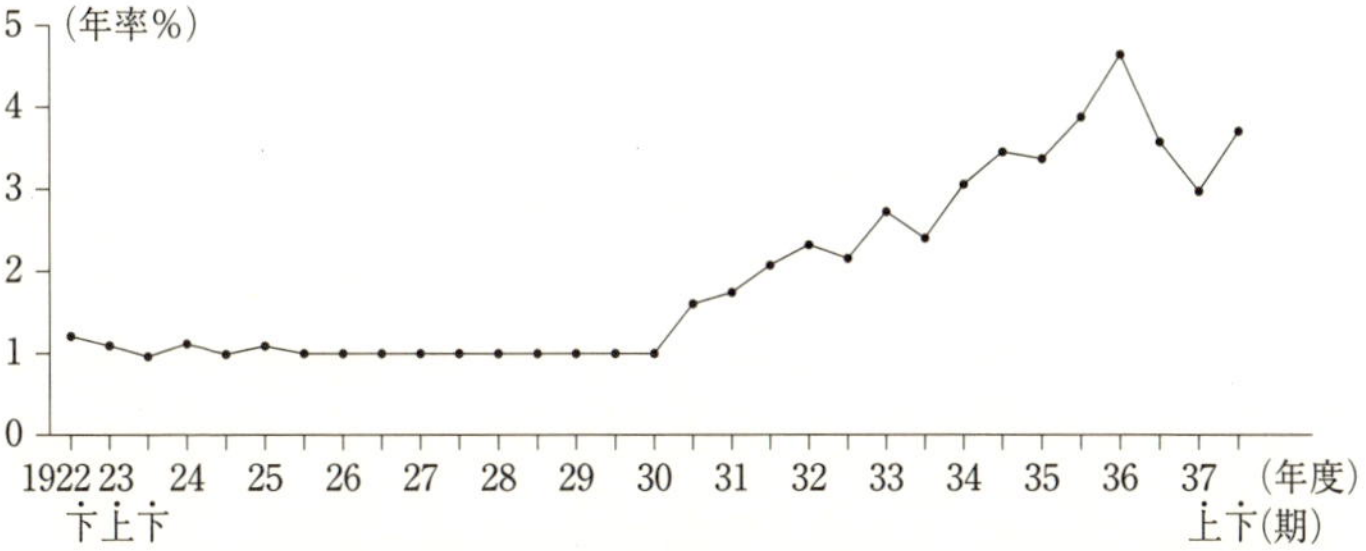

図2－6　東邦電力の有形固定資産減価償却額の期末有形固定資産残高に対する比率の推移

注：1．$\frac{\text{各期の有形固定資産減価償却額}}{\text{期末有形固定資産残高}}\times 2\times 100$で算出。

2．有形固定資産残高には建設工事仮勘定を含まず。

3．1930年下期までは，『営業報告書』から各期の有形固定資産減価償却額を把握することができる。しかし，1931年上期以降の『営業報告書』には，有形固定資産減価償却額，所有有価証券値下り損償却額，外債償還関連為替差損償却額などを合算した「償却金」ないし「諸銷却」が記入されているでけである。ここでは，下記の雑誌記事により，1931年上期～32年上期，1933年下期～35年下期，1936年下期については有形固定資産減価償却額を一応把握することができた。残りの1932年下期～33年上期，1936年上期，1937年上期～37年下期については，適当な資料を見出すことができず，「償却金」ないし「諸銷却」をそのまま有形固定資産減価償却額として計上した。

出典：東邦電力『営業報告書』。「業績安定せる東邦電力」（『東洋経済新報』1931年6月27日号）。「再禁止後の電力会社」（『ダイヤモンド』1932年1月1日号）。「為替急落と電力会社（続）」（『ダイヤモンド』1932年9月11日号）。「東邦電力の利益激増」（『ダイヤモンド』1934年5月11日号）。「東電の配当復活と東邦，東信」（『ダイヤモンド』1934年9月11日号）。「東邦電力の増資と増資後の配当」（『ダイヤモンド』1934年11月21日号）。「東邦の増配と今後」（『ダイヤモンド』1935年11月21日号）。「東邦電力の刷新」（『ダイヤモンド』1937年1月11日号）。

の総額が払込資本金額に近づくと、コスト的に有利な社債を発行するために、コスト的に不利な株金の払込徴収を行わなければならないというジレンマが生じた。そして、払込徴収を支障なく遂行するには、配当率を一定の高水準で維持することが必要であった。

東邦電力が一九二六年十二月に一八八一万円の株金払込徴収を行ったのも、同年下期末（十月末）の時点で社債残高の払込資本金に対する比率が八三％に達し、社債の発行余力が枯渇しつつあったことによるものであった。社債を大規模に発行するためには株金の払込徴収が必要になるという状況のもとで、東邦電力は、三井銀行からの借入金で配当資金を捻出しつつ、一九二七年上期まで一二％配当を維持せざるを得なかった。松永が、株式配当率の抑制を提唱しながら、成果をあげることができなかったのは、このためであった。

配当抑制とは対照的に、社債依存度の拡大は、一九二二〜二七年に資金コストの低減策として、大いに成果をあげた。東邦電力が発足した時点での社債残高の払込資本金に対する比率は二一％であり、まだ相当の社債発行余力が存在した。東邦電力は、それから一九二七年までのあいだに合計十一ロ一億一〇五八万円（外債も邦貨換算して算入）の社債を発行したが、それらの発行利率は内債で六・二〜八％、外債で五〜七％であり、株式配当率よりかなり低率であった。

外債発行への注力

松永は、社債の中でもコスト面で有利な外債の発行にとくに力を入れた。彼は、九州電燈鉄道の常務であった一九一九年に欧米を視察したが、「その際アメリカの金融市場に着眼し、外債発行の構想を抱いた」（東邦電力史刊行会編、一九六二、一五八頁）。その結果、東邦電力は、「米国に於て社債発行を計画せる日本最初の公共事業会社」（鈴木、一九二五、五頁）となり、一九二三年には英文の詳細な宣伝パンフレットを作成配布するにいたった。また、松永は、一九二五年十一月に「民間外資抑制の暴挙」（松永、一九二五ｆ）を発表し、外資輸入を抑制する動きを示した日本政府を厳しく批判した。

ここで問題となるのは、準備が早かったにもかかわらず、東邦電力の第一回外債（七分利付米貨債）の発行が一九二五年三月までずれ込み、一九二三年六月と一九二五年二月の東京電燈の英貨債の発行や、一九二四年八月の大同電力の米貨債の発行より立ち遅れることになったのはなぜか、という点である。この問いに対する答えは、外債の発行条件に関して東邦電力が、東京電燈や大同電力とは異なり、安易な妥協を避け、拙速《せっそく》を排して巧遅《こうち》を追求した点に求めることができよう。

東京電燈の二口の英貨債の場合には、任意買入償却規定がなく、任意償還権も長期間凍結された。とくに一九二三年発行の英貨債には、「資本額の半分以上の社債を発行せざること」という付帯条件がついており、東京電燈は、この条件のために、その後、資金調達面で苦境に立たされた。大同電力の米貨債の場合には、減債基金による買入償還が禁止され（額面価格での抽せん償還のみ可能）、任意償還権はやはり長期間凍結された。またこの米貨債は、東京電燈の英貨債とは違って担保付であったが、次回以降同一順位の担保設定を認めないクローズド・モーゲージ制により発行されたため、大同電力のその後の外債発行を困難にした。

なお、東邦電力の七分利付米貨債と同じ日に発行された宇治川電気の米貨債の場合にも、クローズド・モーゲージ制による担保設定が行われ、任意償還権は長期間凍結された。

これらに比べて一九二五年の東邦電力の七分利付米貨債は、若干の問題点を残したものの［この米貨債には、減債基金による買入償還が一九二九年までしか認められないという問題点があった］、全体的には、相当有利な条件で発行された。なかでも、制限付とはいえ「新機軸」（『エコノミスト』、一九二五）のオープン・エンド・モーゲージ制（次回以降も同一順位の担保設定を認める制度）による担保設定が行われたこと、据置期間なしで任意償還権が認められたこと、などは重要であった（松永、一九二五a、一九二五b）。

七分利付米貨債

東邦電力の七分（七％）利付米貨債（発行額一五〇〇万ドル、邦貨換算額三〇〇九万円）は、利率は当時の内債のそれ（八～八・五％）より低率であったが、手取価格が一〇〇ドルにつき八四ドルにとどまり、必ずしも低利なものではなかった。

この米貨債のコスト面での有利性は、発行時点の対米為替が低水準であり、それがその後徐々に回復したことから生じた為替差益に由来していた。一九二六年五月に松永は、この点について、「当社が外債を発行致した当時は、平均四十弗八分之七に当つて居りましたが、現在は四十七弗内外でありますから、四十七弗で換算致しますと、一百円に付六弗一二五の差を生じますので、元金一千五百万弗に対し、四百七十八万二千三百五十四円の差益があります。又利息の点に就きましても、発行当時の四十弗八分之七と現在の四十七弗との差は、毎年の支払利子に於て三十三万四千七百六十五円を減少せしめ、それだけ当社の利益と相成ります」（松永、一九二六b、二一～三三頁）、と説明した。

これと同様の為替差益は、東邦電力が一九二五年七月に発行した五分利付英貨債（発行額三〇万ポンド、邦貨換算額二九三万円）〔この英貨債は、イギリスの貿易助成法にもとづき発行され、イギリス大蔵省の保証付でプルデンシャル生命保険の一手買入という特殊なものであった。そのため、この英貨債の場合には、任意買入償却規定がなく、任意償還権も認められなかった〕についても発生した。松永は、外債に関連する為替差益の重要性をしばしば指摘した（例えば、松永、一九二九b）。

六分利付米貨債　東邦電力は、つづいて一九二六年七月に、六分利付米貨債（発行額一〇〇〇万ドル、邦貨換算額二〇〇六万円）を発行した。この米貨債は、償還期間三年間の短期債であったが、松永によれば、その発行のねらいは、「会社負担利廻の点に於て内債に優るものとする」（松永、一九二六c、一頁）ことにあった。

東邦電力は、六分利付米貨債の手取価格を一〇〇ドルにつき九五ドルとすることに成功し、低利性の追求という目標を一応達成した〔六分利付米貨債の発行時点の対米為替相場は一〇〇円＝四七ドル強まで回復していたので、この米貨債については、為替差益はあまり発生しなかった〕。なお、先述した五分利付英貨債の場合にも、手取価格が一〇〇ポンドにつき九五ポンドであったため、内債より低利であるというメリットが存在した。

社債発行限度枠の拡張　外債を中心として社債を積極的に発行した結果、すでにふれたように東邦電力の社債発行余力は、一九二六年には枯渇しつつあった。このような状況のもとで、松永は、商法第二〇〇条の規定を緩和し、電力会社の社債発行限度枠を拡張することを繰り返し主張した（松永、一九二六a、一九二六e）。そして彼は、電気協会を動かし、電気事業発達助成会を結成するなどして、社債発行限度枠の拡張運動の先頭に立った。

松永の努力は実を結び、一九二七年三月には電気事業法が改正され、電力会社の社債発行限度額は払込資本金額の二倍にまで引き上げられた（施行は同年九月）。この措置は、電力会社がいっそう積極的に社債を発行し、株式配当率をある程度引き下げることを可能にした。東邦電力は、利益率の後退という事情もあって、電気事業法の改正が実施に移された一九二七年下期から二％減配に踏み切った。ただし、株主の抵抗もあって、五大電力がいっせいに減配を行ったのは、昭和恐慌の影響により業績が悪化した一九三〇年までずれ込んだ。

低利性と長期性の同時追求

ここからは、一九二八〜三一年の第二期に目を向ける。

松永安左エ門は、本節の冒頭でも引用した一九二八年二月の「電力国営反対論」のなかで、「電気事業の如き巨額の固定資本を要するものにありては、長期低利の資本を之に向て投ぜざるべからざるは、敢て言を俟たざる処」（松永、一九二八a、一八頁）であると述べた。また、彼は、一九二九年三月に発表した「電気事業」においても、「電気事業の資金問題」と題する項で、「其資金問題は長期低利の資金の運営と云ふことに帰する」（松永、一九二九c、一一五頁）と繰り返した。一九二八〜三一年の松永の電力資金問題に関する主張の特徴は、従来通り低利性を追求する一方で、新たに長期性を重視するようになった点に求めることができよう。

もちろん松永は、一九二七年以前にも資金の長期性の問題を無視していたわけではなかった［例えば、（松永、一九二六ａ）のなかで、内債の償還期間の長期化を提唱した」。しかし、彼がこの問題に系統的に言及するようになったのは一九二八年ごろからであり、本格的に取り組むようになったのは金輸出解禁（一九三〇年一月実施）が必至となった時点からであった。一九三〇年三月の東邦電力の臨時株主総会の場で彼は、この点に関連して、

> 此度金輸出解禁の結果と致しまして、金融は追々硬塞《ママ》致して参つたのでありますが、幸ひに昨年中皆様の御承認を得まして、出来る丈けの長期社債により、資金を相当準備致しておきましたものですから、まだ手許金一千二百万円を有して居りまして、借入金を為す必要無く、誠に好都合であつたのであります。（中略）当会社の如く公益事業の為に、巨額の投資を次から次へと致してゆかねばならぬものが、若し這《こ》の金解禁による金融塞の起つてきました際に仮りに手許金が無かつたとしたならば、実に惨憺たるものであつたろうと思ひます。
>
> （松永、一九三〇ａ、一六頁）

と発言した。

三井銀行依存度の縮小

松永が資金の長期性を重視するようになった背景には、この時期に「金融機関の自己防衛的信用引締政策と事業に関する干渉」（東邦電力史刊行会編、一九六二、四五四頁）が強まり、短期性債務を多く抱えた電力会社の経営面での不安定性が問題視されるにいたった（例えば、阿部、一九三一、『東洋経済新報』、一九三二）という事情があった。このような

表２－７　東邦電力の配当資金調達面での三井銀行への依存度

（単位：千円）

	Ⓐ三井銀行の東邦電力向け配当資金の貸付額	Ⓑ東邦電力の配当金額	Ⓐ/Ⓑ×100（%）
1922年度下期	0	5,416	0
23　上	5,000	6,022	83
下	5,000	6,132	82
24　上	6,000	6,132	98
下	7,000	6,132	114
25　上	2,000	6,132	33
下	6,000	6,132	98
26　上	5,000	6,132	82
下	5,000	6,447	78
27　上	1,000	7,343	14
下	5,000	6,276	80
28　上	3,000	6,276	48
下	0	6,276	0
29　上	0	6,276	0
下	0	6,276	0
30　上	0	6,276	0
下	3,500	5,089	69
31　上	0	5,200	0
下	0	4,550	0

注：1．Ⓐの1932年度以降の数値は不明。
　　2．1924年度下期にⒶがⒷを上回る理由は不明。
出典：Ⓐは三井銀行『報知附録』，同『本部内報』。
　　　Ⓑは東邦電力『営業報告書』。

状況のもとで、松永は、「企業資本をして独立優越の地位を保たしめ、金融資本は単にその補助機関たらしめる程度に進めねばならぬ」（松永、一九二九a、三六頁）と主張し、主要な借入先である三井銀行からの短期性資金の借入を抑制する方針をとった。そのため、減配の影響もあって、東邦電力の配当資金調達面での三井銀行への依存度は、一九二八年以降、著しく低下した（表2・7）。また、前後

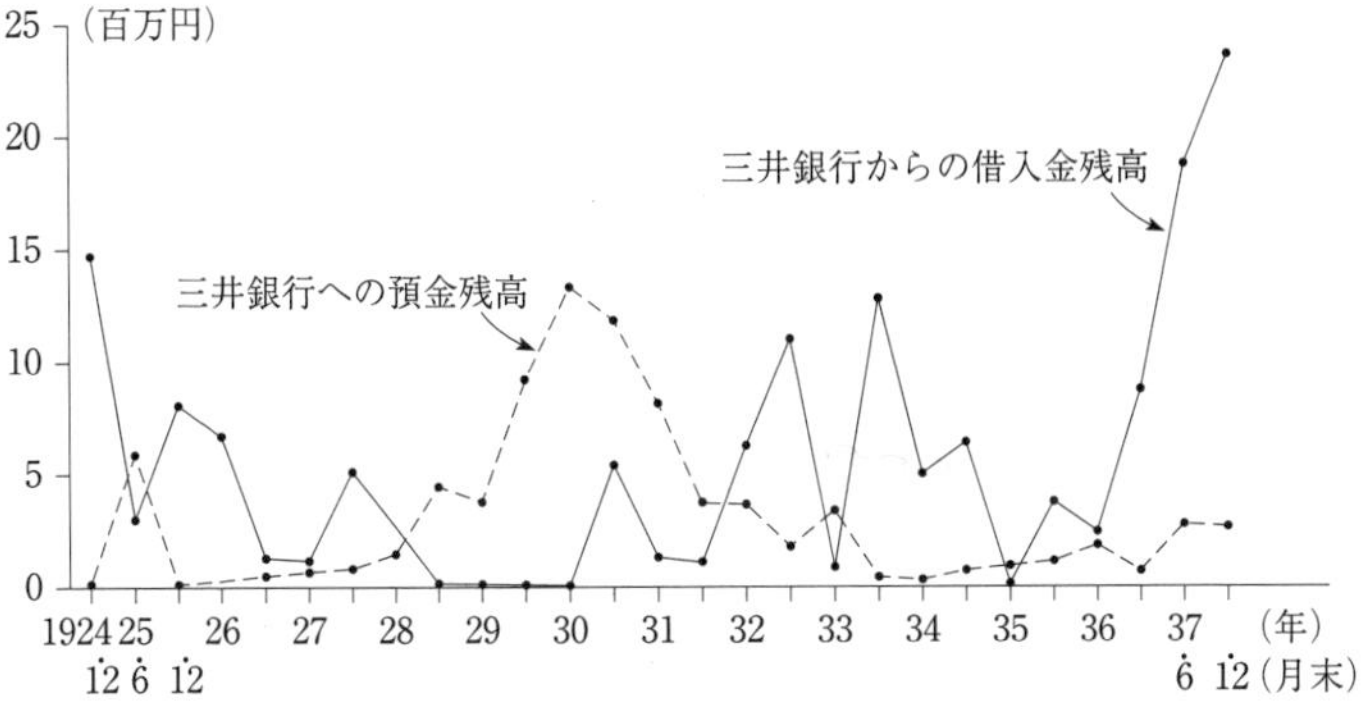

図2－7　東邦電力と三井銀行との資金面での関係

注：「借入金残高」の1925年6月末～28年12月末および「預金残高」の1924年12月末～33年6月末は推計値。推計にあたっては，下記の後3者の資料から判明する残高の確定値に，『業況報告』から判明する各期の残高の増減値を順次加減するという方法をとった。若干の誤差は存在しても，大勢に影響はないものと思われる。

出典：三井銀行『業況報告』。同『事業別貸出金調』。同『抜萃大口貸出先』。同『調査週報号外』（1925年6月10日）。

の時期に比べて、一九二八～三一年には、東邦電力の三井銀行からの借入金残高は低い水準で推移し、逆に東邦電力の三井銀行への預金残高は高い水準を維持した（図2・7）［一九三〇年九月の臨時株主総会後の懇談会で松永は、東邦電力の経営の安定性を誇示するために、三井銀行への預金残高が一三〇〇万円余りに達したことを強調した（松永、一九二九a）］。

東邦電力と三井銀行との関係の変化は、社債発行面でも生じた。東邦電力の内債は、一九二四年以降すべて三井銀行の単独引受で発行されていたが、一九二九年十月の「ぬ」号社債（発行額九〇〇〇万円）は、五大生保（日本生命・明治生命・千代田生命・第一生命・帝国生命）の共同引受で発行された［「ぬ」号社債の形式上の引受会社は、東邦証券

表2－8　三井銀行と5大生保の東邦電力社債の所有残高

（単位：千円）

年度末	Ⓐ 東邦電力発行の社債の残高	Ⓑ 三井銀行の東邦電力発行社債の所有残高	Ⓑ/Ⓐ×100 (%)	Ⓒ 5大生保の東邦電力発行社債の所有残高	Ⓒ/Ⓐ×100 (%)
1926	81,657	0	0	1,085	1
27	76,405	0	0	1,461	2
28	104,054	0	0	1,532	1
29	122,539	0	0	10,230	8
30	120,214	0	0	11,605	10
31	117,588	0	0	10,774	9
32	91,494	0	0	12,292	13
33	108,368	3,750	3	16,943	16
34	109,949	13,850	13	22,097	20
35	69,516	13,845	20	13,287	19
36	46,486	9,878	21	3,528	8
37	40,451	7,192	18	1,972	5

注：1．券面価額で表示。

2．5大生保とは，日本・明治・千代田・第一・帝国の各生命保険。

3．Ⓐは10月末，Ⓑは12月末，Ⓒのうち第一生命は8月末，他の4生保は12月末の数値を計上。

4．ⒶⒷⒸとも東邦電力が合併等により他社から継承した社債を含まず。

出典：東邦電力『営業報告書』。三井銀行『業況報告』。5大生保『報告書』。

保有であった」。これは、「ぬ」号社債の償還期間に関して、長期を主張する東邦電力と、短期を主張する三井銀行との意見調整がつかなかったことによるものであった（『東京朝日新聞』、一九二九）。この時期の三井銀行は単独引受した東邦電力の社債を所有しなかったが、五大生保は共同引受した「ぬ」号社債を所有し、東邦電力へ直接的に資金を供給した（表2・8）。「ぬ」号社債の発行を機に、東邦電力と生命保険会社との関係は、緊密化したのである。

内部留保の充実　一九二八～三一年に松永は、短期性資金の借入を抑制しただけでなく、長期低利の資金を調達するために、より積極的な方策を追求した。この時期の彼がめざしたのは、内部留保の充実、優先株の発行、社債発行条件の有利化などであった。

松永は、「最善の方法は金利を要せない資金を利用することである」（松永、一九二九c、二一七頁）と述べ、固定資産の償却を中心に内部留保を充実することを提唱した（松永、一九二八c、一九二九c）。しかし、この提唱は、一九三〇年上期までは実行に移されなかった。と言うのは、①「金融梗塞」により一九二九年から社債の発行が徐々に困難となり、資金調達のために株金払込徴収を行う必要性が生じたこと、②減配に対する株主の抵抗が強かったこと、などの事情があり、東邦電力は、一九二七年下期の減配以降、追加的な減配を行うことができなかったからである［一九二七年下期の二％減配にもかかわらず、東邦の各期の償却金の期末有形固定資産残高に対する比率は、一九三〇年上期までは従来通りの低水準にとどまった（図2・6）。これは、一九二七年下期以降の利益率の後退によるものであった］。

一九三〇年三月に社債発行を計画したが（松永、一九三〇a）、それをはたせなかった東邦電力は、九州地区での拡張工事資金等を調達するために（東邦電力史刊行会編、一九六二、三〇二、三一三頁）、同年六月に未払込株金一六六三万円の払込徴収を実行した（『東洋経済新報』、一九三〇c、一九三〇d）。業績が悪化しているさなかに、株金払込徴収により支払配当金が大幅に増加することは、東邦電力にとって重い負担であった。そこで東邦電力は、この払込徴収に前後して、二つの配当金節約措置を講じた。それは、一つは一九三〇年五月の一四三二万円の減資であり、いま一つは一九三〇年下期の二%の減配であった。

一九三〇年の減資と減配　一九三〇年五月の定時株式総会で松永は、東邦蓄積の解散と結びつけて東邦電力の減資を行うことを提案し、了承を得た（松永、一九三〇b、『東洋経済新報』、一九三〇b、『ダイヤモンド』、一九三〇）。東邦電力は、この減資を、「通常の減資の場合と異なり新たに現金支出をなさず」（東邦電力史刊行会編、一九六二、四六三頁）に遂行した。具体的には、東邦蓄積が所有していた東邦電力の株式二八万六四二四株を、東邦蓄積の解散とともに一挙に償却するという方式を採用した［東邦蓄積は、積み立てられた東邦電力の毎期の償却金を使って、東邦電力の株式を購入していた］。なお、「償却費の社外留保・運用に対して、税制改正により累加所得として高率課税が適用されるに至ったこと」（東邦電力史刊行会編、一九六二、四六四頁）も、東邦蓄積解散の一因となった。

いま一つの配当金節約措置である二%の減配が可能になったのは、一九三〇年上期まで減配を阻んでいた先述の①（株金払込徴収の必要性）、②（株主の強い抵抗）の事情が、変化したからであった。まず、①に関しては、一九三〇年六月の株金払込徴収以後は、当面、払込徴収を行う見込みがなく

表２－９　５大電力の固定資産償却の比較（1930年後半）

（単位：千円）

	東邦電力	東京電燈	宇治川電気	大同電力	日本電力
Ⓐ逓信省の基準により算出した必要償却額	1,108	4,764	1,418	1,442	1,208
Ⓑ実際の償却額	1,202	4,000	950	1,000	900
Ⓑ/Ⓐ×100（％）	108	84	67	69	75

注：東邦電力は５月～10月，東京電燈・大同電力は６月～11月，宇治川電・日本電力は４月～９月の数値。
出典：阿部留太『五大電力の優劣』。

なった。そのため、配当率をあえて従来通りの水準に維持する必要性も消滅した。

次に、②に関しては、昭和恐慌下の業績悪化という動かしがたい事実が、減配に対する株主の抵抗を減退させた〔この点では、東京電燈の一九三〇年上期の三％減配が、電力業界全体に大きな影響を及ぼした〕。また、経済雑誌等が当時さかんに電力会社の固定資産償却の不十分性を批判した（『東洋経済新報』、一九二九、一九三〇ａ、『ダイヤモンド』、一九二九）ことも、株主の抵抗を弱めるうえで重要な役割をはたした。その結果、一九三〇年六月には経済雑誌『ダイヤモンド』が、東邦電力の株主について、「今日となつては事情が一変した。投資家は償却の必要を充分に認め出した。償却をしなければ事業上の安泰は得られぬことを深く悟つてゐる。徒に高率配当をする当局者を却て警戒するやうになつた」（『ダイヤモンド』、一九三〇、一二九頁）、と報じるにいたった。

固定資産償却の規模拡大

東邦電力の一九三〇年下期の減配は、他の五大電力各社の一九三〇年の減配とは異なり、業績悪化への受身的な対応にとどまるものではなかった。東邦電力は、この減配を契機に固定資産償却の規模を拡大し、まず一九三〇年下期に、五大電力のなかで初めて、逓信省の基準を上回る償却を実行した（表2・9）。東邦電力に続いて、東京電燈と大同電力は一九三一年下期から、日本電力は一九三二年下期から、宇治川電気は一九三三年上期から、それぞれ固定資産償却の規模を拡大するようになった。

東邦電力の各期の償却金の期末有形固定資産残高に対する比率は、一九三〇年上期までは年率一％にとどまっていたが、一九三〇年下期には年率一・六％となり、その後は、さらに著しく上昇した（図2・6）。固定資産の償却を中心に内部留保を充実するという松永の提唱は、一九三〇年下期以降、実行に移されたとみなすことができよう。

優先株発行の失敗

松永は、長期低利の資金調達策として、内部留保を充実させることとともに、優先株を発行することも提唱した（松永、一九二八a、一九二八b、一九二九c）。彼は、「米国の電気事業界に於て見るが如く、一定の配当の支払に於てのみ優先権を与へて、其投資の確実性を大ならしめ、其配当率を普通株配当率以下の一定率のものとする時は、これにより低利且長期の資金を利用し得ること、なる」（松永、一九二九c、一一六頁）と述べ、前の時期にひき続いて優先株の活用を訴えた。

しかし東邦電力は、この時期にも、結局、優先株を発行することができなかった。これは、「従来我国の事業会社で優先株を発行するものは、事業不振の際に限られてゐた結果、一般に是が発行を潔しとしない」（松永、一九二九c、一一六頁）風潮が、根強く存在していたことによるものであった。

内部留保の充実が一九三〇年下期以降にずれ込み、優先株の発行が実現しなかったのに対して、社債発行条件の有利化は、一九二八〜二九年に一応の成果をあげた。東邦電力が一九二七年九月に発行した「へ」号社債（発行額一〇〇〇万円）の利率は七％、償還期間は七年間であったが、一九二八年五月に発行した「と」号社債（発行額一五〇〇万円）の利率は五・五％に低下し、償還期間は十年間に長期化した。続いて一九二八年十月に発行した「ち」号社債（発行額二〇〇〇万円）の償還期間は、さらに長期化して十五年間となった（利率は、「と」号社債と同一の五・五％）。「金融梗塞」が生じた一九二九年の八月と十月に発行した「り」号社債（発行額一〇〇〇万円）と「ぬ」号社債の場合にも、利率は、同年に発行した米貨債と同一の六％に抑制できた。

社債有利化とその限界

しかし、東邦電力による一九二八〜二九年の社債発行条件の有利化は、二重の意味で限界性をもっていた。

第一は、発行条件の有利化が内債に関しては生じたが、外債に関しては生じなかったことである。そのため、この時期には、内債に比しての外債の有利性は後退した。また、為替相場が旧平価に近い水準で推移したため、外債に関連して為替差益が生じる可能性も縮小した。このような事情をふまえて東邦電力は、前の時期に比べて、外債発行に対して消極的な姿勢をとるようになり、一九二九年七月に六分利付米貨債（発行額一一四五万ドル、邦貨換算額二二九七万円）を発行しただけだった。この米貨債は、一九二六年発行の六分利付米貨債の借換債であり、やはり、償還期間三年間の短期債であった。

第二は、内債の発行条件の有利化自体が、決定的なものではなかったことである。松永が資金の長期性を本格的に重視し始めたにもかかわらず、一九二九年発行の「り」号社債と「ぬ」号社債の償還期間は、それぞれ七年間と十年間にとどまり、前年発行の「ち」号社債のそれより短期化した。また、東邦電力は、一九三〇～三二年には、社債自体を発行することができなかった。

このような状況のもとで松永は、内債に焦点をあわせて、発行条件をいっそう有利にする方向をめざした。その際彼は、一九二五年の七分利付米貨債発行時の経験をふまえて、内債についても、オープン・エンド・モーゲージ制による担保設定を行うことを中心的に主張した。

オープン・エンド・モーゲージ制

松永によれば、オープン・エンド・モーゲージ制とは、「同一担保物件に就き、前に発行した社債の社債権者と同一順位に於て、其物件を担保として新たに社債を発行し得る制度」（松永、一九二九c、一一六頁）であり、「累次増加する固定資格《ママ》〔正確には「資産」…引用者〕を一番抵当権として設定し、長期社債を発行し得る」（松永、一九二八a、一九頁）というメリットとともに、「現在以上に低利の社債が利用出来る」（松永、一九二九c、一一六頁）というメリットももっていた。彼は、低利性のメリットが生じる理由について、従来の方式では繰り返し担保付社債を発行する際に前回より劣位の順位で担保を設定しなければならないため、利率が「著しく高利とならざるを得ない」（松永、一九二九c、一一六頁）が、オープン・エンド・モーゲージ制を導入すれば、この弊害が取り除かれるからだと説明した。

後述するように、一九三三年四月の担保付社債信託法の改正により、オープン・エンド・モーゲージ制は、日本においても正式に採用されることになった。同制度の採用は、電力会社が長期低利の担保付内債を大規模に発行することを可能にした。

新たな状況への対応　続いて、一九三二〜三四年の第三期を取り上げる。

一九三一年十二月の金輸出再禁止は、電力業の資金問題にきわめて重大な影響を及ぼした。電力会社にとってその影響は、相反する二つの意味合いをもっていた。

一方では、金輸出再禁止後の円為替低落により電力外債の元利金支払い負担が急増し、いわゆる「電力外債問題」が発生した。そのため、昭和恐慌下で後退していた五大電力の業績は、一九三二年以降、いっそう悪化した。しかし他方では、金輸出再禁止後の高橋財政の展開過程で未曾有の「低金利時代」が現出し、オープン・エンド・モーゲージ制の採用を機に、担保付低利内債の大規模発行が実現した。社債・借入金の低利借換や外債の買入償還による金利負担の軽減、景気回復を反映した需要拡大による営業収入の増加などの結果、五大電力の業績は、一九三四年以降、回復に向かった（「外債の買入償還は、長期的には五大電力の業績を回復させた。と言うのは、償還時点では多大な為替差損が生じたが、償還後は償還分だけ利払負担が軽減されたからである」）。

金輸出再禁止後の新たな状況のもとで、松永安左エ門は、一九三二〜三四年に「電力外債問題」対策と担保付低利内債の発行に力を注いだ。このような努力は、五大電力各社の経営者に共通するものであったが、姿勢の積極性の点で松永は他よりぬきんでていた。

外債対策での手腕

松永は、まず「電力外債問題」対策で、「鮮かな手際」（萩原、一九三三、三七二頁）を発揮した。

松永は、一九三一年九月にイギリスが金輸出を再禁止した時点で、一九三二年七月に償還期限が到来する一九二九年発行の六分利付米貨債（発行額一一四五万ドル）の借換は困難だとの判断を下した。そして、「英国が金輸出を禁止すれば、我国も早晩金輸出再禁止する事になる、金本位を停止すれば必ず為替は低落する、（中略）さすれば利払が加重するから外債の持分を軽減することに努めねばならぬ」（萩原、一九三三、三七二〜三七三頁）、という考えにもとづき、ただちに六分利付米貨債償還用のドル資金の手当に取り組んだ。その結果、東邦電力は、一九三一年十二月の日本の金輸出再禁止以前に、約六〇〇万ドルを確保することができた（『ダイヤモンド』、一九三二a、『東洋経済新報』、一九三二a）。

一九三二年にはいると対米為替相場は急激に低落したが、六分利付米貨債償還用のドル資金の手当に早目に取り組んだ東邦電力は、「同年三〜四月ごろまでに、ほぼ償還に要する資金を調達し得た」（東邦電力史刊行会編、一九六二、一七八頁）。償還期限の一九三二年七月一日のドル買為替相場は一〇〇円＝二七ドル三七セント五であったが、東邦電力は、平均一〇〇円＝三六ドル五八セントで六分利付米貨債の償還を完了した。一九二九年の発行当時のドル売為替相場は一〇〇円＝四七ドル五〇セント八であったから、償還に際して七二〇万円の為替差損が生じたが、それでも東邦電力は、為替差損を一〇五三万円も減じることができた（東邦電力史刊行会編、一九六二、一七八頁）。

六分利付米貨債の償還に要した円貨は三一三〇万円であったが、東邦電力は、このうち二七三三万円を金融機関からの借入で調達した（『東洋経済新報』、一九三三a）。借入先別の内訳は、生保団から二〇四〇万円、日本興業銀行から五〇〇万円、三井銀行から一九三万円であった（『東洋経済新報』、一九三三b）。東邦電力と生命保険会社との関係は、この時期にいっそう緊密化したとみなすことができる［この点は、五大生保の東邦電力発行社債の所有残高が一九三二〜三四年に増加した（表2・8）ことからも確認することができる］が、同時に注目する必要があるのは、東邦電力が日本興業銀行から相当額の借入を行ったことである。一九三三年初頭に松永は、電力業界の統制構想の一環として、「政府は特種《ママ》銀行を通じて電気金融の途を開くべきこと」（松永、一九三三c、二三九頁）という主張を展開したが、東邦電力の日本興業銀行からの資金借入は、この松永の主張に沿うものであった。

七分利付米貨債の買入償還

松永は、六分利付米貨債以外の外債の買入償還にも、積極的に取り組んだ。残る東邦電力の二口の外債のうち、五分利付英貨債の場合には任意買入償却規定がなかったので、松永の努力は、七分利付米貨債の買入償還に集中した。

一九三二年七月に資本逃避防止法が実施されると、東邦電力は、ただちに減債基金以上の買入償却のための海外送金を許可するよう、日本政府に申請した［東邦電力が七分利付米貨債の減債基金以上の買入償却に積極的に取り組んだ背景には、この時点では、同債の減債基金による買入償還がすでに不可能になっていたという事情があった」。当時は、ニューヨーク市場における東邦電力の七分利付米貨債の相場が一〇〇ドルにつき四〇ドル台に暴落しており、買入償却を行うには絶好の時機であった。東邦電力は、「社債額面価格二七〇万ドル買入れのため、一二三万ドルの為替送金許可を申請して認められ、直ちに買入れにかかった。買入れは市価に影響を及ぼさない程度に、適当な売物を買い入れていった結果、買入為替平均二二ドル四三二をもって一〇三万ドルを送金し、社債額面一七五万ドルを買い入れた。これは平均一〇〇ドルに付き五八ドル八八二の成績で、邦貨換算一〇〇ドルに付き二六二円四九銭の割合で上記額面金額を買い戻したことになった」（東邦電力史刊行会編、一九六二、一七九頁）。既述のように、七分利付米貨債発行当時のドル売為替相場は一〇〇円＝四〇ドル八七セント五（一〇〇ドル＝二四四円六五銭）であったから、以上の操作を通じて三一万円の為替差損が生じたが、それでも東邦電力は、その後、年間一二万二五〇〇ドルも利子負担を軽減することができた。

なお、外債の買入償却の好機であった一九三二年中に、資本逃避防止法にもとづく許可を受け、外国為替を送金して外債を買い入れたのは、外債を発行した電力各社のうち東邦電力だけであった（東邦電力史刊行会編、一九六二、一七九頁）。

外債対策におけるリーダーシップ

松永は、「電力外債問題」対策について、五大電力が一九三二年四月に結成したカルテルである電力連盟が、組織をあげて取り組むべき課題だと考えていた。そこで彼は、一九三三年二月の電力連盟の委員会で、「資本逃避防止法第三条発動による在内外債強制買入を飽く迄も目標として猛運動を行ふとともに、海外市場における大量買入のために減債基金以上の為替送金許可を大蔵省に申請し、全面的に共同運動を起すべきである」（電気経済研究所、一九三三、一三二頁）、と主張した。この松永の主張に対しては、日本電力の池《いけ》尾《お》芳蔵《よしぞう》社長から、「しばらく自重して表面的運動を避け、各社が必要に応じて実質上有効な手段をとるべきである」（電気経済研究所、一九三三、一三二頁）という異議が唱えられたが、結局、電力連盟は、一九三三年三月に、松永の共同運動の提案を受け入れた。そして、電力連盟は、①国内に存在する電力外債の強制買入〔（東邦電力史刊行会編、一九六二、一七五頁）によれば、「わが国の電力外債の約六〇％強は、昭和七年（一九三二年…引用者）上期末において既に邦人の手に帰していた」〕、②海外で電力外債を大量に買い入れるために必要な減債基金以上の為替送金に対する許可、という二つの要求を掲げて（松永、一九三三a）、日本政府に陳情を繰り返した（電気経済研究所、一九三三、一二八～一三七頁）。

二つの要求のうち、①は実現しなかったが、②は「先に東邦の例もあり」（『東洋経済新報』、一九三二b、五〇頁）、実現をみた。大蔵省は、一九三三年五月と一九三四年四月に、電力外債発行各社に対して、合計五二三〇万円の減債基金以上の為替送金を許可した（電気新報社、一九三五、一六～二〇頁）。

「電力外債問題」の克服

東邦電力は、大蔵省の許可額をフルに活用して、海外で七分利付米貨債を買い入れるとともに、国内でも流入した同債の買入に力をつくした。買入資金を調達するため、東邦電力は、一九三三年五月に下関支店の事業設備および営業区域を、一五三〇万円で山口県に譲渡するという思い切った措置を講じた（東邦電力史刊行会編、一九六二、一七九～一八〇頁）。

一九三二〜三四年の東邦電力の七分利付米貨債の償還高は五六五万ドルに達したが、その内訳は、減債基金によるものが一六五万ドル、それ以外の買入によるものが四〇〇万ドルであった。その結果、一九三一年末に一二九二万五〇〇〇ドルであった七分利付米貨債の未償還高は、一九三四年末には七二七万五〇〇〇ドルに減少した。しかも、一九三四年末には、東邦電力の同債の手持高が二八七万八〇〇〇ドルに及んだので、実際流通高は四三九万七〇〇〇ドルにとどまった（三井銀行、一九三二、一九三五）。

東邦電力は、対米為替相場の安定という状況の変化もあって、一九三四年末までに「電力外債問題」を、一応克服したと言うことができる（『ダイヤモンド』、一九三四a）。なお、一九三二年末に一〇〇円＝二〇ドル水準まで低落した対米為替相場は、一九三三年半ばからやや持ち直し、一九三四年以降の時期には、一〇〇円＝三〇ドル水準で一応安定するようになった。

東邦電力の優位性

表2・10は、一九三二〜三四年の時期における五大電力の「電力外債問題」対策の進捗度を比較したものである。この表から、東邦電力の進捗度が最も高く、日本電力がこれに続き、宇治川電気・大同電力・東京電燈の三社は大きく水をあけられていたことが読み取れる。

このような「電力外債問題」対策の進捗度の格差は、業績の格差をもたらした。東邦電力と日本電力は一九三三〜三四年に五％以上の配当を維持したが、宇治川電気・大同電力・東京電灯の三社は同時期に無配に転落した。その後の一九三四〜三七年にも、総資本利益率で五大電力中東邦電力が第一

表2-10　5大電力の「電力外債問題」対策の進捗度（1932〜34年）

（単位：千ドル）

会　社	Ⓐ1931年末の外債未償還高	Ⓑ1934年末の外債未償還高	Ⓒ1934年末の外債手持高	Ⓓ=Ⓑ−Ⓒ 1934年末の外債実際流通高	Ⓔ=Ⓐ−Ⓓ	Ⓔ/Ⓐ×100（%）
東邦電力	14,127	8,220	2,878	5,342	8,785	62
東京電燈	94,127	84,812	12,295	72,517	21,610	23
宇治川電気	11,603	8,444	500	7,944	3,659	32
大同電力	22,663	16,941	750	16,191	6,472	29
日本電力	8,460	7,227	3,242	3,985	4,475	53

注：1．英貨債分も米貨換算して算入。
2．東邦電力のⒶには，1932年7月に償還期限を迎えた米貨債分11,450千ドルを含まず。
3．日本電力のⒶには，実際には募集されなかった英貨債分1,500千ポンド（米貨換算額7,300千ドル）を含まず。

出典：三井銀行『電力会社米貨債ノ為替低落ニヨル影響』（1932年）。同『五大電力会社ノ外債現況』（1935年）。各社『営業報告書』。

位を占め、日本電力が第二位で続くという状況が、一貫して継続した（『ダイヤモンド』、一九三四b、『東洋経済新報』一九三五a、『エコノミスト』一九三五）。

東邦電力は、業績が最も悪化した一九三二〜三三年にも五％以上の配当を維持しつつ、固定資産の償却を着実に拡充した（図2・6）。この時期には、他の五大電力各社も減配を契機に固定資産償却の規模を拡大したが、それでも、東邦電力が「固定資産の償却としては五大電力中最も優れてゐ」（『ダイヤモンド』、一九三三b、三五頁）ると評価される状況は、変化しなかった。

担保付低利内債の発行

松永は、「電力外債問題」対策とともに、担保付低利内債の発行にも力を注いだ。一九三三年以降電力会社が担保付低利内債を大規模に発行できるようになったのは、未曾有の「低金利時代」の到来とオープン・エンド・モーゲージ制の採用とによるものであったが、後者が松永の持論であったことはすでに述べた通りである。

オープン・エンド・モーゲージ制の導入という松永の主張に対しては、大同電力や東京電燈の関係者の一部から異論がさしはさまれた（鶴田、一九三一、一九三三、山本淳一、一九三二）。しかし、基本的には松永の主張が電力業界内の多数意見となり、一九三二年十月には電力連盟が同制度の導入を政府に申し入れた（栗栖、一九三三）。同様の申し入れは日本興業銀行、信託協会、証券業者大会などからも行われ（栗栖、一九三三）、一九三三年四月の担保付社債信託法の改正により、オープン・エンド・モーゲージ制が正式に日本でも採用された。

東邦電力は、オープン・エンド・モーゲージ制にもとづき、一九三三年九月から一九三四年三月にかけて、第一回「い」号社債（発行額二〇〇〇万円）、第二回子号社債（発行額三〇〇〇万円）、第二回丑号社債（発行額一〇〇〇万円）を、矢継ぎ早に発行した［東邦電力は、最初のオープン・エンド・モーゲージ制にもとづく担保付内債を発行する点で日本電力より十日間立ち遅れたが、大同電力・東京電燈・宇治川電気より五～七カ月間先んじた］。これらの担保付内債の利率は四・五～五％、償還期間は八～十年間であり、発行条件は一九二〇年代に比べて有利化した［償還期間が八年間とやや短かった第二回丑号社債は、利率が四・五％と低利であった］。東邦電力は、担保付低利内債の手取金を、相対的に高利な既発内債や借入金の償還や返済、外債の買入などに充当した。例えば、同社は、第一回「い」号社債（利率五％）の手取金二〇〇〇万円に手許金四〇万円を加えて、六分利付米貨債償還時に生保団から借り入れた二〇四〇万円（利率七・三％）の全額返済に充てた。

なお、一九三三〜三四年の東邦電力の三口の担保付低利内債は、いずれも三井銀行が単独引受し、担保受託する形で発行された。三井銀行は、一九三三年以降、単独引受した東邦の社債を所有するようになった（表2・8）。また東邦電力は、一九三二年以降、三井銀行からの資金借入を積極化した（図2・7）。このように東邦電力と三井銀行との関係は一九三二年以降再び緊密化したが、これは、前の時期にみられた「金融機関の自己防衛的信用引締政策と事業に関する干渉」が消滅したことによるものであった。

株金払込徴収の積極化

最後に、一九三五〜三七年の第四期に目を向ける。

表2・11にあるように、一九三三〜三四年に多額の担保付低利内債を発行した五大電力各社は、一九三五〜三七年にもオープン・エンド・モーゲージ制を利用して、相当規模の社債を発行した。ただし、東邦電力と日本電力の場合には、一九三五〜三七年の株金払込徴収額が、同時期の社債発行高を上回った［外債の積極的な買入、オープン・エンド・モーゲージ制にもとづく担保付低利内債の素早い発行、一九三五〜三七年の株金払込徴収に重点をおいた資金調達など、資金問題をめぐる一九三〇年代の東邦電力と日本電力の動向には、多くの共通点がみられた］。とくに東邦電力の場合には、株金払込徴収額が社債発行高の二・八倍に達した。

東邦電力は、一九三四年十一月に従来の資本金総額の五四％に当たる七〇〇〇万円の増資を決定し、一九三五年四月から一九三七年七月にかけて四回にわたって増資新株の払込徴収を行った。この間の

表 2-11　5 大電力の株金払込と社債発行

（単位：千円）

	東邦電力		東京電燈		宇治川電気		大同電力		日本電力	
	Ⓐ株金払込徴収額	Ⓑ社債発行高	Ⓐ	Ⓑ	Ⓐ	Ⓑ	Ⓐ	Ⓑ	Ⓐ	Ⓑ
1933年	0	20,000	0	0	0	0	0	0	5.740	35,000
34	0	40,000	0	160,500	0	70,000	0	47,000	19,045	58,000
35	35,000	0	0	50,000	0	8,000	0	0	0	14,000
36	17,500	0	0	62,500	26,875	45,000	9,006	62,000	17,500	0
37	17,671	25,000	0	30,000	0	25,000	12,007	0	0	0
38	0	30,000	0	27,500	0	10,000	0	0	0	0
39	0	30,000	0	50,000	0	20,000	0	0	0	45,000
40	0	25,000	0	0	26,875	0	−	−	0	15,000
41	0	20,000	0	10,000	0	10,000	−	−	0	10,000
42	0	20,000	0	0	0	10,000	−	−	0	0

注：大同電力は1939年 4 月に，東邦電力・東京電燈・宇治川電気は1942年 3 月～ 4 月にそれぞれ解散した。日本電力は1942年 3 月に日電興業と改称した。

出典：Ⓐは各社社史，『営業報告書』。Ⓑは日本興業銀行『社債一覧』，1970年。

東邦電力の株式配当率は七〜八％であったが、東邦電力は、払込徴収で獲得した資金を使って、利率五・五％の「ち」号社債を一七二五万円、利率五％の第一回「い」号社債を一七五〇万円、それぞれ償還した（『東洋経済新報』、一九三六）。また、東邦電力は、利率四％台での募債が可能であった（『東洋経済新報』、一九三五ｃ）にもかかわらず、一九三四年四月から一九三七年二月まで社債を発行しなかった。

自己資本比率の引上げ

ここで問題となるのは、一九三五〜三七年に東邦電力が、あえてコスト的に不利な資金調達策をとったのはなぜか、という点である。この問いに対する答えは、この時期に松永安左エ門が意識的に自己資本比率を高めようとした点に求めることができよう〔東邦電力の一九三五～三七年の株金払込徴収は、株主優遇策や増税対策としての意味合いももっていた。株主優遇策の側面については、『東洋経済新報』、一九三五b、一九三五c、『エコノミスト』、一九三七、増税対策の側面については、『ダイヤモンド』、一九三六a、一九三六b参照）。

この点について、当時の『東洋経済新報』は、「今日の松永社長は曾ての氏ではない。欧州大戦後や再禁直後の苦況で、借金の辛さが骨髄に徹してゐる。此の好況に棹さして、何よりもまづ借金政策から転向したい、電力事業と雖も結局は株主資本を根本にすべきだ、資本構成を改善せねばならぬと確信したらしい。その現はれが、最近決算の堅実化であり、借金の漸減であり、或はまた先般の如き安い借金と高い株金との振替へでもある」（『東洋経済新報』、一九三五d、一五四頁）と報じた。また、三宅晴輝も、一九三七年十二月に発刊した『電力コンツェルン読本』のなかで、東邦電力が「建設費は之を自己資本で賄ふ立前を厳守している」（三宅、一九三七、三二一頁）と論じた。松永自身も、電力国家管理案に反論する過程で、電力会社の資金調達策として株金の払込徴収を従来よりも重視する姿勢を示した（松永、一九三七、一九三八）。

松永が、一九二〇年代とは異なり、コスト面での不利をいとわず自己資本の拡充につとめた背景には、この時期に東邦電力の業績が著しく好転したという事情があった（『ダイヤモンド』、一九三四c、『東洋経済新報』一九三四）。大規模な株金払込徴収にもかかわらず、一九三五～三七年に東邦電力の対払込資本金利益率は高水準を維持した。そのため、利率五％の社債を配当率八％の株式に置き換えても、東邦電力にとって、「この程度の負担は問題でない」（『ダイヤモンド』、一九三五、八三頁）と言いうる状況が現出した。なお、東邦電力は、この時期にも固定資産の償却に積極的に取り組み（図2・6）、ひき続き「業績、内容とも、五大電力会社中最優秀だとの定評」（『東洋経済新報』、一九三七、五一頁）を獲得した。

社債発行と三井銀行との関係

もちろん松永は、この時期にも、コスト面で有利な社債による資金調達を全面的に放棄したわけではなかった。現に東邦電力は、オープン・エンド・モーゲージ制にもとづき、一九三七年三月に、利率四・一％、償還期間十二年間の第二回寅号社債（発行額二五〇〇万円）を発行した。さらに、東邦電力は、同年四月の重役会で、電源開発資金を調達するため、新たに八五〇〇万円の社債を発行することを決定した（『ダイヤモンド』、一九三七）。

しかし、ここで注目する必要があるのは、同じ重役会で東邦電力が、社債発行額を上回る一億一六五〇万円の半額増資を行う方針を決定したことである（『ダイヤモンド』、一九三五〜三七年）。一九三七年に東邦電力は、自己資本の拡充をめざした松永の姿勢を反映して、あくまで社債発行より株金払込徴収に重点をおいて資金調達を進めたと言うことができよう。

ただし、一九三七年四月の重役会で決定した東邦電力の半額増資方針は、結果的には実現しなかった。これは、電力国家管理の動きが急速に進展し、東邦電力の株価が急落したことによるものであった。そのため東邦電力は、他の五大電力各社と同様に、一九三八年以降の時期には、社債中心の資金調達を行った（表2・11）。

なお、一九三七年の東邦電力の第二回寅号社債は、三井銀行が単独引受し、担保受託する形で発行された。一九三六〜三七年には、東邦電力が三井銀行の最大の新規資金貸出先となり、東邦電力の三井銀行からの借入金残高は急増した（図2・7）。

このように、一九三五〜三七年には、東邦電力と三井銀行との関係はいっそう緊密化したが、これとは対照的に、東邦電力と生命保険会社との関係は従来よりも稀薄化した。そのことを端的に示したのは、一九三五年以降、三井銀行の東邦電力発行社債所有残高が五大生保のそれを凌駕するようになったことである（表2・8）。

革新の成果

ここまで詳しく検討してきたように、一九二二〜三七年の東邦電力の資金調達過程は、資金問題に関する松永の主張を敏感に反映したものであった。東邦電力は、この過程を通じて、資金のコストの低減や安定性の増大の点で、大きな成果をあげた。

まず、利子対有利子負債比率は、一九三二〜三三年に「電力外債問題」の影響で一時的に上昇したものの、趨勢的には低下した（図2・8）。また、株式配当率も一九二〇年代に比べて一九三〇年代には全体的に低落し［対払込資本金利益率がほぼ同一水準であったにもかかわらず、一九三六年の株式配当率は一九二六年のそれより四％低かった］、その結果、社内留保率が一九三〇年以降上昇した（図2・9）。さらに、一九二三〜二六年に顕著に低下し、一九三四年まで低迷していた自己資本比率も、一九三五年以降大幅に回復した（図2・10）。総じて、松永に率いられた東邦電力の資金調達過程は、すぐれた先進性を内包していたと言うことができよう［第二次世界大戦後の高度経済成長期における民営九電力会社の資金調達方式は、一九三〇年代における東邦電力の資金調達方式の延長上に位置づけることができる］。

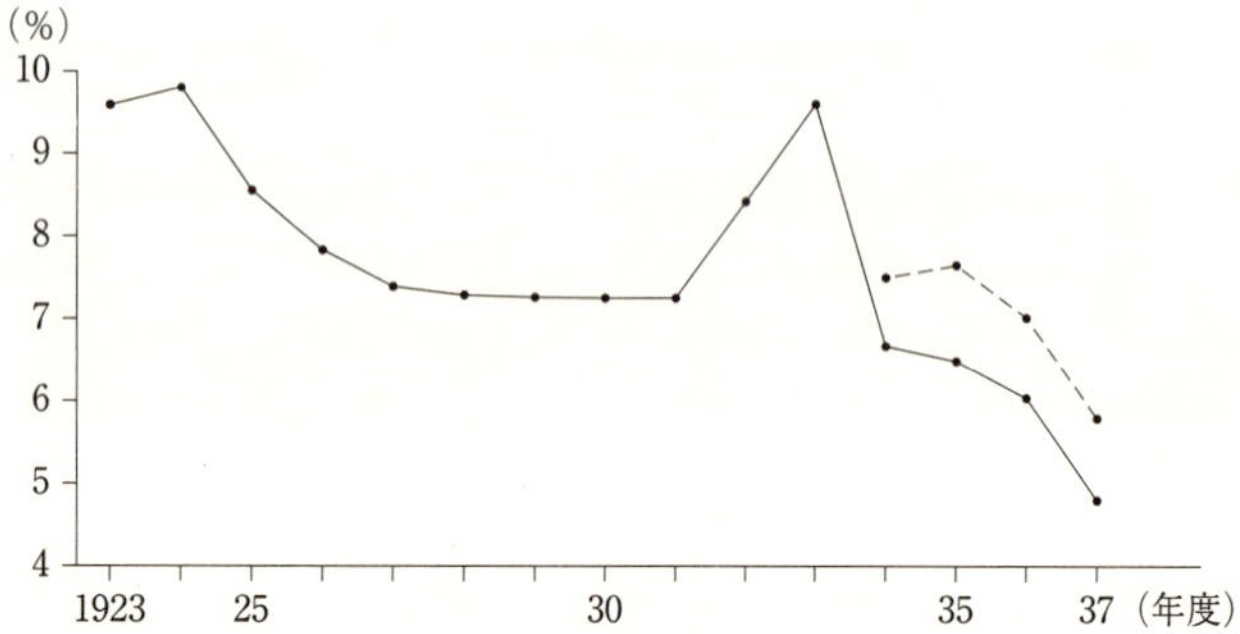

図2－8　東邦電力の利子対有利子負債比率の推移

注：1．•—• は $\dfrac{\text{年間支払利息}}{\text{社債平均残高}+\text{借入金平均残高}}\times 100$ で算出。

　　2．•- - -• は $\dfrac{\text{年間支払利息}+\text{年間社債差金及発行費償却額}}{\text{社債平均残高}+\text{借入金平均残高}}\times 100$ で算出。

出典：東邦電力『営業報告書』。

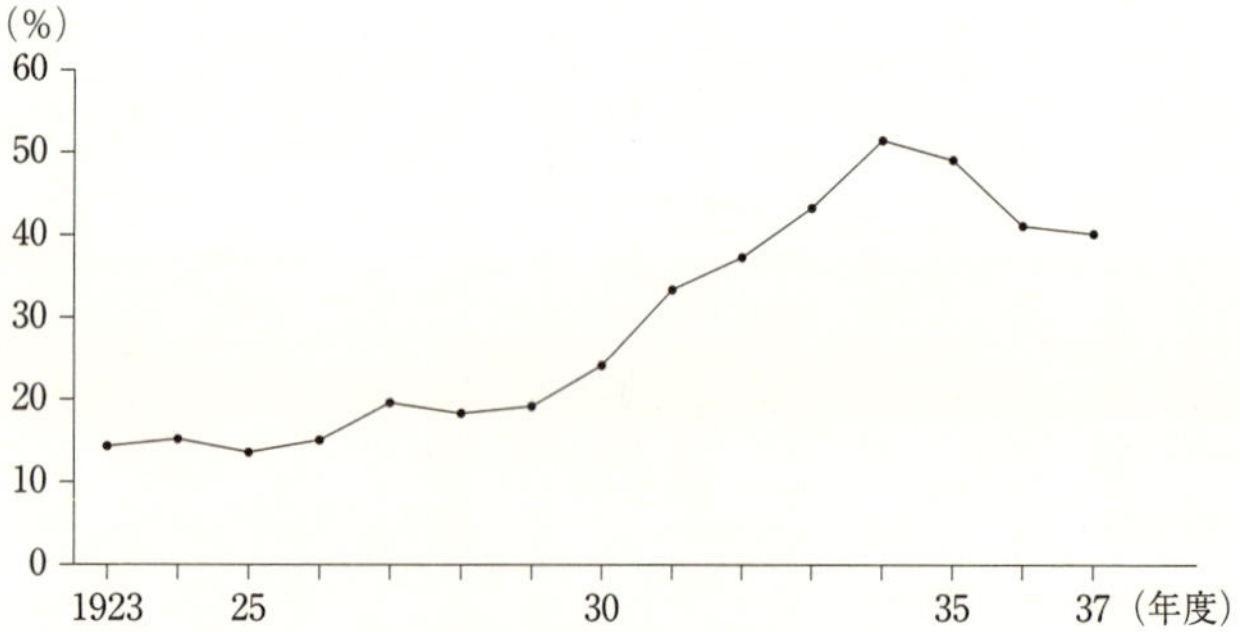

図2－9　東邦電力の社内留保率の推移

注：$\dfrac{\text{年間利益}-(\text{年間配当金}+\text{年間役員賞与金})}{\text{年間利益}}\times 100$ で算出。

　　ただし，年間利益には償却金と退職金等引当金を含む。

出典：東邦電力『営業報告書』。

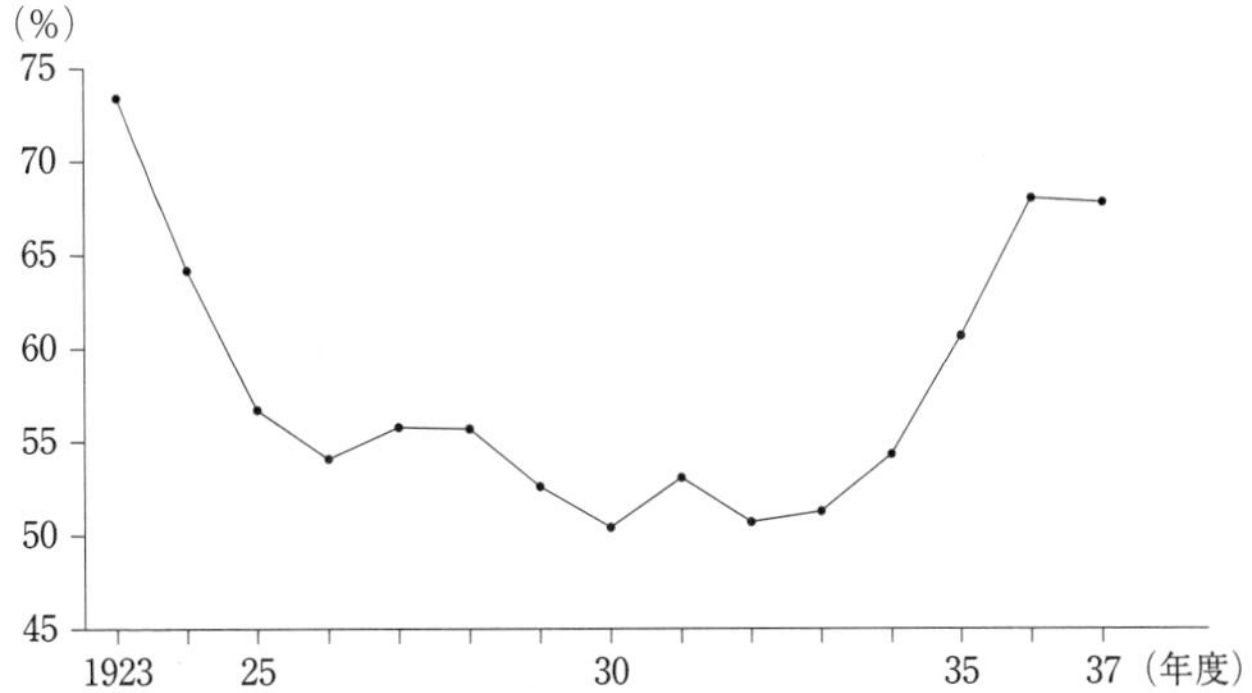

図 2-10　東邦電力の自己資本比率の推移

注：平均残高ベースで算出。
出典：東邦電力『営業報告書』。

松永の自信とその意味

東邦電力の利子対有利子負債比率が低下し、社内留保率と自己資本比率が上昇した一九三〇年代後半には、松永は、民間電力会社の資金調達に関して強い自信をもつにいたった。彼は、自らの技術面・制度面での業界統制構想に対する信念［この点については、次章で詳述する］と電力資金問題に関する自信とに裏打ちされて、この時期に打ち出された電力国家管理案に、徹底的に抵抗した。

そして、松永は、この信念と自信を基盤に、戦後の電気事業再編成の過程でも指導的な役割をはたした。松永安左エ門をして「電力の鬼」たらしめた一つの要因は、東邦電力時代に培われた電力資金問題に関する自信にあったと言うことができよう。

登山と茶道

本章では、東邦電力時代の松永安左エ門の活動を振り返ってきたが、この時期に松永が個人的に熱中したものが二つある。登山と茶道である。

松永安左エ門の本格的な山登りは、満四十八歳であった一九二四年の夏に、北アルプスの高瀬川水系、梓川渓谷、上高地、槍ケ岳、双六岳《すごろくだけ》、赤岳、烏帽子岳《えぼしだけ》、濁沢を約十日間かけて踏破したときに始まる。翌年の一九二五年には南アルプスと北アルプス、さらにその翌年の一九二六年に南アルプスに登った松永は、一九二八年に『山登り』と題する本（松永、一九二八d）を上梓した（以上、小島、一九八〇、五六七〜五六九頁）。

登山姿の安左エ門

柳瀬山荘（埼玉県入間郡）

一方、茶道に松永が出会ったのは、満五十八歳であった一九三四年の五月に、富豪・諸戸《もろと》清六《せいろく》の茶会に招かれたときのことである。すっかり茶道にとりつかれた松永が初めて茶会を熱海の別荘（小雨《しょうう》荘）で催したのは、翌一九三五年一月のことであるが、その茶会には、「鈍翁《どんおう》」を名乗って茶人としても有名であった益田《ますだ》孝《たかし》が飛入り参加した。三井財閥の大立者・益田と電力の鬼・松永との茶の湯を通じた交遊は、その後も長く続いた。松永は、一九三五年春、埼玉県入間《いるま》郡柳瀬《やなせ》村（現所沢市）の柳瀬山荘に茶室をつくり、「耳庵《じあん》」と命名した。「耳庵」は、やがて、松永安左エ門自身の呼称としても用いられるようになった（以上、小島、一九八〇、六七六～六八八頁）。経済界だけでなく茶道の世界でも、松永は、すっかり有名人になったのである。

第三章　先見的な電力自主統制構想（一九二三〜三八年）(二)

1　五大電力の「電力戦」と電力統制問題

「電力戦」

本書の「はしがき」で示したA2の時期（一九〇七〜三一年）の後半に、日本の電力業界では、大都市の大口電力需要家の争奪戦である「電力戦」が激化し、電力統制問題が急速に社会問題化した。松永安左エ門は、この電力統制問題に関して、他の経営者とは隔絶した先見性を発揮した。本章では、この点に光を当てる。

「電力戦」の中心的な担い手となったのは、東京電燈・東邦電力・宇治川電気の小売電力会社三社と、大同電力・日本電力の卸売電力会社二社から成る、いわゆる「五大電力」であった。東京電燈は関東地域に、東邦電力は中部地域と北九州地域に、宇治川電気は関西地域に、それぞれ営業基盤をおいていた。一方、大同電力と日本電力は、いずれも中部山岳地帯に大規模な水力発電所を保有していた。

五大電力は、

①一九二三～二四年の東邦電力 対 日本電力（中部地域）
②一九二五～二九年の宇治川電気 対 日本電力（関西地域）
③一九二六～二七年の東京電燈 対 東京電力（関東地域、なお、東京電力は東邦電力の子会社）
④一九二九～三一年の東京電燈 対 日本電力（関東地域）

の四度にわたって、激烈な大口電力需要家の争奪戦を展開した。また、需要家の争奪戦にまではいたらなかったものの、

⑤一九二二～二四年の宇治川電気 対 大同電力（関西地域）
⑥一九二五～二九年の東京電燈 対 大同電力（関東地域）
⑦一九二七～三〇年の東邦電力 対 東京電燈（中部地域）

の三事例においては、前者（防御側）の供給区域に対する後者（攻撃側）の大口電力一般供給権の獲得を契機に、両者がにらみあう滞在的な競争状態が現出した。この「電力戦」は、一九三二（昭和七）年にカルテル組織である電力連盟が成立するまで継続した。

電力統制問題のスタート

「電力戦」の発端となったのは、一九二三（大正十二）年八月に日本電力が、東邦電力の営業基盤である名古屋へ進出したことであった（右記の①）。このケースに示されるように、「電力戦」は、多くの場合、卸売電力会社が攻撃し、小売電力会社が防御するというパ

ターンをとった。具体的に言えば、右記の①～⑦のうち③と⑦を除く五つのケースで、このパターンが現出した。

五大電力のうち東邦電力・東京電燈・宇治川電気の小売三社は、既存の大口電力需要家を確保するため、大同電力・日本電力の卸売二社から不利な条件で大量に電力を購入して、競争を終息させようとした。その結果、図3・1にあるように、一九二三年から一九二八年にかけて、卸売二社の業績の

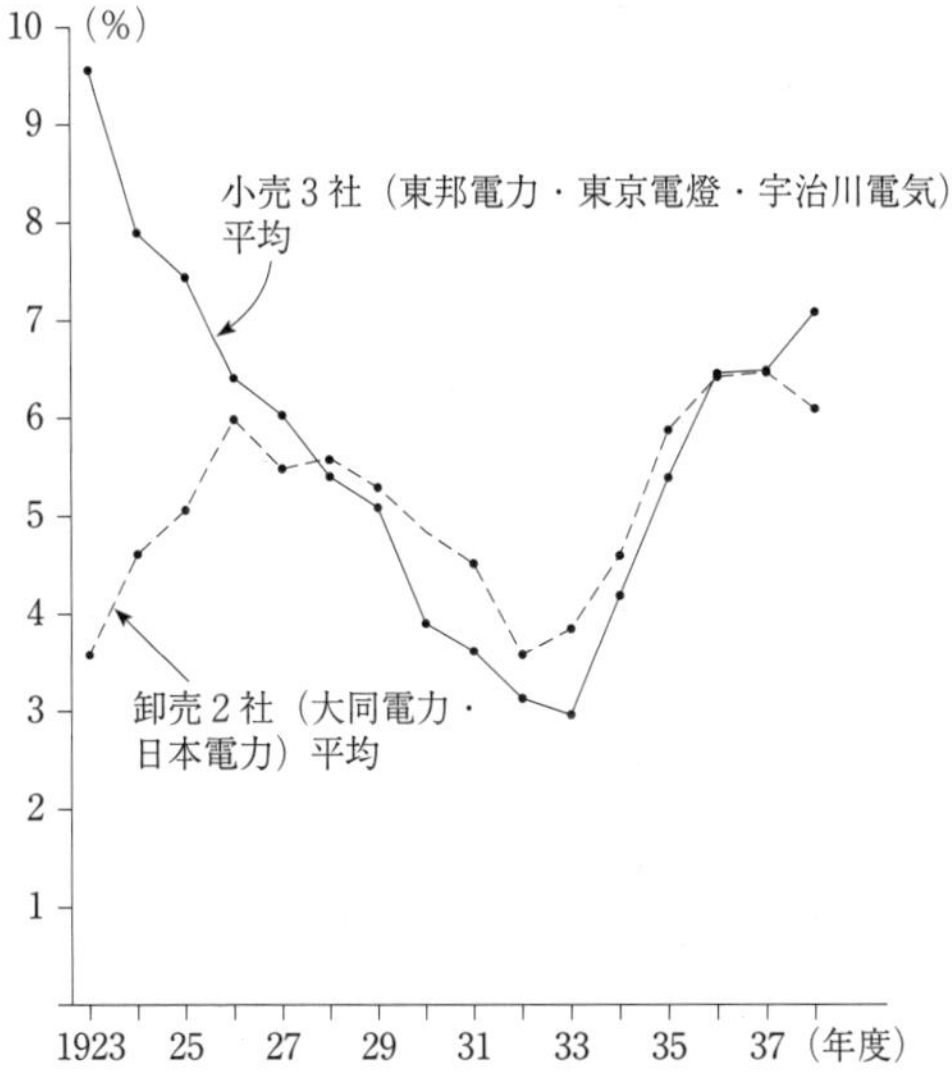

図3－1　総資本利益率の推移

注：1．$\frac{\text{純益金＋償却金＋退職金等引当金}}{\text{（上期平均総資本＋下記平均総資本）÷2}}\times100$

で算出。なお，各期平均総資本＝（前期末総資本＋当期末総資本）÷2。純益金，償却金，退職金等引当金は上期と下期の合計値。

2．各社の会計年度は，宇治川電気・日本電力が前年10月～9月，東邦電力が前年11月～10月，東京電燈・大同電力が前年12月～11月である。

出典：各社『営業報告書』。

表3-1　臨時電気事業調査部の部員

氏　名	所　属
渋沢元治	東京帝大
増永元也	鉄道省
若麻績安治	東邦電力
太刀川平治	東京電燈
赤沢政五郎	東京電燈
永井専三	宇治川電気
有村愼之介	大同電力
福中佐太郎	日本電力
石川芳次郎	京都電燈

出典：「電力事業調査会の経過と内容」（『ダイヤモンド』1929年4月15日号）。

好転と小売三社の業績の悪化という、対照的な事態が生じた。

小売電力各社は、このような局面を打開するため、一九二〇年代半ばごろから電力業界の再編成を主張し始めた。電力統制問題は、このようにしてスタートしたのである。

臨時電気事業調査部

一九二六年五月に東邦電力の子会社東京電力が東京へ進出し、東京電燈と激烈な「電力戦」を展開する（右記の③）に及んで、電力統制問題は急速に社会問題化した。このような状況のもとで逓信省は、一九二七年三月に電気局長を部長とする臨時電気事業調査部を設置し、電力統制に関する具体的準備にとりかかった。

表3・1からわかるように臨時電気事業調査部の部員の大半は、五大電力および京都電燈の代表によって占められた。つまり、臨時電気事業調査部は、主要電力会社が一堂に会して業界統制問題を本格的に議論した第一の舞台となったのである。

臨時電気事業調査部は、一九二八年九月に、供給区域独占の原則的確認、料金認可制の採用、統一的発送電予定計画の策定、電気委員会の設置などの措置を講ずる必要がある旨の決議を採択した。同時に、企業形態についても決議を行ったが、それは特定の結論を提示したものではなく、各部員から提出された諸見解を併記したものであった。

電気事業法の改正　臨時電気事業調査部の決議をふまえて逓信省は、統制措置を具体化するため、一九二九年一月に臨時電気事業調査会を発足させた。同調査会は、途中政権交代［一九二九年七月に田中義一内閣に代って、浜口雄幸内閣が登場した］の影響で一九二九年一月から六月までの第一次と、同年十一月から一九三〇年五月までの第二次の、二波にわたって開催された。

第一次調査会で久原房之助逓相が諮問した官民合同会社案を、第二次調査会の冒頭で小泉又次郎新逓相が撤回して以降、企業形態の問題は棚上げされ、既存の企業形態のままで実現可能な統制措置の具体化に議論が集中した。その結果、一九三〇年五月の臨時電気事業調査会の答申では、「供給区域ハ原則トシテ一地域一事業者タラシメ」（通商産業省編、一九七九、九二頁）ることとともに、料金認可制の採用、発送電予定計画の策定、電気委員会の設置など公益規制を強化することが打ち出された。これらの諸点は、一九三一年四月に制定された改正電気事業法（施行は一九三二年十二月）にもりこまれ、実施に移された。

電力連盟の成立　一九二九年から一九三一年にかけての時期に、五大電力の業績は、図3・1にあるように、小売三社、卸売二社を問わず、昭和恐慌の影響で悪化した。さらに、一九三二年以降は、一九三一年十二月の金輸出再禁止後の為替低落をうけて電力外債の元利金支払負担が急増し、業績悪化に拍車をかけた。ここに業界統制の強化は焦眉の課題となり、一九三二年一月から四月にかけて、五大電力首脳、逓信次官、金融機関代表者が参加して電力統制会議が開催された。この会議には五大電力首脳の統制案があいついで提出され、電力統制会議は、五大電力が一堂に会して業界統制問題を本格的に議論した第二の舞台となった。

電力統制会議での議論を経て五大電力は、一九三二年四月にカルテル組織である電力連盟を結成した。電力連盟は、改正電気事業法にもとづき一九三二年十二月に発足した公的監督機関である電気委員会とあい呼応して、発送電建設計画の策定や電力会社間の紛争裁定にあたった。また、電力連盟は、東西電力融通や外債打撃対策、火力発電所用石炭の共同購入などの独自活動も展開した。

一九三二年の電力連盟成立と改正電気事業法施行とにより、激烈をきわめた「電力戦」も、ようやく終息した。そして、一九三〇年代前半には、「豊富で低廉な電力供給」という社会的要語に対応する一定の有効なシステムが形成され、電力の需給バランスがほぼ理想的な状態で推移した（橘川、一九九五、一八九～一九九頁）。

電力業界の自主統制

電力連盟が成立し改正電気事業法が施行された一九三二年以降、日本の電力業は、業界の自主統制と政府による間接的な公益規制とを組み合わせた新しいシステムのもとにおかれることになった。本書の「はしがき」で示したA3の局面を迎えることになったのである。

図3・1からわかるように、五大電力の業績は、「電力戦」の終焉、景気の回復、外債打撃対策の進展、社債の低利借換の進行などにより、一九三四年以降好転した。しかし、業界の自主統制がある

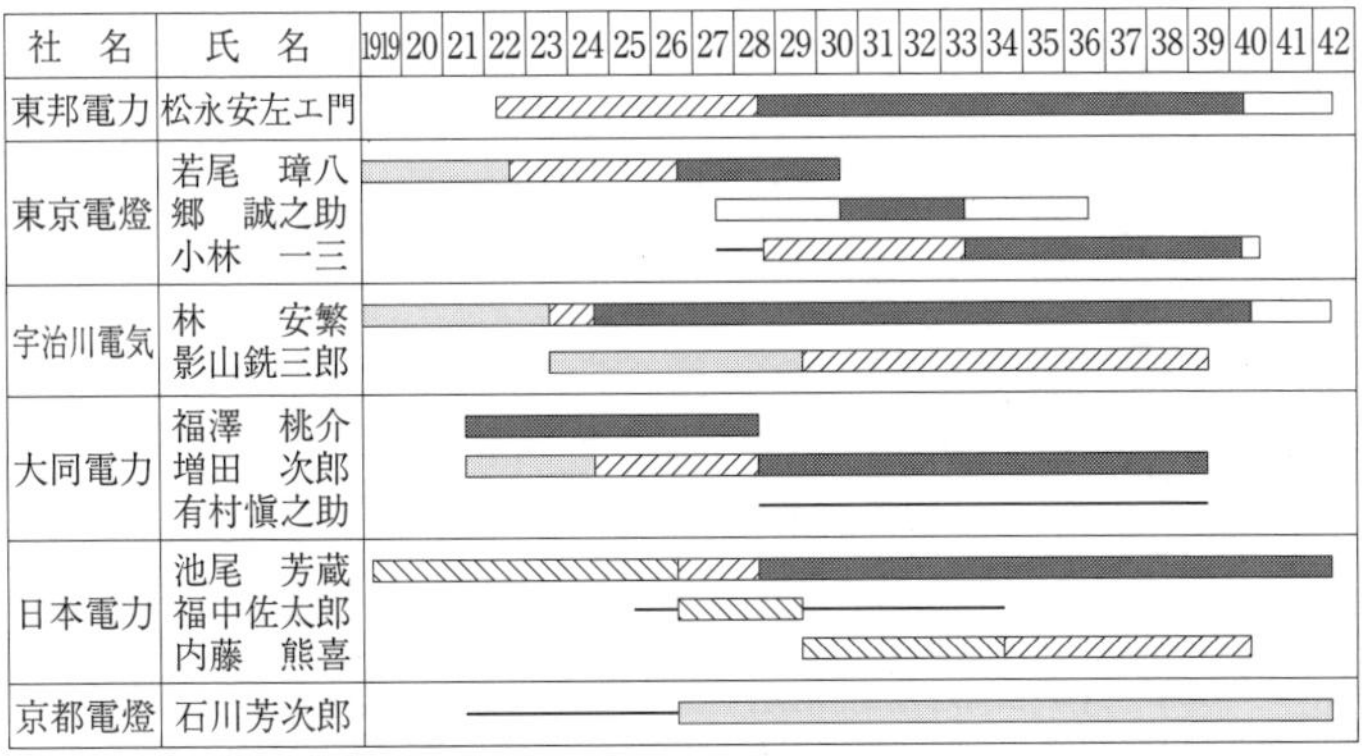

図3－2　電力統制問題で活躍した電力業経営者の各社における役員経歴

注：1．□は会長，■は社長，▨は副社長，▧は専務，▩は常務，
　　——は平取締役。
　2．主要な活動基盤となった会社の役員経歴のみを揚げた。
　3．1930～33年の郷，1936～40年の小林は，会長兼社長。

出典：各社社史，各社『営業報告書』。

程度進展し、五大電力の業績が好転したプロセスでは、一九三二年の電力統制会議で議論され、電力連盟結成後本格的に検討されることが期待されたより根本的な業界統制策に関する問題意識は、稀薄化していった。このことは、やがて電力国家管理論の台頭をもたらした。一九三六年三月の内閣調査局の国家管理案表面化を契機にして、日本の電力業のあり方は、業界の自主統制から電力国家管理へ、別言すれば、A3の局面からBの局面へ、大きく転換してゆく。

時期区分と検討対象

電力統制問題の事実経過は、ほぼ以上のとおりであった。このプロセスは、

(1)一九二八年九月の臨時電気事業調査部の決議まで

(2)一九三二年四月の電力連盟の結成まで

(3)電力連盟の結成以降

という三つの時期に大きく区分することができる。

本章の以下の部分では、各時期における電力統制問題への電力業経営者の取組みを、松永安左エ門の動向に焦点を合わせながら検討する。第2節では(1)の時期、第3節では(2)と(3)の時期に、それぞれ目を向ける。

この章で検討対象とする電力業経営者は、東邦電力の松永安左エ門のほかに、東京電燈の若尾《わかお》璋八《しょうはち》・郷誠之助《ごうせいのすけ》・小林一三《こばやしいちぞう》、宇治川電気の林安繁・影山銑三郎、大同電力の福澤桃介・増田次郎・有村愼之助、日本電力の池尾芳蔵《いけおよしぞう》・福中佐太郎・内藤熊喜などである。また、五大電力経営者ではないが、臨時電気事業調査部の部員となった京都電燈の石川芳次郎についても言及する。これらの経営者の各社における役員経歴は、図3・2のとおりであった。

2 松永の『電力統制私見』とその先見性

松永の素早い着手

この節では、電力統制問題の第一局面、つまり、一九二八年九月の臨時電気事業調査部の決議までの時期に目を向ける。

電力業経営者のなかでいち早く電力統制問題に取り組んだのは、東邦電力の松永安左エ門であった。松永は、彼の業界統制論の技術面での基本的主張である超電力連系と水火併用方式の実施を、早くも一九二三年三月に提唱した（松永、一九二三b）。前章でみたように、当時多くの電力会社が採用していた水力偏重の発電方式は、需要が増大する冬季が渇水期であり、需要が減退する夏季が豊水期であるという根本的な欠陥をもっていた。そこで松永は、この欠陥を克服するため、広大な地域の発電所を送電線で連系して発電力の過不足を調整する超電力連系と、建設費が低廉な火力発電所を補給用・常時用として活用する水火併用方式との、二つの方法を提唱した（松永、一九二七a、三九三頁、松永、一九三三b、四七九頁）［松永は、このほか貯水池の設置も提唱したが、適切な設置地点が少ないこと、周辺住民の反対が強いことなどを理由にして、実効性は乏しいとした］。これらの方法は、不定時電力の定時化によって需要を増進し、多額の建設費を要する水力発電所の利用効率を高めて、発電コストを低減させる意味合いをもっていた。

東邦電力は、松永の提唱をすぐに具体化した。超電力連系については、一九二三年に日本における具体案を作成し［*Super-Power System and Frequency Unification in Japan* と題する小冊子にして刊行した］、一九二四年に大日本送電株式会社設立案を発表した。水火併用方式については、一九二四～二六年に名古屋火力発電所、名島火力発電所、前田火力発電所を新増設し、火力優先の電源開発を行った。松永は、その後も超電力連系と水火併用方式の重要性を繰り返し強調した（松永、一九二七b、一九二七c）。

松永の業界統制論

松永の業界統制論は制度面にも及んだ。

彼は、一九二八年二月に「電力国営反対論」（松永、一九二八a）を発表し、当時台頭しつつあった電力国営論に全面的に反駁するとともに、「国営ならざるも統制は易し」（松永、一九二八a、一六頁）と述べて、民有民営の企業形態を前提とした制度面での統制措置を講ずることを提唱した。この面での彼の基本的主張は、供給区域独占と、料金認可制の導入や公的監督機関の設置等の公益規制強化とをセットで実現することにあった（松永、一九二六e、一九二八）。

東京電力の東京進出

ここで問題となるのは、一九二六～二七年に松永の陣頭指揮のもとで東邦電力の子会社東京電力が東京へ進出し、東京電燈と激烈な「電力戦」を展開したことは、自由競争を排し、供給区域独占の確立を主張する彼自身の業界統制論からの逸脱ではないかという点である。

この点に関して、見落とすことができない点は、東京進出にあたって松永が、あらかじめ東京電力の東京電燈への合併を見込んでいた（駒村、一九三四、二二七頁）ことである。つまり、松永は、東京電燈との競争を最後まで貫徹する意向はもっていなかったのである。

松永は、早い時期から、業界の中心的存在である東京電燈に対して影響力を獲得することが、みずからの業界統制構想を実現するうえでの重要な足がかりとなると考えていた（池田、一九四九、二二五頁）。一九二二年の東邦電力本社の東京移転、一九二三年の東京復興電気会社設立案の発表［関東大震災からの復興策の一環としての意味をもった］などの松永の一連の施策は、このような考えにもとづくものであった。

松永の問題関心は、東京電燈内部での発言力を確保するために、いかに有利な合併を行うかという点に向かった。結局、彼は、一九二八年四月の東京電力の東京電燈への合併によって、東京電燈の筆頭株主（東邦電力および東邦証券保有の代表名義）と取締役の地位を獲得した。松永にとって東京進出は、みずからの業界統制構想から逸脱した行為ではなく、それを実現するための一つの重要なステップだったのである。

モルガン商会ラモントの来日

ここで、東京電燈と東京電力の合併に関し松永が主導権を発揮した点について、別の角度から確認しておこう。モルガン商会のトップマネジメントでギャランティ社の取締役も兼ねていた、当時のアメリカ金融界の大御所ラモント（T. W. Lamont）は、一九二七年秋に来日したが、日本でのラモントの動向を追うことによって、東京電燈・東京電力合併における松永の役割が浮かび上がるのである。なお、以下のラモント来日に関する記述は、『日本電力業の発展と松永安左ヱ門』（橘川、一九九五）の第一章での分析をふまえたものである。記述に当たっては、主として、アメリカ・ハーバード大学が所蔵するラモント文書を使用するが、本書では、紙幅の制約上、これらの一次資料の明細を記すことができない。一次資料の明細については、同書の第一章（橘川、一九九五、一四六〜一四九、一六八〜一七〇頁）を参照されたい。

ラモントは、東京電燈の財務顧問森賢吾の勧めに従って、一九二七年の十月に日本を訪問した。森は、東京電燈の財務顧問に就任する以前に長年英仏駐在財務官をつとめ、外債の発行に通暁していた。ラモントと森はきわめて親しい間柄で、両者の親交が一九二〇年代における外交面での日米協調の一要因となったことはよく知られているが、一九二八年以降の日本の電力外債の発行に関しても、この二人がはたした役割は大きかった。

ラモントの合併働きかけ

ラモントが日本へ向けてニューヨークを出発したのは、一九二七年の九月十七日であったが、その前日の九月十六日にギャランティ社の副社長バーネット・ウォーカーはラモントあてに書簡を送り、そのなかで、ギャランティ社が東京電燈の米貨債の発行引受を計画していること、その計画を遂行するためには東京電燈と東京電力の合併が必要不可欠であることなどを、かなり詳しく伝えた。

一九二七年十月三日に日本に到着したラモントは、東京電力の親会社である東邦電力の実力者松永安左エ門（当時東邦電力副社長、一九二八年以降東邦電力社長）、東京電燈会長の郷誠之助、東京電燈社長の若尾璋八、三井銀行常務の池田成彬《いけだしげあき》らと次々と会見し、ギャランティ社の意向に沿う形で、間接的ながら、東京電燈と東京電力の合併が実現するよう働きかけた。ラモントが松永や若尾と会見した際に、仲介役をつとめたのは森であった。

ラモントと松永

ここで注目する必要があるのは、ラモントと東京電燈幹部との会見よりは、ラモントと松永との会見の方が重視されたことである。東邦電力によるラモントの歓迎行事は来日（一九二七年十月三日）直後の十月五日に設定されたが、東京電燈による同様の行事は、ラモントの離日（同年十月十九日）直前の十月十七日まで設定されなかった。これは、東京電燈と東京電力の競争において攻勢側に立っていたのは東京電力（東邦電力の子会社）であったこと、ギャランティ社が当時の東京電燈の幹部を十分には信頼していなかったこと、森と松永が親しい間柄にあったこと、などによるものであった。

森の仲介で会見したラモントと松永は、大いに意気投合した〔この会見を通じて、ラモントと松永は、親しい関係になった。以後、両者のあいだでは、長期にわたって、書簡のやりとりが続いた〕。ラモントは、東京電力の東京進出の背景には松永の先見性に富んだ電力統制構想が存在することを確認したし、松永は、ラモントが熱心な電力民営論着であることに感銘をうけた。ラモントとの会談は、松永が東京電力の東京電燈への合併を最終的に決断するうえで、重要な契機となった。

松永の決断と合併

ラモントがアメリカに帰国してから約一カ月後の一九二七年十二月二四日、東京電燈と東京電力は合併契約を締結した〔両社が正式に合併したのは、翌一九二八年四月のことである〕。ラモントにこの合併の成立を知らせる第一報となったのは森の電報であるが、その全文は、"Merger done Matsunaga responding Your advise splendid Merry Christmas."というものであった。

この森の電報やその後のラモントの書簡などからわかるように、東京電力の東京電燈への合併を実現させた決定的な要因は、松永の決断であった。ただし、松永の決断を引き出すうえでラモントがはたした役割は大きかったし、松永とラモントを引きあわせた森の貢献度も小さくはなかった。また、三井銀行常務の池田も、合併を仲介した点で重要な役割をはたした。

東京電燈と東邦電力の外債発行

東京電燈と東京電力との競争という最大のネックが取り除かれたことによって、東京電燈の大規模な米貨債の発行が、一九二八年六月に実現した。この外債の発行に際して、東京電燈はラモントに感謝の意を表明した。

ラモントと森は、以上述べてきたように、東京電燈の外債の発行に関して重要な役割をはたしたが、それればかりではなく、東邦電力の外債（一九二九年発行、引受会社はやはりギャランティ社）の発行にも協力したものと推定される。外債の発行のために一九二九年に訪米した東邦電力社長の松永は、ニューヨークでラモントと接触したし、同じ時期にニューヨークに赴いた森は、ボンドクラブ（The Bond Club）で行ったスピーチの中で、東邦電力の外債募集が成功したことにふれて、松永を祝福した。

一九二八年の東京電燈・東京電力合併に関し松永が主導権を発揮したことを確認するため、話がやや横道にそれてしまった。ここで本題に立ち返り、松永安左エ門の電力統制構想について、再び論じることにしよう。

『電力統制私見』

資料3・1として掲げた『電力統制私見』は、松永がそれまでのみずからの電力業界統制論を集大成して、一九二八年五月に公表したものである。このなかで彼は、超電力連系と水火併用方式による水平的統制に加えて、新たに一区域一会社主義による小売会社と卸売会社の合併という立体的統制の方向性を打ち出した。そして、「斯くして極度迄電力生産原価を切り下げ、其利益により施設の改善を是れ図り、以て需用家たる一般産業界に、低廉にして確実なる電気を供給し、完全なる奉仕により其発達の道を講ずべきである」（『電力統制私見』の一部、東邦電力史刊行会編、一九六二、五四一頁）と述べて、電力業の公益性を強調した。東邦電力を代表して臨時電気事業調査部の部員となった若麻績安治は、同調査部において、『電力統制私見』にもとづく業界統制の実行を主張した（電力政策研究会編、

資料3－1　松永安左エ門の『電力統制私見』（1928年5月1日発表）**の要旨**

第1．統制案

⑴　公益事業として電気供給事業は，原則として供給区域内独占たるべきこと，すなわち一区域一会社主義たるべきこと。

⑵　発電会社は小売会社に集業せしめ，需給の間に喰い違いを起し，会社の利害異なるため，競争を惹起する弊源を断つべきこと（立体的統制による自給自足）。

⑶　一地域の統制成れば，過不足の調整，火力予備の共通のため，他地域と連絡をとること（水平統制）。

⑷　地域を北海道・東北・関東・北陸・東海・関西・中国・四国・九州に分かつ。地域内小売会社は合併せしむること。ただし合併困難なる小売業者間は，生産プールを設くること。

⑸　官営・市営による電気の需要はその地域内小売会社より購入して全電力の負荷率・散荷率を向上せしめ，能率の発揮により，国費を省約すること。

第2．監督案

⑴　すでに独占を原則とする以上，現在の技術的監督のほか，会社の内容に立ち入り，その財政営業を厳しく監督すべきこと。

⑵　料金は許可制度とすべきこと。

⑶　工事行政の統一を図るべきこと。

1）一定の小売区域を有せざる事業者に発電着手を許さざること。ただし自家用発電はその種類および容量により規定をもって許可すること（自家発電法規の制定）。

2）既設小売会社の区域内において，その発電配電を許可せられたるものにして，公益上，殊に需給上必要なしと認められるものに対しては，その許可命令期間を延長し，その工事の着手を延期または中止すべきこと，併せて既供給区域許可に関し整理を為すべきこと。

3）送電線の共通連絡――火力予備の共通プール設定，その利用ならびに送・配電線の共通使用に関する規定の制定。

4）公益委員会を常設し，監督諮問機関たらしむること。

出典：『東邦電力史』。

一九六五、一一八〜一一九頁)。

松永は、第二次世界大戦後に発表した「私の履歴書」のなかで、『電力統制私見』について、「全国を九地域にわけて一区域一会社主義をとり、群小会社は合同させて、できない場合はプールし、供給区域の独占を認め、鉄道省が多く持っていたような官・公営の火力設備も民営に移して全国的に電力の負荷率・散荷率を向上させ、料金は認可制とし、監督機関として〝公益事業委員会〟を設置することなど」、「戦後、現状に再編成したのとほとんど等しい案」であったと回顧している(松永、一九六四)。『電力統制私見』は、戦後の電気事業再編成を二十三年前に見通した歴史的な文書だったのである。

松永の先見性の基盤

ここで問題となるのは、多くの電力業経営者のなかで、なぜ松永安左エ門だけが、電力統制問題に関して、右記のような突出した先見性を発揮することができたかという点である。その答えは、生涯の盟友でありライバルである福澤桃介が「研究にかけては俺も人後に落ちぬつもりだが、松永の徹底した研究ぶりには兜を脱ぐ」(松島、一九八〇、一一三頁)と感心したように、調査研究を非常に重視する松永の姿勢に求めることができよう。

松永は、のべ四二人の東邦電力の社員(役員を含む)を視察や実習のために海外へ派遣し(このうち海外視察者は、表3・2のとおりであった)、社内に常設機関として調査部を設置した(東邦電力史刊行会編、一九六二、一二三〜一二四、一三六〜一三九頁)。これらはいずれも、当時の電力会社としては、異例の措置であったが、海外派遣社員がもたらす欧米諸国の情報や調査部が行った一連の研究の成果は、

表3-2　海外視察を行った東邦電力の役員・社員

氏名	審査時の役職	行先	視察時期
角田正喬	常務取締役	欧米	1921年11月～22年 5月
西山信一	福岡支店工務課長	アメリカ	23. 4 ～23. 8
田中徳次郎	専務取締役	ヨーロッパ	23. 8 ～24. 5
深川正七	主事補	〃	23. 8 ～24. 5
鈴木春	理事	アメリカ	23. 9 ～24. 11
進藤武左衛門	技師補	〃	24. 3 ～24. 8
辻野茂夫	技師	アメリカ・カナダ	24. 3 ～24. 8
久光公正	嘱託	アメリカ	24. 5 ～——
原田庄太郎	書記	〃	24. 5 ～——
福田豊	技術部長	〃	25. 1 ～25. 9
鈴木春	理事	〃	25. 6 ～25. 10
益進	技師	〃	25. 2 ～26. 7
櫻木亮三	取締役	イギリス・アメリカ	26. 5 ～27. —
斎藤英一	理事	アメリカ	26. 11 ～27. —
岡部誠治	技師	〃	27. 4 ～27. 11
出弟二郎	主事	〃	27. 8 ～28. 8
内藤熊喜	名古屋支店長	欧米	28. 7 ～28. 11
稲津豊	長崎支店長	〃	28. 7 ～28. 11
松本庸之助	岐阜支店長	〃	28. 7 ～28. 11
海東豊治	主事	〃	28. 10 ～——
松永安左エ門	社長	〃	29. 2 ～29. 7
益進	技師	〃	29. 2 ～29. 7
出弟二郎	主事	〃	29. 2 ～29. 7
神谷啓三	理事	アメリカ	29. — ～——
神谷忠雄	理事	〃	29. 3 ～——
森右作	営業課長	欧米	29. 8 ～29. 11
西山信一	九州技術部長	〃	30. 2 ～30. 6
伊藤鵠四郎	書記	アメリカ	30. 5 ～——
神谷啓三	取締役	ヨーロッパ	30. 6 ～30. 9
伊丹真次郎	計算課長	〃	30. 11 ～31. 3
豊島嘉造	技師	〃	34. 5 ～34. 12
寺田重三郎	技師補	〃	34. 5 ～34. 12
佐藤篤二郎	九州技術部電気課長	〃	36. 5 ～36. 10
島崎哲夫	技師	〃	36. 5 ～36. 10

注：「視察時期」の一部は，不明。
出典：『東邦電力史』。

表3-3　東邦電力の『電気事業研究資料』に掲載された電力統制問題に関連する主要な論文・記事

筆　者	表　題	掲載号(年月号)
中村　宏	水力と火力の組合せに就て	1926. 1
福田　豊	水火併用運転に就て	26. 2
——	電気供給事業は民営か	26. 2
出　弟二郎ほか	北米合衆国大西洋沿岸超電力連系調査報告（翻訳）	26. 2〜26. 12
宇原直宜	米国に於ける公共事業監督機関に就て	26. 6〜26. 11
——	北米コネチカット州に於ける電力取引所の実績	26. 9
——	1925年米国公共事業資金状態	26. 9
出　弟二郎	我国に於ける小規模電気事業の現在及将来	26. 9
——	電力取引所の料金算定に就て	26. 10
——	独逸に於ける電気事業の国営及統一論に就て	26. 11
出　弟二郎	電気の需要及消費の本質を論じて供給政策に及ぶ	26. 11〜26. 12
木村弥蔵	電気事業に於ける減価償却	27. 1〜27. 5
出　弟二郎ほか	全米電力問題解決策としての水力開発及送電機に関する研究（翻訳）	27. 1〜27. 8
モーリス・ハドレー	社債と株式の比率に関する米国諸州の法規	27. 2
藤　隆助	1926年英国電気供給法に就て	27. 3〜27. 4
——	電力プールの必要	27. 4
——	電気事業界当面の緊要問題	27. 4〜27. 9
鴨川広正	独逸電気事業経済論	27. 4〜27. 9
宇原直宜	米国公共事業委員会制定の電気事業者の報告書に就て	27. 5〜27. 8
出　弟二郎	電気事業雑考	27. 8

注：松永の資金調達面での提言に関連するものも含む。
出典：『電気事業研究資料』各号。

松永の電力業界統制論の基盤となった。

例えば、超電力連系と水火併用方式の実施という松永の主張は、海外派遣社員（福田豊）が持ち帰ったアメリカ政府の超電力連系に関する調査報告の内容を継承したものであったし（松永、一九二三b）、調査部の研究成果を公開する目的で一九二六年一月から一九二七年九月にかけて刊行した月刊誌『電気事業研究資料』には、表3・3にあるように、松永の電力業界統制論と密接に関連する論文や記事が多数掲載されていた「東邦電力調査部は、一九二七年に電力統制問題に関する大規模な調査を行った。表3・3中の「電気事業界当面の緊要問題」は、その結果をまとめたものである」。この時期の東邦電力は、松永のもとで全社がほぼ一丸となって、電力統制問題に積極的に取り組んだと言うことができる。

「電気王」と「電力の鬼」

ところで福澤桃介は、のちに大同電力経営者の対応をみる際に言及するように、松永安左エ門とは異なる電力統制構想を提唱した。福澤は、水力開発を第一義的に追求し、電力国営化や発送電事業の配電事業からの分離を提唱したのである。

国営、発送電と配電の分離、水力中心の電源開発を掲げる福澤の電力統制構想は戦時体制下の電力国家管理に受け継がれ、民営、発送配電一貫経営、水火併用方式を唱える松永の構想は戦後の電気事業再編成に継承された、と考えることができる。つまり、電力国家管理と電気事業再編成という日本電力産業史の二大エポックを、はるか以前の時期に、福澤と松永は見通していたわけである。いずれの場合も畏敬の念をこめて、福澤が「電気王」と呼ばれ、松永が「電力の鬼」と呼ばれるゆえんである。

東京電燈の対応の遅れ

電力統制問題の第一局面に当たる一九二八年九月の臨時電気事業調査部の決議までの時期に、松永安左エ門をはじめとする東邦電力の経営者は、この問題にきわめて積極的に取り組んだ。それではこの時期に、他の電力会社の経営者は、電力統制問題にどのように対応したのであろうか。

同じ小売電力会社の経営者でありながら、東京電燈の若尾璋八は、松永とは対照的に、電力統制問題について、ほとんど発言しなかった。わずかに若尾は、「現在電力統制の方法として考案されているものに事業合同と協定とがある」とし、「私見を以ってすれば合同を最善と信ずる」と述べた程度であった（若尾、一九二八、四二頁）。

若尾の「放漫経営」を是正するために、三井銀行の池田成彬の要請で一九二七年七月に郷誠之助とともに東京電燈入りした小林一三は、当時の状況を「実際は、それからそれへと競争や協定や、引つゞいて合併と言ふやうに多忙を極め尽して居つた」（小林一三、一九三〇a、一七五頁）と回想したが、この時期の東京電燈は、当面する「電力戦」への対応に追われて、長期的な業界統制問題に取り組む余裕がなかったというのが実情であろう。

宇治川電気と京都電燈

次に、やはり小売電力会社である宇治川電気および京都電燈の経営者の電力統制問題に対する取組みをみておこう。

宇治川電気の林安繁は、一九二六年に一連の論文を発表し、卸売電力会社の国営化と小売電力会社の民営継続を主張した（林、一九二六a、一九二六b、一九二六c）。宇治川電気を代表して臨時電気事業調査部の部員となった永井専三は、同調査部において、林の主張に沿った発言を行った（電力政策研究会編、一九六五、一一九〜一二〇頁）。

一方、この時期に宇治川電気の常務の職にあった影山銑三郎は、林社長とは異なる見地から、電力統制問題について積極的に発言した。一九二七年に林は、「電気料金は届出主義にて可なり、従て之を認可主義に代へると言ふ事は必要なし」（『電気事業研究資料』、一九二七、特五〇頁）と述べたが、同じ時期に影山は、「唯一無二の電力統制策」として料金認可制を導入すべきだと力説した（影山、一九二七、一九二八a、一九二八b）。

京都電燈の石川芳次郎は、臨時電気事業調査部において、卸売会社の国営化と小売会社の民営継続を主張した（石川、一九三二）。この主張は、同じ関西の小売会社である宇治川電気の林の主張と似通ったものであった。また、石川は、電力市営化に反対する立場から、超電力連系の必要性を説いた（石川、一九二八）。

大同電力と日本電力

一九二八年九月の臨時電気事業調査部の決議までの時期に、卸売電力会社である大同電力と日本電力は、電力統制問題にどのように対応したのであろうか。

総じて電力統制問題に積極的に取り組んだのは、「電力戦」において防御側にまわることが多かった小売電力会社であったが、大同電力は、卸売電力会社であったものの、日本電力と比べれば、早い時期から電力統制問題に関与した。これは、日本電力に先んじて電源開発が一巡したため、販路拡張の武器となる自由競争論からいち早く脱却し、卸売会社の利害にかなう業界再編成を志向したことによるものであった。

大同電力の増田次郎は、「電力を安価に供給するといつても、無暗に引下げらるゝものではない」、「生産費を低下すれば、いくらでも需要が増すものと思ふは間違つてゐる」と述べて（増田、一九二六、一九頁）、発電コストの低減を第一義的に追求する小売電力会社の東邦電力等とは異なる立場をとった。そして増田は、小売会社は配電事業に専念し、卸売会社が発送電事業を独占するという、卸売・小売の完全分離案を提唱した（増田、一九二八）。この分離案は、大同電力を代表して臨時電気事業調査部の部員となった有村愼之助の持論であり、有村は、同調査部において、この案を主張した（電力政策研究会編、一九六五、一一九頁）。

一方、松永との関係を通して早い時期から電力統制問題に関心を示した福澤桃介（福澤、一九二三b）は、増田や有村とは異なる提案を行った。福澤は、事実上の電力国営化を意味する、単行法による特殊会社の設立を主張した（山本留治郎、一九二七、一九二～二〇一頁）。ただし、水力優先の電源開発を進めるべきだという点では、福澤、増田、有村の三者の意見は一致していた。

大同電力の経営者とは異なり、日本電力の経営者は、この時期には、電力統制問題についてほとんど発言しなかった。日本電力を代表して臨時電気事業調査部の部員となった福中佐太郎が、一九三一年になっても自由競争論を展開していた（福中、一九三一b）ことからもわかるように、一九二〇年代を通じて日本電力の経営者の業界統制に関する問題意識は、きわめて稀薄であった。

3　電力連盟の結成と松永の反応

この節では、電力統制問題の第二局面と第三局面における電力業経営者の言動に光を当てる。まず目を向けるのは第二局面、つまり一九二八年九月の臨時電気事業調査部の決議から、一九三二年四月の電力連盟の結成までの時期である。

結成直前の松永と東邦電力

東邦電力の松永は、この時期にも、業界統制に関する技術面および制度面での従来からの基本的主張を繰り返した（松永、一九二八c、一九二九b）。ただし、一区域一会社を実現することは当面困難と判断し、それへいたるステップとして、「一地域に於ける二供給会社以上の供給力の相互補給である」（松永、一九二九c、一〇六頁）電力プールの形成を最優先させる姿勢をとった（Matsunaga, 1929）。東邦電力は、この松永の方針を具体化し、一九三〇年の奈良・四日市支店の譲渡による三重合同電気との送電連絡、一九三一年の三池・武雄間送電線の新設による九州四県の送電連系など、主たる営業地域の中京地区と北九州地区で電力プールの形成に力を入れた（東邦電力史刊行会編、一九六二、二一三〇～二一三二、五四六頁）。

また、松永は、電気事業持株会社の研究を目的とした一九二九年の欧米視察の前後から、業界統制に持株会社を活用することを強調するようになった（XYZ、一九三一）。帰国後、彼は、持株会社による五大電力統制と五大電力共同出資の電力プール管理会社設立という、より現実的な新しい構想を発表するにいたり、一九三二年の電力統制会議でもこの新構想の実現を主張した（松永、一九三一、一九三二a、一九三二b、一九三二c）。この新構想には、超電力連系と水火併用方式という『電力統制私見』の水平的統制の視点は受け継がれていたが、一区域一会社主義による小売会社と卸売会社の合併という立体的統制の視点は欠落していた。

この時期においても東邦電力は、前の時期と同様に、発電コストの低減に積極的に取り組んだ。卸売電力会社の利害を反映して、電力料金は一般物価の下落に追随する必要はないと主張した大同電力の村瀬末一（村瀬、一九三二）に対して、そのような姿勢では新興のディーゼル機関に顧客を奪われてしまうと東邦電力の宮川竹馬《みやがわたけま》が激しく反論した（宮川、一九三二）のも、その現われであった。

結成直前の東京電燈

東京電燈では、一九三〇年六月に若尾がついに社長の座を追われ、郷と小林が経営の実権を握った。

郷は一九二八年十月に五大電力首脳会議を主催し、持論の五大電力大合同を提唱した（郷男爵記念会編、一九四三、六二三、六三一～六三二、六四二頁）。しかし、彼は、ほぼ三年後の一九三一年十二月には実現が困難だという理由で大合同を事実上断念し（郷、一九三二）、電力統制会議には直接的に関与しなかった。郷の大合同構想は、「財界世話役」的発想の安易な産物であり、資産評価、人事配置、債務処理等の大合同にともなう諸問題を解決するための具体策を持ち合わせていなかった。

小林は、一九二九年以降、発電コスト低減の必要性を力説し、供給区域独占と公益規制強化とをセットで実現することを主張した（小林一三、一九二九、一九三〇a、一九三〇b）。彼は、一九三一年の時点では郷とは異なる火力統制会社設立案を提唱していたが（小島、一九八〇、六三二～六三三頁）、郷が大合同を事実上断念したのといれかわりに、一九三二年三月に五大電力合併を前提とした統制案を提唱するにいたり（小林一三、一九三二a）、この案を電力統制会議へ提出した。その内容は、五大電力を合併したあと小売会社と卸売会社に分割し、卸売会社については、いったん半額に減資したのち政府出資による倍額増資を行って、半官半民の企業にするというものであった。この案の主たるねらいは、卸売電力会社の半額減資により固定資産の償却を進めることにあったが、その背景には、「原価を安くせしむることは、建設費を安く仕上げるより外に何人にも名案はない」（小林一三、一九三〇a、一七六頁）という小林の考え方があった。しかし、全体的には小林の統制案は、超電力連系や水火併用方式等の技術面での発電コスト低減策を欠いたものであり、松永の統制案に比べて見劣りがすることは否めなかった。これは、電力業経営に対する小林の経験の浅さの必然的帰結であった。

結成直前の宇治川電気

宇治川電気の林は、従来の卸売国営、小売民営の併進論を一九三一年には明言しなくなり（林、一九三一a）、電力統制会議では別の新しい提案を行った。この新提案は、形の上では、「北海《ママ》、東北、関東、中京、関西、中国、四国、九州等各地方別に各一社に纏《まと》むる」（林、一九三一b、二〇頁）という地方的合同論に立脚していた。林がほぼ同時に火力重視の姿勢を示した（林、一九三一d）こととあわせて、この時期の彼の主張には松永の『電力統制私見』にあい通じるものがあった。

もし、林が、大同電力や日本電力という有力な卸売電力会社が足場を置く関西地区において、地方

表3－4　林による地方別余剰電力（1929年末）

（単位千kW）

地方別		関東	中部	近畿	計
発電所出力	Ⓐ水力（自家用よりの受電を含む）	944	251	418	1,612
	Ⓑ火力	156	99	545	800
	Ⓒ＝Ⓐ＋Ⓑ　合計	1,099	350	963	2,412
Ⓓ火力発電所に於ける補給出力および予備出力		149	62	276	488
Ⓔ＝Ⓒ－Ⓓ　正味供給可能電力		950	287	687	1,924
Ⓕ　平均最大発電電力		811	224	634	1,668
Ⓖ＝Ⓔ－Ⓕ　実際の余剰電力		139	64	54	256
Ⓗ＝Ⓒ－Ⓕ　一般に考えられている余剰電力		288	126	329	744

出典：林安繁「電気事業刻下の諸問題(1)」（『電気公論』第15巻第11号）。

的合同を積極的に推進したとするならば、松永の『電力統制私見』は実現へ向けて大きな一歩を踏み出したことであろう。しかし、実際には、林は、関西地区における地方的合同に関してきわめて消極的であった。と言うのは、林の地方的合同論の主眼は関東地区と関西地区との地域的差異を強調することにあったのであり、「要するに合併に依る統制は関東に必要であるが、関西には大体の協定が出来て居るから、合併に依る統制の必要ほ無い」（林、一九三一b、二二頁）、というのが林の新提案の最終的結論だったからである。

この時期の林が関西地区での電力統制に消極的な姿勢をとった背景には、同地区では深刻な電力過剰が存在しないという認識があった（林、一九三一b、一九三一c）。表3・4は、林がこの点を説明するために用いたものである。彼の説明は、およそ次のとおりであった（林、一九三一c）。

通常、可能出力としてはCが想定されるが、それは機械的可能出力であって、正味の可能出力ではない。正味の可能出力Eを求めるためには、Cから火力発電所における補給出力および予備出力Dを差し引かねばならない。したがって、実際の余剰電力は、HではなくGとなる。一九二九年末の近畿地区の余剰電力は、一般には三三万kWと考えられているが、実際には五万kWに過ぎない。

ここでの林の議論は、現実には、関西地区での電力過剰を過小評価したものだったように思われる［例えば、（福中、一九三一a）は、一九三〇年末の京阪神地区の電力需給について、正味の可能出力は七二万kWに対して余剰電力二〇万kWが生じている、と論じた］。この点について詳しく立ち入る余裕はないが、しかし、この時期の関西地区の電力業経営者の中には、大同電力の増田や京都電燈の石川のように、林のほかにも電力過剰問題を楽観視していた者がいたことも事実である（増田、一九三〇a、一九三〇b、石川、一九三〇）。

宇治川電気の影山は、一九三一年四月の改正電気事業法の制定により持論の料金認可制が実現したのちも、積極的に業界統制問題に言及した。しかし、影山については、林が否定的な評価を下した（林、一九三一b）五大電力大合同論を支持し（影山、一九三二）、「関東、関西を通じて最早協調が出来た」（影山、一九三二、一九頁）と述べるなど、林との相違がひき続き目立った。

総じて宇治川電気、東京電燈、大同電力の場合は、松永のもとに全社的な体制でことにあたったこの時期までの東邦電力の場合とは対照的に、電力統制問題をめぐって経営者のあいだに意見の齟齬が一貫して存在したと言うことができよう。

結成直前の大同電力

卸売電力会社である大同電力の場合には、この時期にも、福澤が特殊会社の設立を提唱し(福澤、一九二九)、増田と有村が卸売会社と小売会社の完全分離を提唱する(有村、一九三一a、増田、一九三一)、という状況が続いた。電力統制会議には増田が出席し、卸売電力・小売電力完全分離論を展開した。

また、卸売電力会社の立場を守るために、村瀬が料金引下げ論に対して、有村が資産切下げ論に対して、それぞれ反駁した(村瀬、一九三一、有村、一九三一b)。

結成直前の日本電力

同じく卸売電力会社である日本電力では、すでに述べたように、福中が、この時期に自由競争論を展開した。この点、池尾芳蔵の場合も同様で、供給区域独占の弊害を説き(池尾、一九二九)、具体的な業界統制構想を提示しなかった。日本電力のなかで電力統制問題に中心的に取り組んだのは、一九二九年に福中に代って専務に就任した内藤熊喜であった。内藤は、同年に東邦電力から移籍したこともあって、当初は松永に近い業界統制論を展開した(内藤、一九三〇)。

しかし内藤は、卸売電力会社の経営者の立場を徐々に鮮明にし、一九三一年十二月には、先述した料金問題をめぐる大同電力の村瀬と東邦電力の宮川との論争に関して、村瀬を支持する見解を表明した（内藤、一九三二）。

その後、内藤は、既存需給契約の尊重を含み卸売会社に有利な内容の電力連盟結成案を作成し（内藤、一九三二a、一九三二b）、電力統制会議へ提出した。内藤案は、小売電力会社の意向を反映した若干の手直しを経て実行に移されることになり、同案にもとづいて、一九三二年四月に電力連盟が結成された。


以下では、電力統制問題の第三局面、つまり、電力連盟の結成以降の時期における電力業経営者の言動に、光を当てる。

結成後の松永と東邦電力

東邦電力の松永は、電力連盟の結成直後には、連盟に対する直接的な評価を下さなかった（松永、一九三二d、一九三二e）。しかし、一九三三年八月に電力連盟が水力開発の再開を決定すると、松永は、水力偏重主義の再来としてこれに猛烈に反発し、「連盟は成立後一年有半の間に東電日電の紛争を解決したのみで他に特記す可き何等の仕事もして居ない」、「旧来の電力界不統制から眺むれば個人経済の優秀性に於いて遺憾乍ら日本人の力を疑ふものである。若し過去を顧みて今後完全に統制されるなら勿論異論はないが、如何にしても蝸牛角上《かぎゅうかくじょう》の争ひを止めず自己の権利を主張して協調不可能の場合は国有、半官半民統制会社の何れたるを問はず、この方に一歩を踏み出するを勧め度い」、と述べるにいたった（松永、一九三三b、四七九～四八〇頁）。

松永は、官民共同出資の火力統制会社を設立するという対案をただちに提示した（松永、一九三三b）が、電力連盟の発電計画専門委員会は、これを受け入れなかった。電力連盟が拒否した理由は、

①法律上の手続き、現物出資の際の資産評価、運転面の技術などの点で、松永案を実行することは困難であると判断したこと、②宇治川電気・大同電力・日本電力・京都電燈の関西四社が共同で一九三一年七月に設立した関西共同火力を、当面優先させる方針をとったこと、の二点であった。

松永は、早い時期から京阪神地区での火力発電所の発展に注目し、それを超電力連系の一環に編入して全国的なレベルで効率的に活用することを、みずからの業界統制構想の技術面での中心にすえていた（Matsunaga, 1929）。したがって、関西四社が関西地区の枠内で火力発電所の共同利用に踏み切ったことは、松永の統制構想に重大な打撃を与えた。彼は、火力統制会社設立案を発表した際に、関西共同火力の設立について批判的な見解を示した（松永、一九三三b）。

この時期の松永は、電力統制問題をめぐって、業界のなかで孤立する形になった。同時に、東邦電力の内部でも、電力統制問題に関する意見の齟齬が目立ち始めた。例えば、松永の火力統制会社設立案を拒絶した電力連盟の発電計画専門委員会には、東邦電力の宮川が委員として参加していた。

結成後の東京電燈

東京電燈の小林は、一九三二年の電力連盟の結成直後には、連盟を一応評価しながらも、あくまで五大電力合併を前提とした彼の統制案を実行に移すべきだと主張した（小林一三、一九三二b）。しかし小林は、一九三五年五月には、国家の手による大規模水力開発という、完全に新しい統制案を提唱するにいたった（小林一三、一九三五）。

小林の業界統制構想は、火力統制会社設立案から、五大電力合併後の卸売・小売分割案を経て、国家主導の大規模水力開発案へと、脈絡のない変転をとげたことになる。

結成後の宇治川電気　宇治川電気の林は、電力連盟に対して、松永や小林よりも高い評価を与えた（林、一九三二）。すでに、一九三二年一〜四月の電力統制会議の時点で、関西地区では特別な統制措置を講ずる必要がないと判断していた林は、電力連盟の結成で業界が一応安定すると考えたようである。

現実に林は、電力連盟結成以後の時期には、電力統制問題に関する問題意識を稀薄化させていった。彼は、一九三四年に発表した論文のなかでは、もはや電力統制問題に言及することはなかった（林、一九三四a、一九三四b）。統制問題に対する関心を後退させた点では、影山の場合も同様であった。

結成後の大同電力・日本電力　電力連盟は、「電力戦」を終息させる機能をはたした一方で、企業形態に関しては現状維持原則にたつものであり、その面では、卸売電力会社の存立基盤を認めたものであった。そのため、卸売電力会社である大同電力と日本電力は、電力連盟の結成に関して、肯定的な反応を示した。大同電力の増田も、日本電力の内藤も、電力連盟に対して、きわめて高い評価を与えた（増田、一九三二a、一九三二b、内藤、一九三二c）。これは、電力連盟の原案が、卸売電力会社の利害をふまえた内藤の手で作成されたことを考え合わせれば、いわば当然のことであった。

大同電力・日本電力両社は、電力連盟の水力開発再開方針を強く支持したこと（増田、一九三三、内藤、一九三三）、電力連盟の結成以降業界統制問題に対する取組みを消極化したこと、などでもほぼ同様の動きを示した［ここで問題となるのは、この時期にほぼ同様の動向を示した両社の経営者が、のちに、日本電力の池尾は電力国家管理に対する反対運動の先頭に立ち、大同電力の増田は電力国家管理に迎合するという対照的な行動をとったのはなぜか、という点である。この問題を解明するうえでのポイントは、「電力外債問題」の打撃の差異などから生じた、両社の業績の違い（日本電力の大同電力に比しての相対的好業績）にあると考えられる」。

棚上げされた『電力統制私見』

本章におけるここまでの検討から、一九二〇年代半ばから一九三〇年代前半にかけての時期に、直接最終需要者に接触する小売電力会社の経営者の相当部分は、多かれ少なかれ電力業の公益性を認識し、電気供給コストの低減に取り組んだことがわかる。なかでも東邦電力の松永安左エ門は、「電気事業は殆ど百パーセント公益事業」（松永、一九三二d、三二頁）という認識に立ち、「極度迄電力生産原価を切り下げ」ると主張して、戦後の電気事業再編成を見通した先見的な『電力統制私見』を発表するにいたった。松永の動向に注目すれば、この時期の電力統制問題は、すぐあとに続く電力国家管理を誘発した前史としてではなく、その次の時代の電気事業再編成を準備した前史として意味をもったと言うことができよう。

しかし、現実には日本の電力業は、業界の自主統制から電気事業再編成へ直進することなく、その間に電力国家管理という企業形態の激変を経験しなければならなかった。松永の『電力統制私見』は、なぜ、すぐには実現にいたらなかったのであろうか。

関西地区の電力統制の問題点

この点で重要な意味をもったのは、関西地区での電力統制のあり方であった。松永の『電力統制私見』の最大の特徴は、一区域一会社主義による小売会社と卸売会社の合併を打ち出した点にあった。したがって、大同電力や日本電力という有力な卸売電力会社が足場を置く関西地区で地方的合同が進展するか否かは、『電力統制私見』の成否を決する重みをもっていた。

しかし現実には、関西地区での小売電力会社と卸売電力会社の合併は進展しなかった。ここでは、同地区最大の小売電力会社である宇治川電気の林安繁が、一応、地方的合同論を提唱しながら、実際には関西地区での企業合同の必要性を否定したことが、大きな影響を及ぼした。

『電力統制私見』の技術面での主眼は、超電力連系と水火併用方式を実施することにあった。松永は、京阪神地区の火力発電所をきわめて重視し、それを超電力連系の一環に編入して全国的レベルで活用することを、技術面での業界統制構想の中心にすえていた。しかし、現実には、京阪神地区の火力発電所の利用問題は、関西地区の枠内で処理された。それを端的に示したのは、関西四社（宇治川電気・大同電力・日本電力・京都電燈）の手による関西共同火力の設立であった。

松永の孤立

松永安左エ門は、東邦電力の社長および東京電燈の取締役として、中京・北九州・関東・四国の各地区で業界統制問題に影響力を行使した［関東地区については（電気新報社、一九三五）一六五〜一六六頁、四国地区については、（東邦電力史刊行会編、一九六二）二五四〜二五七頁］が、肝心の関西地区では十分に力を発揮することができなかった。松永が、『電力統制私見』の発表以後、徐々に一区域一会社主義の主張を後退させ、電力連盟の結成後の時期には、電力業界内で孤立する形になったのは、この点に原因があったと言うことができよう。

みずからの業界統制構想の正当性に確信をもちながらも、電力業界内で孤立する形になった松永は、強い焦燥感をいだいた。そのことは、電力連盟が水力開発の再開を決定した際に、松永が、水力偏重主義の再来として、これに激しい調子で反発したことからも窺い知ることができる。

東邦電力の社内には、松永と同様に焦燥感をいだいた人物がもう一人いた。それは、東邦電力調査部の有力メンバーとして、松永の業界統制構想の形成にきわめて重要な役割をはたした出弟二郎《いでだいじろう》である。出は、超電力連系と水火併用方式による電力運営の一元化という松永と同一の目標をめざしたが、基本的には電力民営論者であり続けた松永とは異なり、一九三〇年代には徐々に電力国営論に傾斜していった。やがて東邦電力を退社した出は、内閣調査局の専門委員となり、中心的な電力国営論者として活躍するにいたった。松永と出の議論に注目しつつ、電力国家管理の成立要因を検討することは、次章で取り組むべき課題である。

第四章　電力国家管理への反対（一九三九〜四八年）

1　電力国家管理への道

長い回り道

松永安左エ門の電力統制構想は先見的なものであったが、ここで想起しなければならない事実は、日本の電力業が、松永の『電力統制私見』を受けて電気事業再編成へ直進することなく、その間に電力国家管理という「長い回り道」（橘川、一九九五、二一六頁）を経験しなければならなかったことである。本書の「はしがき」で示した時期区分でいえば、わが国の電力業は、「電力戦」が終焉し自主統制が進んだA3の時期から、民営九電力体制が確立されるC1の時期へ直接移行することなく、国家管理という他の時代とは異質なBの時期を経過することになった。

この章ではまず、電力国家管理がいかに実現したか、その事実経過を振り返る。次に、電力国家管理に反対する松永の行動を、東邦電力のかつての盟友であり、国家管理論争時には論敵となった出弟《いでだい》次郎《じろう》の行動と対比しながら、詳しく掘り下げる。そして最後に、国家管理が日本電力業の発展過程で占めた歴史的位置を確認し、松永が国家管理論争に敗北したのはなぜかを考察する。

内閣調査局案と頼母木案

それでは、まず、電力国家管理にいたる事実経過を振り返ることから始めることにしよう。なお、国家管理の経過に関する以下の記述は、主として、『電力国家管理の顚末』（電気庁編、一九四二）による。

一九三二（昭和七）年に電気委員会と電力連盟を両輪とする統制が実行に移されたことによって、一九二〇年代中葉から社会問題化していた日本の電力業界の統制問題は、一段落したかのように思われた。しかし現実には、一九三六年三月に電力国営化をめざす内閣調査局案が表面化し、これを契機に激烈な電力国家管理論争が展開されることになった。論争は、主として国家管理推進派の逓信官僚と反対派の電力業経営者とのあいだで行われたが、各地の商工会議所、日本経済連盟会、全国産業団体連合会などの経済団体も反対派に加わった。

国家管理論争の出発点となった内閣調査局案は、国庫支出をともなわない民有国営方式を打ち出した点に特徴があり、従来の国営化構想にはない現実性を有していた。当時の頼母木桂吉《たのもぎけいきち》逓信大臣は、内閣調査局案を下敷きにし、電気事業調査会の審議などをふまえて、民有国営化をめざす「電力国家管理要綱」（頼母木案）を策定した。この頼母木案の具体化として電力管理法案を含む関連五法案が作成され、一九三七年一月に第七〇議会へ上程された。しかし、上程直後に生じた広田弘毅内閣から林銑十郎内閣への政変の影響により、これらの五法案は成立にいたらなかった。

頼母木案の流産は電力国家管理の動きを沈静化させたが、それは一時的な現象に過ぎなかった。短命の林内閣に代わって登場した近衛文麿内閣の永井柳太郎逓信大臣は、電力国家管理に積極的な姿勢をとり、臨時電力調査会の審議をふまえて、基本的には頼母木案の内容を継承した「電力国策要綱」（永井案）を策定した。

永井案と国家管理関連四法

この永井案の具体化として電力管理法案・日本発送電株式会社法案・電力管理ニ伴フ社債処理ニ関スル法案・電気事業法中改正法律案の四法案が作成され、一九三八年一月に第七三議会へ上程された。議会での審議は難航したが、結局これらの四法案は、一九三八年三月に成立した。

電力国家管理のスタート

国家管理関連四法案成立により電力国家管理論争における敗者となった五大電力は、一九三八年十月に電力連盟を解散した。一方、勝者となった逓信省は着々と国家管理実施の準備を進め、その過程で一九三八年五月に、電力行政に関する新しい諮問機関として電力審議会が発足した。

そして一九三九年四月には、民間電力会社等の既存の電気事業者からの設備出資を受けて日本発送電株式会社が誕生し、同時に国家管理の実施官庁として電気庁も発足して、電力国家管理が正式にスタートした。この時点で電気事業者から日本発送電へ出資された設備は、出力五〇〇〇ｋＷを超過する新規水力発電設備、出力一万ｋＷを超過する火力発電設備、主要送電設備および変電設備であり、既存の主要水力発電設備は出資の対象とならなかった。

村田案と第二次電力国家管理

日本発送電と電気庁の成立は、その後の経緯を考え合わせれば、第一次電力国家管理に相当するものであった。というのは、数年後に、既存主要水力発電設備の出資と配電会社の統合を主要な内容とする第二次電力国家管理が実施されたからである。

第二次電力国家管理の引き金となったのは、一九三九年後半から一九四〇年前半にかけて生じた深刻な電力不足であった。緊急措置として一九三九年十月に電力調整令が施行され、電力の消費規制が開始されたが、このことは、「豊富な電力供給」という電力国家管理の一つの表看板が、スタート後わずか半年で早くも破綻したことを意味するものであった。

電力不足は直接的には異常渇水と石炭不足から生じたが、その原因をめぐって、第一次電力国家管理の不完全性を指摘する逓信官僚と、電力国家管理自体の無理を指摘する電力業経営者とのあいだで、再び激論が交わされた。しかし、この再度の論争も、やはり逓信官僚側の勝利をもって終了し、第二次電力国家管理が実行された。

村田省蔵逓信大臣のもとで策定された「電力国策要綱」(村田案)にのっとり、今回は議会の審議を経ずに勅令という形をとって、一九四一年四月に電力管理法施行令が改正され、一九四一年八月に配電統制令が施行された。改正された電力管理法施行令にもとづき、一九四二年四月までに、出力五〇〇〇kWを超過する既存水力発電設備は、民間電力会社等の既存の電気事業者から日本発送電へ出資された。また配電統制令にもとづき、一九四二年四月に、北海道配電・東北配電・関東配電・中部配電・北陸配電・関西配電・中国配電・四国配電・九州配電の九配電会社が発足した。一方、第二次電力国家管理によって存在基盤を喪失した民間電力会社等の電気事業者は、ごく一部の例外を除いて解散に追い込まれた。

国家管理のその後

このような経緯で電力国家管理は一九四二年四月に完成をみたが、日本の電力業は、敗戦後再び経営形態の激変を経験することになった。この経営形態の変化は、通常「電気事業再編成」と呼ばれている。

次章で詳しく述べる経過を経て、電気事業再編成令と公益事業令が一九五〇年十一月に公布され、日本の電力業における民営形態の復活が決定した。電気事業再編成令と公益事業令の施行にともない、一九五〇年十二月には、電力国家管理の法的基盤となっていた電力管理法が廃止され、電気事業の新しい行政機関として公益事業委員会が発足した。そして一九五一年五月には、現存する北海道電力・東北電力・東京電力・中部電力・北陸電力・関西電力・中国電力・四国電力・九州電力の民営九電力会社が発足し、日本発送電と九配電会社が解散して、足掛け十三年にわたる電力国家管理は幕を閉じた。

以上が、電力国家管理に関連する事実経過である。

2　電力国家管理への松永の抵抗

松永と出の焦燥

一九二八年の時点で松永安左エ門が先見的な『電力統制私見』を発表したにもかかわらず、A3の時期（一九三一〜三九年）に、松永の構想どおりに電力業界の自主統制が進まなかったことの一つの原因としては、しばしば同業他社の経営者を厳しい調子で批判した松永自身の激しい気性をあげることができる。A3の局面における電力業界の自主統制の担い手となったのは、一九三二年に成立した電力連盟であったが、同連盟に対する松永の評価は、二面的なものにならざるをえなかった。と言うのは、電力連盟が発揮した競争停止機能は彼の意向に沿うものであったが、連盟が現状維持原則を掲げ、卸売電力会社と小売電力会社との併存状態を固定化したことは、発送配電一貫経営をめざす松永の構想に明らかに背反するものだったからである。このような事情をふまえて松永は、電力連盟の結成直後には、連盟に対する直接的な評価を下さなかった。しかし、一九三三年に電力連盟が水力開発の再開を決定すると、彼は、水力偏重主義の再来として、これに猛烈に反発した（松永、一九三三b）。他の電力業経営者に対して、歯に衣を着せない批判を繰り返したのである。

東邦電力の内部には、松永安左エ門以外にも、電力業界の自主統制が進展しないことについていらだちを強めた人物が、もう一人存在した。同社調査部の有力メンバーであり、松永のブレーン役を長くつとめた出弟二郎が、その人である。出は、松永が一連の電力業界統制構想を発表するうえで、必要不可欠の人物であった。しかし出は、電力業界の自主統制が不十分性をもつことに焦燥感を強め、やがて東邦電力を退社し、中心的な電力国家管理推進論者となった。

これに対して松永は、同じく焦燥感をもちながらも、基本的には電力民営論者であり続けた。松永は、一九三三年に電力連盟の水力開発再開方針を批判した際に、官民共同出資の火力統制会社設立構想を対案として提示するなど、国有化を部分的に容認するかのような発言を行った（松永、一九三三b）。しかし、電力国有化は彼の本意ではなく、松永はすぐに電力民有民営論者としての立場を鮮明にし、その後はその立場を堅持した。かつての同志である出と激しく対峙しつつ、松永は最後まで電力国家管理に反対する姿勢を崩さなかった。

なぜ松永と出に注目するのか

ここでは、松永安左エ門と出弟二郎の言動に注目しつつ、電力国家管理の成立要因を考察する。電力国家管理めぐる論争において多数存在した反対論者や賛成論者のなかから、松永と出をとくに選び出すのは、なぜだろうか。

電力国家管理反対論の中心的な担い手となったのは電力業経営者たちであったが、そのなかでも松永安左エ門は、立論の包括性や一貫性の点でぬきんでていた。松永とともに代表的な電力国家管理反対論者として並び称されることが多い日本電力社長の池尾芳蔵は、反対姿勢の一貫性の点で問題を残し、最終的には国家管理に迎合した。そのことは、池尾が一九四一年に、電力国家管理の要に位置する日本発送電の総裁に就任したことに端的に示されている。

一方、電力国家管理賛成論者としては、国家管理論争の出発点となった一九三六年の内閣調査局案を作成した、同局調査官で革新官僚の奥村喜和男が有名である。しかし、官僚である奥村がある程度の現実性をもつ国家管理案を作り上げるうえでは、電力業界の実情に詳しい人物のサポートを受けることが必要不可欠であった。そのサポーターの役割をはたしたのが、東邦電力を退社したのち内閣調査局専門委員となっていた出弟二郎である（桜井、一九六四、三〇〇頁、松島、一九七五、二〇七頁）。つまり出は、内閣調査局案作成の陰の主役であったとみなすことができる。電力国家管理をめぐる論争の際に、賛否両陣営の中心に位置して真っ向からわたりあったのは、かつて同志であった松永安左エ門と出弟二郎だったのである。

東邦電力調査部と出の活躍

東邦電力の副社長、社長、会長をつとめた松永安左エ門は、電力業界で最も早く電力統制問題に取り組んだ経営者であった。表4・1は、電力統制問題に関する彼の主要な著作をまとめたものである。これらの著作を通じて主張された松永の電力統制構想の推移については、前章で詳述したとおりである。

ところで、東邦電力の前身である関西電気は、一九二二（大正十一）年二月に、社長の直属機関として臨時調査部を新設した（同部の部長については、松永副社長が兼任した）。その後、東邦電力として新発足した翌月の一九二二年七月には、臨時調査部は常設機関に格上げされ、調査部と改称した［その後、調査部は、一時的に査業部調査課に改組された］。

東邦電力の調査部は、

表4－1　電力統制問題に関する松永安左エ門の主要な著作

①「『米国超電力連系に関する組織』を刊行するに当りて」（東邦電力調査部『米国超電力連系に関する組織』，1923年，所収。「超電力連系とは何ぞや」と題して，『電華』18号，1923年3月，にも掲載。）
②『電気事業界の近時』，1926年。
③「電気事業盛衰決定の要素」（『エコノミスト』1927年1月1日号）
④「序文」（電気事業研究会『北米合衆国大西洋沿岸超電力連系調査報告書』，1927年）
⑤「電気事業」（日本評論社『社会経済体系』第9巻，1927年）
⑥「電力国営反対論」（『経済往来』1928年2月号）
⑦「電力統制私見」（『経済往来』1928年6月号）
⑧「利他即利自」（『マツダ新報』1928年6月号）
⑨「電気事業と料金制度の確立」（『エコノミスト』1928年10月1日号）
⑩ *Cooperative Situation in the Electric Utility Industry of Japan* (1929)
⑪「電気事業」（日本評論社『現代産業叢書第四巻工業編上巻』，1929年）
⑫「電力会社の統制問題」（『明日の電気事業』電気新報社，1931年）
⑬「電力統制問題とプール組織」（『電気公論』第16巻第2号，1932年）
⑭「電気事業の統制私案」（『電気界』1932年5月号，『電気経済時論』同月号）
⑮「電気事業統制に就ての私見」（『電気公論』第16巻第6号，1932年，『電研』1932年5月号）
⑯「電気統制問題の由来及び帰結」（『東洋経済新報』1932年5月28日号）
⑰「電気事業を大局より熟慮あれ」（『電気公論』第16巻第12号，1932年）
⑱「電気事業統制に就て」（『電気公論』第17巻第10号，1933年）

①諸外国の超電力連系に関する調査とその結果をまとめた報告書の刊行（一九二二～三〇年）
②日本での超電力連系についての具体案の作成（一九二三～二四年）
③広報活動に従事するパブリシチー・ビューローの新設（一九二三年六月）
④電力需給に関する十カ年計画の作成（一九二三～二四年）
⑤料金制度に関する調査と改善案の作成（一九二三～三〇年）
⑥電気事業に関するゼミナールの開催（一九二三年以降）
⑦調査研究結果を掲載した月刊誌『電気事業研究資料』の刊行（一九二六年一月～二七年九月）
⑧電力統制問題に関する世論調査の実施（一九二七年）
など精力的な活動を続けた（東邦電力史刊行会編、一九六二、一二二～一五三頁）。

海外視察や調査部設置に代表される東邦電力の活発な調査研究活動の中心的な担い手となったのは、ほかならぬ出弟二郎であった〔出弟二郎は、一九二四年二月までは、帆足弟二郎と名乗っていた〕。表4・2と表4・3は、同社における出のキャリアを異なる二種類の資料によってまとめたものであり、表4・4は、東邦電力の事実上の社内報に相当する『電華』に掲載された出の著作を一覧したものである。

表4・2と表4・3からわかるように、東邦電力の前身である関西電気に一九二二年に入社した出は、一九三三（昭和八）～三四年に東邦電力を退社するまで、ほぼ一貫して調査畑の中心メンバーとして活躍した〔表4・2と表4・3とのあいだには細部に食い違いがあるが、そのことは、大勢に影響がない〕。具体的には彼は、調査部の課長や、調査課を擁して一時的に存在した査業部の幹部などを歴任した。

表4－2　『電華』に記載された東邦電力の出弟二郎に対する辞令

日　付	辞　令　の　内　容	記載箇所
1922年 2月27日	主事として任用。臨時調査部業務調査課勤務を命ず。	6号33頁
23年 6月 1日	パブリシチービューロー事務嘱託を命ず。	22号23頁
23年10月 8日	臨時総合制料金調査委員兼務を命ず。	25号47頁
23年12月 1日	調査部第2課長を命ず。	27号19頁
27年 8月21日	海外旅行中休職を命ず。	71号43頁
28年 9月 6日	復職を命ず。	84号81頁
29年 2月15日	社長欧米旅行中随行を命ず。	89号56頁
30年 2月 1日	査業部調査課長を命ず。	101号69頁
31年 6月一日	総務部庶務課長を命ず。	117号84頁
33年 2月一日	調査部調査課長を命ず。	137号84頁

注：1．会社名は，1922年の任用時のみ「関西電気」。1923年以降は「東邦電力」。
　　2．1923年までは「帆足弟二郎」。以降は「出弟二郎」。
　　3．一貫して，主事であった。
　　4．一は，日付不明。
出典：『電華』各号。

表4－3　東邦電力の『職員名簿』に記載された出弟二郎のキャリア

時　点	キ　ャ　リ　ア
1921年11月末現在	記載なし
22.　9	調査部調査第2課課員
23.　9	調査部調査第2課課員，主事
24.　9	調査部調査第1課課長，主事
25.　9	調査部調査第1課課長，主事
26.　9	調査部調査第1課課長，主事
27.　9	休職中，主事
28.　9	査業部（副部長級），主事
29.　9	査業部（副部長級），主事
30.　9	査業部（副部長級），主事
31.　9	総務部庶務課課長，主事
34.　10	記載なし
35.　10	記載なし
36.　10	記載なし

注：1．会社名は，1921年のみ「関西電気」。1922年以降は「東邦電力」。
　　2．1923年までは「帆足弟二郎」。以後は「出弟二郎」。
　　3．1932～1933年のキャリアを記載した『職員名簿』は見当らない。
出典：電華会『職員名簿』，1921～1931年，および東邦電力株式会社『職員名簿』，1934～1936年。

表4－4　『電華』に掲載された出弟二郎の著作

①「電気事業収入の財源としての商店電灯」(19号4頁，1923年4月)
②「仏国に於ける大送電聯繫計画梗概」(21号18頁，1923年6月)
③「事業資金の金利と配当率とに就て」(26号19頁，1923年12月)
④「スカンヂナヴィア諸国の送電連繫」(27号8頁，1924年1月)
⑤「米国現行電気料金に関する調査報告書の概要」(28号4頁，1924年2月)
⑥「中央及南亜米利加欧州並に大洋州諸国に於ける電気事業の現況」(29号10頁，1924年3月)
⑦「新高圧送電線路に就て」(30号19頁，1924年4月)
⑧「布哇より紐育まで」(72号29頁，1927年10月)
⑨「ケース・システム聴講」(73号28頁，1927年11月)
⑩「冬休みに長通信」(75号47頁，1928年1月)
⑪「二百五十里の自働車賃四弗」(76号19頁，1928年2月)
⑫「殆んど儲からぬ米国の電鉄」(77号37頁，1928年3月)
⑬「冬のカナダ旅行」(77号38頁，1928年3月)
⑭「電力原価の安い国」(78号47頁，1928年4月)
⑮「米国青年の美人観」(78号48頁，1928年4月)
⑯「国際電気事業会社大会へ」(79号65頁，1928年5月)
⑰「在外者の祖国愛」(80号52頁，1928年6月)
⑱「日露講和会議の跡」(80号55頁，1928年6月)
⑲「万事に新しいハートフオード電灯会社」(81号46頁，1928年7月)
⑳「倫敦の電気は最旧式」(81号73頁，1928年7月)
㉑「愈よ明日欧州へ」(81号78頁，1928年7月)
㉒「英国電気事業概観」(82号16頁，1928年8月)
㉓「巴里より瑞西まで」(82号72頁，1928年8月)
㉔「巴里の電気料金制」(83号20頁，1928年9月)
㉕「内藤松本稲津三氏を迎ふ」(83号63頁，1928年9月)
㉖「伯林の発着」(83号64頁，1928年9月)
㉗「モスコウにて」(83号64頁，1928年9月)
㉘「米欧見学談」(84号11頁，1928年10月)
㉙「在外スクラップ（一)，（二)，（三)」(85号42頁，86号44頁，87号45頁，1928年11月～1929年1月)
㉚「ノボシビルスクと伯林」(89号94頁，1929年3月)
㉛「滞欧松永邦電社長一行」(90号45頁，1929年4月)
㉜「在欧松永邦電社長一行消息」(91号47頁，1929年5月)
㉝「大英蘇州紀行」(92号39頁，1929年6月)
㉞「紐育の邦電一行」(93号42頁．1929年7月，神谷忠雄，益進，広橋武との共著)
㉟「米国持株会社の収入源泉」(99号18頁，1930年1月)
㊱「電力統制と金融問題（上)，（中)，（下)，」(116号27頁，117号31頁，118号25頁，1931年6～8月)

注：上記のリストの①～⑤の筆者名は，帆足弟二郎。

また、前章の表3・2が示していたように、出は、二度にわたって海外視察を行った数少ない東邦電力の社員のうちの一人でもあった［出弟二郎のほかに二度にわたって海外視察を行った東邦電力社員は、西山信一、鈴木春、益進、神谷敬三の四名だけであった（表3・2）］。一九二七～二八年の一度目の海外視察の際に出は、アメリカのハーバード大学に通うとともに、ゼネラル・エレクトリック社の工場、ナイアガラ付近の水力発電所、アメリカのハートフォード電灯会社、フランスのパリ配電会社、パリ付近の火力発電所などを視察した（表4・4の⑨、⑩、⑫、⑬、⑭、⑲、㉔、㉘）。同時に彼は、イギリスで一九二六年電気供給法により導入された電力専売を主眼とするグリッド・システムについて調査を行い、アトランチック・シティーで開かれたアメリカ電気協会の総会や、パリで開催された国際電気事業会社大会にも出席した（表4・4の⑮、⑯、⑳、㉒、㉘）。さらに、出は、一度目の海外視察を終えてからわずか半年後の一九二九年二月に、松永社長の随行員として二度目の欧米視察に出発した（表4・4の㉚、㉛、㉜、㉝、㉞）。

出のグリッド・システム研究

出の海外視察の諸成果中、注目すべき意味をもつのは、イギリスのグリッド・システムに関する知見である。出はのちに、電力国家管理論争の真最中に、グリッド・システムについて、次のように述べている。

> 要するに電力専売で、配電事業は従来のまゝ存在して居る。グリッドと云うのは、国有の十三万二千ヴォルト送電線路が国内に網の目に張り廻されて居るからである。此の法律［一九二六年電気供

給法…引用者〕は発送電と配電とを完全に分離し、民有の良能率発電所のみを使用して発電し、其電力を全部政府が買上げ、国有の送電線で全国の配電事業者に卸売する立前で、是れで初めて英国の電気事業は国家統制の第一歩に踏み入つたのである。

（出、一九三八、三〇頁）

イギリスのグリッド・システムは、発送電と配電を分離する点、配電の民有民営形態を維持する点などで、日本の第一次電力国家管理とよく似ている。出が、第一次電力国家管理のヒントをグリッド・システムから得たことは、まず、間違いなかろう。なお、グリッド（grid）とは、「格子」などの意味をもつ英単語である。

出に対する松永の信頼

ただし出は、グリッド・システムを研究した直後に、電力国家管理を志向したわけではなかった。彼は一九三〇年代初頭までは、電力民営論者である松永の忠実な同志として行動した。

ここで注目する必要があるのは、松永の電力統制構想や東邦電力の経営行動に対して、出が大きな影響力を発揮したことである。

第一に、松永は、出の調査研究能力をきわめて高く評価していた。一度目の海外視察から帰国した出を歓迎する一九二八年秋の午餐会の席上、松永は、「出弟二郎君が、先年来久しく米国に在りて修学し、其後欧州に渡り巴里に開会の万国電気事業者会議に列席帰朝せられたるは既に各位の周知せらる丶如くにして、同君は大局を観察し其の要領を把握するに秀で、観察力の鋭敏なるものあるに加ふるに、実務に当り実際に精通し、調査の衝にも当られたれば、其の観察や周到のものある」（出、一九二八、一二頁）と、発言した。

その後両者が電力国家管理問題等をめぐって激しく対立したにもかかわらず、はるかのちの一九五九年に『東邦電力史』の編纂を松永が出に委ねた（東邦電力史刊行会編、一九六二、六八三～六八四頁）ことは、松永がいかに出の能力を高く評価していたかを、如実に物語っている［松永の出に対する強い信頼の背景には、両者がともに九州生まれ（松永は長崎県生まれ、出は大分県生まれ）で慶應義塾の出身であるという事情が存在した、とも考えられる］。

松永に対する出の影響力

第二に、出は、海外での先進的な事例を調査研究することをつうじて、松永の電力統制構想の形成に大いに貢献した。この点は、超電力連系、電力プール、持株会社などについて、とくに顕著であった。

出は、超電力連系の重要性にいち早く注目するとともに、外国での連系の先例やそれを可能にする送電技術に関して、次々と調査報告をまとめた（表4・4の②、④、⑥、⑦、⑭）。例えば、出は、「大正十一年［一九二二年…引用者］の初めに、亜米利加のところでお話しました、ムレー氏のシューパーパワー・システムの報告書が来ましたので読んで見ると大変面白いし、教えられることが非常に多い。翻訳して出したら宜からうと云ふ事になつて、東邦電力の調査部で其れに着手しました。処が、第一に『シューパー・パワー』と云ふ語は何んと訳したらいゝか、いろいろ論議もありましたが、松永氏が『超電力』でいゝではないかと云ふので『超電力連系“Super-power System”』と云ふ新らしい語彙を作つたのであります。是れが其のまま一般的の用語となつて居ります。翻訳を世に出しますと、一部で、日本にも此の様なシステムを立てたら、と云ふ話が出て来た。是れが今日の意味の電力統制問題が日本で起つた始めであります」（出、一九三一、(上) 三三〜三四頁）と、述べている。

また出は、一九二五年に他に先がけて電力プールを実施したアメリカのハートフォード電灯会社を一九二八年五月に視察したり（表4・4の⑭、⑲、㊱）、一九二七〜二八年にアメリカの公益事業持株会社に関して現地で調査を重ねたりした（表4・4の㉘、㉟）。このほか、料金認可制や公益事業委員会についても、出はアメリカ視察の成果をふまえて、松永に有益な助言をしたものと思われる（表4・4の㉘）。

東邦電力に対する出の影響力

第三に、出は、東邦電力のさまざまな経営行動にも関与した。東邦電力調査部が展開した一連の活動のうち、超電力連系に関する報告書の刊行や具体案の作成だけでなく、パブリシチー・ビューローの設置や料金制度の調査についても、出は、積極的にかかわった（表4・2、表4・4の⑤、⑲、㉔、㉘）。さらに、出がアメリカの電力会社の事例をとりあげ、配当率の抑制、減価償却の拡大、社債の発行、カストマー・オーナシップの導入、優先株の活用などに関して調査研究を進めた（表4・4の③、⑲）ことは、東邦電力の資金コスト削減策の遂行にとって大いに役立った。

「電力統制と金融問題」

資料4・1として掲げたのは、出弟二郎が一九三一年三月に全国経済調査機関連合会東京支部会で講演し、同年六〜八月に『電華』誌上で発表した、「電力統制と金融問題」（出、一九三一、表4・4の⑳に相当する）の目次である。一九三一年時点での彼の電力統制構想の集大成ともいえるこの講演のなかで、出は、諸外国の事例をふんだんにとりあげつつ、超電力連系、電力プール、電気事業持株会社、供給区域独占、料金認可制、公益事業委員会などについて論及した。既述のように、これらの諸論点は、松永安左エ門の電力統制構想にあい通じるものであった。

資料4－1　出弟二郎の「電力統制と金融問題（上）（中）（下）」（1931年6～8月）の目次

1．電力統制と云ふこと
2．電力統制問題の由来
　（A）亜米利加
　（B）英　　国
　（C）独　　国
　（D）日　　本
3．電力統制の必要
　（A）電気事業の特質
　（B）我国電気事業の現状
　　(1)需要と供給
　　(2)投下資本の現状
　　(3)収支の状態
　　(4)電気料金問題
　　(5)電気事業に於ける競争
　　(6)経済恐慌と電気事業
4．金融業と電気事業
　（A）産業資本より金融資本への発展
　（B）電気事業への投資
　（C）電気事業経営能率のヤードステツク
5．結論

しかし反面で、出の一九三一年三月の講演には、松永の主張とは微妙に異なる見解も含まれていた。それは、

①当時松永が、金融機関の電力業経営への介入について批判的な見解をもっていた（松永、一九二九a）のに対して、出が、「金融資本」による電力業支配は不可避と考え、むしろ「金融資本」主導の電力統制の進展に期待をかけたこと

②松永が、全国を九地域に分けたうえで、地域ごとに電力統制を進めることを重視したのに対して、出が、電力統制は地域の枠をこえて可能な限り広範囲にわたる必要があると述べたこと
③松永が、発送配電一貫経営を実現する立体的統制をめざしたのに対して、出が、発送電と配電を分離する英国のグリッド・システムに高い評価を与えたこと

などである。

松永と出が東邦電力の同僚であった一九三一年の時点では、これらの両者間の齟齬は、大した意味をもたなかった。ところが、出が東邦電力を退社し、電力国家管理の是非をめぐる論争が本格化する一九三〇年代半ば以降の時期には、状況が一変する。

自主統制と松永の反応

一九三一年四月に公布され、翌一九三二年十二月に施行された改正電気事業法は、供給区域独占を基本的に認める一方で、料金認可制の導入や電気委員会の設置などの公益規制を強化した。これとあい前後して一九三二年四月に結成された有力電力会社間のカルテルである電力連盟は、現状維持を原則として掲げ、大口電力需要家の争奪戦である「電力戦」を終焉させる機能をはたした。このようにして一九三二年以降、日本の電力業は、業界の自主統制と政府による間接的な公益規制とを組み合わせた新しいシステムのもとにおかれることになった。

東邦電力社長の松永安左エ門にとって、供給区域独占と公益規制強化とをセットで確認した改正電気事業法の制定は、かねてからの持論が実現したものであり、歓迎すべきことがらであった。一方、

電力連盟の成立に対する松永の評価は、二面的なものにならざるをえなかった。と言うのは、電力連盟が発揮した競争停止機能は彼の意向に沿うものであったが、電力連盟が現状維持原則を掲げ卸売電力会社と小売電力会社との併存状態を固定化したことは、発送配電一貫経営による立体的統制の実現をめざす松永の構想に明らかに背反するものだったからである。

このような事情をふまえて松永は、電力連盟の結成直後、同連盟に対する直接的な評価を下さなかった。しかし、既述のように、一九三三年八月に電力連盟が水力開発の再開を決定すると、彼は、水力偏重主義の再来としてこれに猛烈に反発した（松永、一九三三b）。

松永は、電力連盟の水力開発再開方針に対抗して、官民共同出資の火力統制会社を設立するという対案をただちに提言したが、電力連盟の発電計画専門委員会はこれを受け入れなかった。強固な電力民営論者である松永が、一時的にせよ官民共同出資を打ち出したことは、持論の発送配電一貫経営や水火併用方式が十分な理解を得られないことに対する彼の焦燥感がいかに強かったかを、如実に示している。

ここで注意を要するのは、右記の事実は、松永が電力民営論を放棄したことをけっして意味するものではない点である。官民共同出資に言及した同じ『電気公論』の論文の中で、彼は、「世には電力国有論者あり又一方之に反対して私有を主張するものがある、（中略）然し現在の鉄道国営、電信電話の国有から見て吾人は後者に与するものである、之は誰が見ても争はれぬ事実であらう」（松永、一九三三b、四八〇頁）と、明言している。一九三三年以降の松永は、焦燥感を強めながらも、電力民営論着であり続けたわけであるが、この点を明瞭に示したのは、一九三六年から本格化した電力国家管理論争の過程における彼の言動である。

第一次電力国家管理への松永の抵抗

電力国家管理をめざす動きに対して、松永をはじめとする電力業経営者の多くは、激しく反発した。彼らの電力国家管理反対論は、結果的には功を奏さなかったが、それでも国家管理の是非をめぐる激烈な論争を惹起することには成功した。表4・5は、電力国家管理問題に関する松永安左エ門の主要な著作をまとめたものである。

一九三七年十二月に刊行した『刻下の電力問題に就て』(松永、一九三七、表4・5の①に相当する)の目次を示した資料4・2からわかるように、松永は、次のような論点をあげて、第一次電力国家管理に反対した。それは、

①主要な送電設備や火力発電設備を日本発送電へ強制出資させることは、発送配電の分断状況をいっそう深刻なものにし、「豊富で低廉な電力供給」を困難にする

②電気事業経営の根幹を震撼させる電力国家管理を持ち出すことは、現在進行中の電源開発に必要とされる資金の調達を阻害するなどして、非常時に緊要な電力拡充に否定的に作用する

③官民の対立をあおる電力国家管理は、官民の協力なくしてはありえない戦時動力の確保を妨害する

④内外債の担保となっている諸設備の一部を分離させ日本発送電へ出資させることは、債権者の反発を招き、将来の外資導入を困難にする

⑤電気供給に混乱をもたらす日本国内の電力国家管理を強行するよりは、中国大陸や朝鮮半島での

表4－5　電力国家管理問題に関する松永安左エ門の主要な著作

① 『刻下の電力問題に就て―已に財界の焦心事となる―』東洋経済新報社，1937年。
② 「揉み，悩む電力管理案」（『ダイヤモンド』1938年3月11日号）
③ 「配電統制私見」（電気新報社『配電統制論叢』第1輯，1940年）
④ 『非常時下に於て電気事業の国家管理説を排撃せよ』，1940年。
⑤ 『電気問題と我が邦統制の性格』東洋経済新報社，1941年。

資料4－2　松永安左エ門の『刻下の電力問題に就て』（1937年12月）の目次

▷永井逓相国家管理案は頼母木案の延長であり，即発電所を残し中間送電のみを取る事に由り却て業界を複雑困難に陥らしむ．
▷非常時に当り平時的体制に類する変革を試むべきで無い，財界に衝動を与へ不測の災害を及ぼす患がある．其の為め時局に必要なる電力拡充を阻止する．政府の政策は戦時と云ふ線に沿ひ差当りの拡充を必要とする．
▷官民一致協力無くては戦時動力の拡充は出来ぬ，今日其逆に出んとする永井案の如きは戦時の線に沿ふて非常時に処する道で無い．
▷送電線を取上げ特種会社で全電気事業を操縦するのは専売の実行であり，将来種々の困難を来たし，低廉豊富は消滅して電気統制は初めて乱る．
▷国内電力の形態的統制の為め戦時拡充を乱だすよりも海外満支鮮ブロック的電力政策を樹立せざるや．
▷新会社が政府案にて出来するとしても旧来会社の工事中の発電は殆んど不能に陥り国営水力の出来て来る迄電力は欠乏する．
▷内外債が一貫した財産営業権を担保として工場財団となつて居る為め送電火力を分割して之を処理する事は債権者の同意が困難である．
▷戦後の大陸への産業進出，対支経済政策には新たなる外国債は必要である．電力の官営は民間資本の国際流入を阻止する．

電力統制を優先させるべきである

などの論点である。なお、松永は、表4・5の②でも、ほぼ同様の議論を展開した。

長崎事件と桃介の死

第一次国家管理に反対していた松永安左エ門にとって、二つの大きな出来事があった。長崎事件と福澤桃介の死が、それである。

一九三七年一月、長崎市商工会議所で開かれた「新興産業と中小商工業に就て」と題する座談会に出席した松永は、産業の発展は民間主導で実現すべきであるという趣旨の発言のなかで、「官吏は人間の屑である」と言い放った。この発言に対して、同席した長崎県経済部水産課長の丸亀秀雄が激高し、翌日行われた東邦電力長崎支店新社屋の落成式を官公庁関係者がボイコットする騒ぎになった。この騒ぎは「長崎事件」として全国に報道され、中央日刊紙や九州主要日刊紙、地元長崎の日刊紙に松永が謝罪広告を載せることで、ようやく決着した（以上、小島、一九八〇、七二一〜七二六頁）。

長崎事件の翌年、一九三八年の二月に福澤桃介が病死した。享年満六十九歳であった。福澤桃介の電力統制構想は電力国家管理案に近いものであったが、晩年の福澤は、電力統制問題にほとんどかかわらなかった。生涯の盟友であり、ライバルでもあった福澤桃介の死を、松永安左エ門は深く悲しんだ。そして、自らの信念に対して忠実に生きる決意を新たにし、電力国家管理への抵抗をさらに強めた。

第二次電力国家管理への松永の抵抗

第一次電力国家管理が強行されたのちも、松永は、国家管理に対する批判の矢をゆるめなかった。

資料 4－3　松永安左エ門の『電気問題と我が邦統制の性格』（1941年 1 月）の目次

1．実業人は責任を以て国策の前線に立て
2．其の時分意外な電気問題は起りました
3．不必要な水力買上と配電国営
4．財産処理の困難は財界を紊す
5．配電統制に業者は協力せよ（純民間で）
6．電気業者積極奮起す
7．政府に対する陳述要領
8．非常時に施さる四十億資産の編制替は生産を低下する
9．手持五，六億の日発株支払ひ請求の危機
10．村田逓相実行委員に言明す
11．電気事業法に基づく政府監督下の電気統制が最適である
12．其の後の動向
13．イデオロギーが附き纒ふ
14．国営の日発会社が出来たための生産減少
15．独り電気問題で無い，産業界の危機だ
16．統制の性格
　1．社会主義色彩が強い
　2．平面的で立体的で無い，対立的で統合的で無い
　3．官僚机上論で実際的で無い
　4．民生的で無い，指揮であつて指導で無い
　5．メカニズムに過ぎる

資料4・3から窺い知ることができるように、第二次電力国家管理に反対して一九四一年一月に刊行した『電気問題と我が邦統制の性格』（松永、一九四一、表4・5の⑤に相当する）のなかで、彼は、まず、「平面的で立体的で無い、対立的で統合的で無い」、「国営の日発会社が出来たための生産減少」、「民生的で無い、指揮であって指導で無い」、「財産処理の困難は財界を紊《みだ》す」という、それぞれ、一九三七年の『刻下の電力問題に就て』で打ち出した①、②、③、④の論点に通じる議論を展開した。例えば、①の論点につながる議論についてみれば、松永は、「大体統制と云ふものは立体的で一貫主義でなければならぬ。之を平面的にばらばらにすることは、統制の性格としては弱体なものとなる。電気事業を若し統制しようと思ふならば、発送電と配電部門を一貫事業にすべきものであります。之を大体最初から分離した所に統制其のものの性格が悪いのです」（松永、一九四一、二六頁）と、述べている。

そのうえで、松永は、

⑥日本発送電の石炭手当てがうまくゆかないことからわかるように、机上の空論に走り実際的でない官僚主導型のやり方では、電力統制の成果はあがらない

⑦したがって、ドイツでナチスが実行しているように、民有民営の企業形態を前提にして、それを政府が間接的に監督するという方式で、日本においても電力統制を進めるべきである

⑧現に東京電燈や東邦電力は周辺電力会社の統合を積極的に進めており、地域ごとの配電統合は、民間主導型で十分に実現可能である

⑨にもかかわらず、非合理な電力国家管理論が台頭するのは、社会主義的色彩をもつイデオロギーの所産である

などの新たな論点も、『電気問題と我が邦統制の性格』のなかで提示した。例えば、⑧の論点の関連して彼は、「民間のブロックでも何でも宜いから、出来るだけ統合計画をやらうぢやありませぬか、現に東京電燈の如きも現在三十五六の小会社を統合して居ります。東邦電力も矢張二十や二十五はやつて居ると思ひます。各社とも其の地域に於て段々政府の慫慂《しょうよう》に依つて配電会社は一所に纏りつつあります。今少しの間に政府の思つて居られる通り行きます」という意見を、肯定的に紹介している（松永、一九四一、一二頁）。なお、⑥〜⑧の論点について松永は、表4・5の④でも、ほぼ同様の議論を展開した。

以上のように松永は、電力国家管理論争の過程において、徹頭徹尾、電力民営論者としての立場を堅持したのである。

出の東邦電力退社　一方、出弟二郎は、表4・2からわかるように、一九三三年二月に、東邦電力の調査部調査課長に就任した。そして、表4・3が物語るように、一九三四年十月末現在の東邦電力の『職員名簿』には、出の名前は記載されていない。つまり出は、一九三三年から一九三四年にかけての時期に、東邦電力を退社したわけである〔現在の資料状況のもとでは、出弟二郎が東邦電力を退社した時点を、正確に特定することはできない〕。

東邦電力を退社した出は、内閣調査局の専門委員に就任し、奥村喜和男調査官とともに、電力国家

管理論争の出発点となった内閣調査局案を作成した。その後も出は、国策研究会の電力問題特別委員や臨時電力調査会の専門委員となり、第一次電力国家管理の実行案である「永井案」の策定に、深く関与した（電気庁編、一九四二、一一七～一一八頁、松島、一九七五、二〇一頁）。

出が転換した理由　ここで問題となるのは、一九三〇年代初頭まで電力民営論者の松永安左エ門のブレーン的存在であった出弟二郎が、一九三〇年代半ばから「電力国家管理推進の当事者」（松島、一九七五、二〇一頁）に転換したのはなぜか、という点である。この問題を解明するためには、電力国家管理問題に関する出の主要な著作に目を向ける必要がある。表4・6は、それらをまとめたものである。

これらのうち資料4・4として掲げたのは、出が一九三六年九月に全国経済調査機関連合会東京支部会で講演し、同年十一月に電界情報社発行の『電力国営の目標』のなかで発表した、「電力統制強化策に就て」の目次である（出、一九三六a、表4・6の②に相当する）。彼は、この講演の「2」において、「電力の国家的統制を必要とする理由」として、

①典型的な公益事業であり、自然的独占事業である電気事業の本質からみて、「利潤追及を第一義とする自由主義的経済組織の下に経営するのは不適当であり（中略）当然経済統制主義によつて改組し、国家及国民全体の便益の為めに、即ち公益第一主義に経営せられねばならぬ」（「（イ）電気事業の本質上より」）

②技術的にみて、発電経済と配電経済の最大化や、水力資源の最大能力的利用を実現するためには、

表4－6　電力国家管理問題に関する出弟二郎の主要な著作

①「配電事業統制問題私見」（『ダイヤモンド』1936年11月1日号。『電力国営の目標 J 電界情報社，1936年，にも所収。）
②「電力統制強化策に就て」（前掲『電力国営の目標』，所収。）
③「犠牲なき協力（上），（中），（下）」（『ダイヤモンド』1937年12月21日号，1938年1月11日，同月21日号）
④「電力株投資と電力管理案」（『ダイヤモンド』1938年2月11日号）
⑤「英国議会と電力問題」（『ダイヤモンド』1938年3月11日号）

「全国に亘る完全なる送電連絡網を建設し」、「全国的に組織せられた一大系統」を構築することが不可欠であり、そのためには、「電気事業の国家的強力統制を絶対に必要とする」（「（ロ）技術上より」）
③経済的にみて、電気事業は、巨額の低利資金を必要とし、しかも「個人的創意の有効性が極めて薄弱な事業であ」るので、「国営事業として最も適当な事業である」（「（ハ）経済上より」）
④「工業政策上より、電力の国家的、一元的統制が必要とせらるゝのは、大工業の地方分散中小工業の興隆との二方面から」である（「（ニ）工業政策上より」）
⑤農村政策上、農村電化を進展させるためには、電気事業を「全国的の大組織の下に於て、料金の立て方を根本的に変更しなければ」ならない（「（ホ）農村政策上より」）
⑥「国防上充分なる役目をはたすが為め、電力事業は戦時態形に改組し置くこと」が求められており、具体的には、「全国的に綜合統一すること」によって、「発送電並びに其消費を合理化する」必要がある（「（ヘ）広義国防上より」）
⑦電気料金政策上重要な、電気事業資産の公正な評価や電気需要家の

資料4－4　出弟二郎の「電力統制強化策に就て」（1936年9月）の目次

1．前　言

電力問題の重要性，電力問題に対する一般の動向

2．電力の国家的統制を必要とする理由

(イ)電気事業の本質上より

電気事業は典型的な公益事業である，

電気事業は自然的独占事業である，

国有の資源を利用する特許事業，

自由競争は却つて需用者に損害を蒙らしむる事業，

需用者は供給者を自由に選択し得ず，

料金は絶対的安価なるべきもの，

自由主義的経営には不適当なる事業

(ロ)技術上より

水力資源の利用，送電連絡，利水と治水と治山

(ハ)経済上より

(ニ)工業政策上より

(ホ)農村政策上より

(ヘ)広義国防上より

(ト)電気料金政策上より

3．電力統制形式と最近諸外国の電力政策

(イ)民有民営

(ロ)国有国営

(ハ)国有民営

(ニ)公私共同経営

(ホ)民有国営

4．我国の電力統制強化策としての国家管理案

(イ)従来の統制論大要

(ロ)国家管理案の内容

5．新電力政策の影響

6．国家管理案に対する反対論の検討

(イ)電気事業者の反対論に就て

(ロ)其の他のもの丶反対論に就て

公平な負担を実現するためには、「国家的の綜合統一が必要であ」る（「(ト) 電気料金政策上より」）という七点をあげた（出、一九三六a、三七、四二、四三、四七、五二、五八、五九、六四頁）。

出の内的事情の変化

すぐに気づくように、これら七つの論点は、必ずしも一九三〇年代半ばに生じた新たな状況に対応したものではなく、一九三〇年代初頭までの時期についてもあてはまるものである。この点での唯一の例外は、⑥の「広義国防上より」の論点であるが、そこで出が主張しているのは、結局のところ、「全国的に綜合統一すること」によって「発送電並に其消費を合理化する」ことであって、これ自体は、一九三〇年代半ばに特殊な論点とは言えない。

そうであるとすれば、出が電力民営論者から電力国営論者に転じた理由は、一九三〇年代半ばに生じた日本の電力業をめぐる外的状況の変化にではなく、彼自身の内的事情の変化に求めるべきだということになる。そして、出の内的事情の変化としては、以下の三点を指摘すべきであろう。

自主統制への失望

第一は、出が、電力業界の自主統制に失望し、電力業経営者の統制能力を最終的に見限ったことである。

出は、「電力問題に対する直接利害関係者の意見は、全く自己の立場に囚ほれたもの丶みで、大乗的見地から問題を批判したものが唯の一つも表はれて居ません」（出、一九三六a、二四頁）と断じたうえで、「五大電力会社代表の、電力統制に関する意見書の如きは、現に国家が必要とする国民の協力に答ふるものにあらずして、自己の従来の組織の欠陥より得たる利益を失ふまいとする個人的考慮から出たものに過ぎない」（出、一九三七〜三八、(上) 一九頁）とまで言い切った。既述のように、彼は、一九三一年の時点では、「金融資本」主導の電力統制の進展に期待をかけていたが、一九三六年以降の時期には、それも実現不可能であると判断するにいたった（出、一九五八、二七八頁）。

国家主義イデオロギーへの傾斜

第二は、出が、国家主義的、全体主義的イデオロギーへの傾斜を強めたことである。

「経済上の一組織体は国家に隷属するものである」（出、一九三六a、九三頁）、「国家の非常時には国民の個人的利益は第二義以下に置かる可きは当然である」（出、一九三七～三八、（上）一九頁）と考えた出は、電力国家管理を「庶政一新を具現する一つの政治問題」（出、一九三六a、二二頁）ととらえ、「電力国家管理政策は、現在に於ける我国唯一の経済上の革新政策である。国威の発揚と権益の維持拡大との為め、命をすて血を流した百万の忠勇なる帝国軍人に対し、亦銃後を守つた国民大衆に対し、最上の贈り物は、斯の如き革新政策の実行である」（出、一九三七～三八、（中）一四頁）と主張した。そして、「電気事業は自由主義的資本主義の下に、少なくとも現在及将来に於ては放置すべきものではない。（中略）即ち国家資本主義的に、計画経済的に、全体主義的に統制管理すべきで、決して個人的資本主義（若し謂ひ得るならば）の利益収得を第一義とする組織の下に放置するを許さない」（出、一九三七～三八、（上）一九頁）というのが、電力国家管理問題に対する出の結論であった。

国家管理への接近

第三は、出の電力統制構想の内容そのものが、国家管理と結合しやすい性格を強めたことである。

まず、電力業経営者への不信感を強めた出は、かつてみずからが関与した電力プール案も含めて、

「電気事業者側の提案は（中略）総て電気事業者救済或は電気料金値下げ防止、金融資本擁護などを目的としたもので、電気需用者の便益などは、少しも考慮せられて居ない」（出、一九三六a、七三頁）と、断罪するにいたった。そのうえで彼は、すでに一九三一年の講演のなかで示唆していた、電力統制の全国一元化や発送電と配電の分離などの主張を、いっそう明確に展開するようになった。

一九三一年の時点では電力統制は広範囲にわたって進められるべきだと述べるにとどまっていた出は、一九三六年以降の時期になると、電力統制の全国一元化の必要性を明言するようになった（出、一九三七〜三八、（下））。そして、この全国一元化の主張は、水主火従の電源開発方式に対する彼の支持（出、一九三六a、三五頁）と結びついていた。

水力資源が中部山岳地帯から東北南部にかけての一帯に偏在している日本では、水主火従方式の採用は、発送電事業の全国一元化の論拠となりやすい。これに対して、松永安左エ門が主張した水火併用方式は、火力発電所に関する立地上の制約が小さい点を考慮に入れると、電気事業の地域分割と親和的だと言うことができる。

一九三六年以降出は、電力統制の全国一元化とともに、発送電と配電の分離も強調するようになった（表4・6の①、②、③、④）。例えば彼は、「配電事業は比較的多くの商的要素を含む。卸売事業と総て同様に取扱ふことは出来ないと思ふ。従つて其統制政策も、公益事業としての根本的特質と責務とにもとらざる限り、卸売事業とは別に考慮する必要がある」（出、一九三六b、二七頁）と述べ、統制の主たる対象を発送電事業に限定した。一九三六〜三八年の時期に出が電力統制のモデルケースとしたのは、配電事業には手をつけず、発送電事業のみを国家的に統一運営して、事実上の電力専売制を実行した、イギリスのグリッド・システムであった（表4・6の②、⑤）。

一九三六年以降出が強調するようになった、電力統制の一元化や発送電と配電の分離は、国家管理の実施と結合しやすい性格をもっている。この点について、出は、「発電と送電とを国家的に綜合統一し、能率よく発電資源を開発運営するには、全国を一元的に統制するのが最も有効であることには議論の余地がない。それが民間では出来ないのである」（出、一九三七～三八、（下）三三頁）と説明した。

福澤桃介と出弟二郎

本書の第三章で、筆者は、福澤桃介と松永安左エ門の経営行動を比較した際、「国営、発送電と配電の分離、水力中心の電源開発を掲げる福澤の電力統制構想は戦時体制下の電力国家管理に受け継がれ、民営、発送配電一貫経営、水火併用方式を唱える松永の構想は戦後の電気事業再編成に継承された（中略）つまり、電力国家管理と電気事業再編成という日本電力産業史の二大エポックを、はるか以前の時期に、福澤と松永は見通していたわけである。いずれの場合も畏敬の念をこめて、福澤が『電気王』と呼ばれ、松永が『電力の鬼』と呼ばれるゆえんである」と指摘した。しかし実際には、一九三八年に死去した福澤桃介が電力国家管理論争に積極的に関与することはなかった。福澤の構想は、出弟二郎の統制構想に事実上継承されたとみなすことができるのである。

ここまで述べてきたように、一九三〇年代半ば以降、出は徹底的な電力国家管理推進論者として行動した。海外の電気事情に明るく、国内の電力会社の経営にも通じた出が、電力国営論者に転じたことは、国家管理の成立にとってきわめて重要な意味をもったのである。

3　松永はなぜ敗北したのか

電力国家管理は、日本の電力業の発展過程全体のなかで、どのような位置を占めたか。また、松永安左エ門が、先見的な電力統制構想を擁しながら、電力国家管理論争において敗北したのはなぜだろうか。本節では、この二つの論点を掘り下げる。

電力国家管理の非合理性

まず、国家管理の歴史的位置づけについてみれば、電力国家管理は、経済的合理性をもたない日本電力業の発展にとっての長い回り道だったと評価することができる。この見解の論拠としては、以下の三点をあげることができる。

活力の封殺

第一は、電力国家管理が、電力業経営者の創意工夫や民間電力会社の活力を封殺したことである。

戦前戦後を通じて日本の電力業界では、松永安左エ門、太田垣《おおたがき》士郎《しろう》、木川田《きかわだ》一隆《かずたか》、芦原《あしはら》義重《よししげ》らの有能な経営者が輩出し、「科学的経営」を推進した東邦電力や、第二次世界大戦後の高度経済成長期に黒部川第四発電所の建設に取り組んだ関西電力などの、活発な民間企業の活動がみられた。これに対して、電力国家管理のもとでは、まったく逆の状況が現出した。日本発送電と九配電会社が導入した「プール計算制は、一九四二年一〇月から漸次実施された配電料金の全国均一化とあいまって、「事業経営の自主性喪失、電源と市場との有機的結合を阻害（全国均一化料金と表裏の関係において）し、結果的にはプールからの分前争いによる一〇社間の内部対立をそそることとなった」（桜井、一九六四、三五六頁）。そして、結局は、日本発送電と九配電「各社は、経費の算出にのみ熱心であつて、経営の合理化、需要家へのサービス向上等の効力を欠如するとの有力な批判を招いた」（電気事業再編成史刊行会編、一九五二、八六頁）。

第二は、電力国家管理下で採用された、水力中心の発送電事業の全国一元化というシステムが、電気供給の安定性や発電コストの面で問題を残したことである。

水力偏重の問題点

日本発送電が基本方針とした水力重視の潮流主義は、「水力の欠点である渇水がおこると出力減が甚し」（桜井、一九六四、三三四頁）いという根本的な欠陥をもっており、この難点は、早くも一九三九年後半から一九四〇年前半にかけて現実のものとなった。なお潮流主義とは、只見川や信濃川などの大規模電源地帯で豊富かつ低廉な電力を発生させ、それを、東京、名古屋、大阪などの大消費地へ搬送しようという考え方のことである。

また、貯水池式水力発電所がまだあまり存在していない当時の状況下で水力偏重の発電方式をとることには、発電コスト面でも問題があった。なぜなら、第三章でも指摘したように、そのような方式は、需要が増大する冬季が渇水期であり、需要が減退する夏季が豊水期であるという、重大なディレンマを有していたからである。そのため、「冬季の最大負荷を目標として、水力設備を為せば、夏季に於て益々剰余電力の増加を招来する結果となり、而も、設備過大は金利の負担を重くし、引いて原価高を免れぬ」（松永、一九三三b、四七九頁）という状態が生じることになった。つまり、水力偏重の発電方式は、水火併用の発電方式に比べて、発電コストを押し上げる傾向をもっていたのである。

発送電と配電の徹底的分断

第三は、電力国家管理が、発送電事業と配電事業を徹底的に分断したことである。ストックすることができない電気という特殊な商品を取り扱う電力業においては、「電源と市場との有機的結合」（桜井、一九六四、三五六頁）を実現することが、電気供給の安定性を確保するうえでも、発電コストを削減するうえでも重要である。電力国家管理による発送電と配電の分断が経済的にみていかに非合理であったかは、第二次世界大戦後の電気事業再編成にいたる過程で、九配電会社のみならず日本発送電までもが発送配電一貫経営の実現を主張したことに、端的に示されている。

敗北の要因

それでは、このように経済的に非合理な側面をもつ電力国家管理が実行に移されたのは、なぜだろうか。別言すれば、松永が電力国家管理論争において敗北したのは、なぜだろうか。

その基本的な理由は、さきに紹介した出弟二郎の言動からも明らかなように、国家主義的イデオロギーや全体主義的イデオロギーの台頭という、経済外的要因が大きく作用したことに求めることができる。電力国家管理問題は、単なる経済問題の枠を超越して、「庶政一新を具現する一つの政治問題」（出、一九三六a、一二一頁）となったのである。

ただし、本章での検討結果をふまえれば、右の点を指摘するだけでは、決定的に不十分である。と言うのは、松永が焦燥感を募らせ、出が激しく糾弾したことからもわかるように、一九三〇年代の電力業界の自主統制には看過しがたい難点があり、それが、電力国家管理推進論に一定の説得力を与えたからである。出は、一九三六年の時点で、「電気事業者の自主的統制は、総て自己の利益を中心として立案せられ、犠牲的精神は全々《ママ》ないのでありますから、各立場を異にした事業者間で一致した統制案など出来るわけはないのであります」（出、一九三六a、七四頁）と述べた。電力国家管理問題をめぐって松永と出が決裂したのは、難点の存在にもかかわらず電力業界の自主統制の可能性を信じた松永と、それを全面否定するにいたった出との、判断の違いによるものであった。

一九三〇年代の電力業界の自主統制が有していた難点とは、端的に言えば、卸売電力会社と小売電力会社との併存状態が放置されたままだったことである。この面に注目すれば、現状維持原則を掲げた一九三二年の電力連盟の成立は、卸売と小売の並立を固定化し、電力業界の自主統制をむしろ阻害したとみなすこともできる［念のために付言すれば、電力国家管理は、卸売電力会社と小売電力会社との併存という難点を解消するものではなかった。それどころか電力国家管理は、発送電事業と配電事業の分断をむしろ徹底したのである］。

いずれにしても、電力国家管理をもたらした最大の要因は、国家主義的イデオロギーや全体主義的イデオロギーの台頭という、経済外的要因に求めることができる。しかし、もし電力業経営者が、松永が一九二八年の『電力統制私見』のなかで提唱した立体的統制（「発電会社は小売会社に集業せしめ、需給の間に喰い違いを起し、会社の利害異なるため、競争を惹起する弊源を断つべきこと」、前掲の資料3・1参照）を実行に移し、発送配電一貫経営を実現していたとするならば、電力国家管理により効果的に抵抗しえたことは間違いないであろう。

松永の隠居生活

第二次電力国家管理が強行され配電統合が実施されたことにより、一九四二年四月一日、東邦電力は、日本発送電、および中部・関西・四国・九州の各配電会社に出資したうえで、解散した。現役を引退した松永安左エ門は、埼玉県の柳瀬山荘で隠居生活にはいった。

柳瀬山荘の茶室、耳庵には、著名人を含む多数の客が訪れた。その客足が遠のいたころ、日本は敗戦を迎えた。敗戦の翌年である一九四六年の十一月、松永は、完成した神奈川県・小田原市板橋の新居に転居した。

第五章　電気事業再編成におけるリーダーシップ（一九四九〜五一年）

1　電気事業再編成とその影響

松永安左エ門の第一線復帰

先見的な電力統制構想を提唱しながら電力国家管理論争に敗れることになった松永安左エ門は、一九四二（昭和十七）年の配電統合による東邦電力の解散後は、隠居生活にはいった。しかし、第二次世界大戦の敗戦を経た一九四九年に松永は、電気事業再編成審議会の会長に就任し、第一線への復帰をはたした。本章では、電気事業再編成のプロセスで松永が発揮したリーダーシップについて検証する。

電気事業再編成については、それがGHQ［正確には、GHQ／SCAP、General Headquarters / Supreme Commander for the Allied Powers, 連合国最高司令官総司令部］の強権を背景にしたポツダム政令によって実行されたことから、立役者はGHQであったという見方が根強い。しかし、以下の記述によって、電気事業再編成の真の主役は松永安左エ門であったことが明らかになるであろう。

電力行政所管の変動

第二次大戦の戦時経済統制の一環として一九三九年に始まった電力国家管理は、一九四五年八月の敗戦後ただちに撤廃されたわけではなく、一九五一年四月まで継続した。発送電部門は一九三九年四月に誕生した日本発送電株式会社が担当し、配電事業は一九四二年四月に設立された地域別の九配電会社（北海道配電、東北配電、関東配電、中部配電、北陸配電、関西配電、中国配電、四国配電、九州配電）が遂行するという電力国家管理下の事業体制は、一九五一年五月の電気事業再編成まで変わらなかった。

一方、電力行政の所管の面では、電力国家管理下でいく度かの変動がみられた。電力国家管理の実施官庁として一九三九年四月に発足した電気庁は、逓信大臣の管理に属していた。戦前の日本においては電力行政の主管官庁は逓信省であったが、電気庁の発足によっても、この点に変りはなかった。電気庁は一九四二年十一月に廃止され、代って逓信省電気局が電力行政を所管することになった。このような逓信省管轄下の電力行政のあり方に大きな変化が生じたのは、戦争たけなわの一九四三年十一月のことであった。この時、軍需省が発足し、逓信省電気局に代って新たに軍需省電力局が、電気および発電水力に関する事務をつかさどることになった。

一九四五年八月十五日の敗戦直後、戦時体制解体の一環として軍需省が廃止され、同月二六日に商工省が復活した（商工省は、軍需省の発足に際して廃止されていた）。そして、軍需省電力局が担当していた業務は、商工省電力局に引き継がれることになった。こうして、第二次大戦を経ることによって、電力行政の主管官庁は、逓信省から商工省へ移行した。なお、商工省の通商産業省（通産省）への改組にともない、一九四九年五月以降、通産省が電力行政の所管官庁となった。その際、通産省の外局として資源庁が発足し、資源庁電力局が従来の商工省電力局の業務を継承した。以上が、電力国家管理のもとで生じた電力行政所管の変動の全容である。

電力国家管理の終焉

国家管理下におかれた日本の電力産業に対しては、戦時期においても占領期においても、意図的な低料金政策が採用された。表5・1にあるように、終戦後だけでも一九四六年一月から一九四九年十二月にかけて五度にわたって電気料金は値上げされたが、これらの値上げは、あくまで昂進するインフレーションをあと追いしたものにすぎなかった。戦時統制期に電気料金の上昇率は消費者物価上昇率に大きく遅れをとっていたが、この格差は占領期にいっそう拡大した。

電力国家管理下の政策的低料金は、当然のことながら電力会社の業績の悪化をもたらした。このような事態に対処するため、

表5－1　電気料金指数と消費者物価指数

年　次	電灯料金（定額）	電力料金（小口）	消費者物価
1937年	100	100	100
45	155	114	327
49（12月）	6,541	4,826	25,811

注：1．電気料金指数は，全国各地帯を代表する10都市における供給規程料金にもとづき算出。
2．消費者物価指数は，日本銀行調査の東京小売物価指数による。
3．1949年12月の電気料金指数は，物価庁作成の地帯別新旧料金比較表にもとづき全国平均値上げ率を算出し，旧料金指数に乗じたもの。
出典：資源庁電力局『電気事業再編成関係資料（其の三）』，1950年。

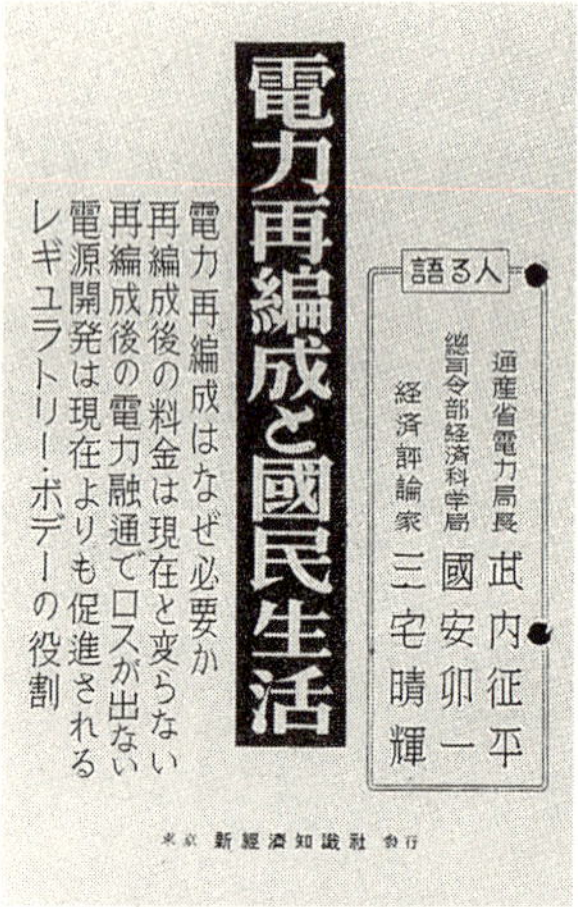

「電力再編成と國民生活」

一九四五年度いっぱいで打ち切られた政府補助金に代って、一九四六年度からは本格的なプール計算制が導入された。これは、電力十社（日本発送電および九配電会社）の損益をプールして計算するものであったが、「このプール計算制（とくに期末実績で共同計算を行う決算プール）は、各配電会社の経営の自主性と合理性をしだいに喪失させる悪弊となっていた。すなわち、各社は経費算出にあたって、プールからの分け前をいかに有利にするかの駆引きに力を入れるようになり、経営合理化への意欲を失わせる結果となったのである」（関西地方電気事業百年史編纂委員会編、一九八七、五四七頁）。

足かけ十三年間にわたった電力国家管理に終止符を打ったのは電気事業再編成であり、それは、一九五〇年十一月にポツダム政令として公布された電気事業再編成令と公益事業令にもとづいて実行された。まず、一九五〇年十二月に総理府の外局として公益事業委員会が発足し、通産省は電力行政の主管官庁としての地位をいったん失った。そして、翌一九五一年五月には民間九電力会社（北海道電力、東北電力、東京電力、中部電力、北陸電力、関西電力、中国電力、四国電力、九州電力）が誕生し、日本発送電と九配電会社が解散して、電力国家管理は終焉した。

電気事業再編成は、その後の日本電力業の発展過程に大きな影響を及ぼした。ただし、次章で詳しく述べるように、再編成の結果登場した民営九電力体制は、ただちに安定したわけではなく、それが定着するまでには長い時日を必要とした。

電気事業再編成がその後の日本電力業の発展過程に及ぼした影響としては、以下の四つの事柄に注目する必要がある。

火力開発の促進

第一は、電源開発に対する影響である。「凧揚げ地帯」方式（大消費地をかかえる電力会社には給電地域以外にも電源保有を認める方式）を採用し、地域別に発送配電一貫経営の民間電力会社を創出した電気事業再編成は、自らの供給区域内で消費される電気については、当該会社が基本的には自前で供給するという原則に立っていた。再編成当時日本の電源構成は圧倒的に水主火従だったが、地域ごとに九電力会社各社が供給責任をもつという新方式は、いくつかの電力会社に火力発電所の建設を急がせることになった。なぜなら、水力資源は日本列島の一部地域に偏在しているため、九電力会社のすべてがそれを十分に享受することはできなかったからである。

企業別労働組合の制覇

第二は、労使関係に対する影響である。一九四七年五月に結成された電産（日本電気産業労働組合）は、炭労などとともに、敗戦後の労働運動の高揚を中心的に担った代表的な産業別労働組合であった。しかし、一九五一年に全国一社体制で発送電事業に携わっていた日本発送電が解散し、地域別に九電力会社が誕生したことは、全国単一組織である電産の存立基盤をあやうくした。結果的にみて、電気事業再編成は、労使対決色の強い産業別労働組合の電産が、労使協調路線に立つ九電力会社内の企業別労働組合に、運動の主導権を奪われてゆく出発点となった。

パフォーマンス競争の開始

第三は、企業間競争に対する影響である。

既述のように、電気事業再編成以前にはプール計算制が採用されていたため、九配電会社が互いにしのぎを削って経営合理化に努めるという状況は、起こるはずもなかった。これに対して、再編成後は誕生した九電力会社がそれぞれ独立して決算を行うようになり、サービス面や料金面などでつねに比較される立場におかれた電力各社は、相互にパフォーマンス面で競争しながら、経営合理化に取り組むようになった。もちろん、地域独占に立脚した九電力会社間の競争は、同一市場をめぐる通常の企業間競争の場合と比べれば、限界性をもっていた。しかし、電力業が代表的な公益事業であり、公益事業は供給物の不断必需性と供給独占性の二大特性をもつと一九七四年の時点で言われていた（細野、一九七四、一五頁）事情を考慮に入れれば、九電力会社間の競争が特異な様相を呈したのは、いわばいたしかたのないことであった。

この点に関連して、一九五九年から一九八三年にかけて関西電力の社長、会長をつとめた芦原義重は、電気事業再編成後の九電力会社間の競争について、「完全に自由にした場合、一地域で二つの会社ができてしまっては、道路の両側に別別の電柱を建てるというようなことになって非常に無駄が多い。それでコストが高くなっては、国民も非常に損害を受けることになりましょう。だから自由主義でいって、しかも効率経営をやらせるためには、やはり地域独占にするより仕方がない。ただ地域独占とはいっても、全国でだいたい同じような規模の会社がいくつかあれば、サービスの点などで競争することになりますから、競争原理は必ず残る。そうして地域独占の代償として、政府が料金の認可とかいろいろな規制を加えていく、そういうことになったわけです」（由井編、一九七八、七一頁）と述べている。

民間出身経営者の選任

第四は、トップマネジメントに対する影響である。

電気事業再編成によって発足した公益事業委員会の委員長代理に就任した松永安左エ門は、新設された九電力会社の役員人事に関しても辣腕をふるった。人事に当って松永が力点をおいたのは、電源開発やサービス向上に熱心で民間企業のトップにふさわしい人物を選任することであった（松永、一九七六、六七頁）が、関西電力社長に太田垣士郎を起用したことは、その典型的事例であった。京阪神急行電鉄社長だった太田垣は、一九五〇年四月に電気事業再編成法案と公益事業法案を審議中の第七国会に公述人として呼ばれた際に、経営責任体制の確立と経営者による企業者意欲の発揚の必要性を強調し、電力国家管理を批判して、民営九ブロック化実現を主張していた（関西地方電気事業百年史編纂委員会編、一九八七、五〇六〜五〇七頁）。

また、電気事業再編成を準備する過程で松永のもとに参集した各配電会社の幹部の中からも、その後の電力産業の発展をリードした人材が輩出した。当時、再編成推進の「三羽烏」と称された関東配電の木川田一隆、関西配電の芦原義重、中部配電の横山通夫の三人（小島、一九八〇、八九六・九五一頁）は、のちにそれぞれ東京電力、関西電力、中部電力の社長となり、高度経済成長期の電力業界のリーダーとして活躍した。

2　再編成のプロセスと松永の活動

前節では、電気事業再編成を概観し、それがその後の日本の電力業のあり方に及ぼした影響について考察した。本節では、電気事業再編成のプロセスをやや詳しく掘り下げ、そこでの松永安左ヱ門の活動ぶりに光を当てる。

五つの局面

この節の記述は、『日本電力業の発展と松永安左ヱ門』（橘川、一九九五）の第七章での分析をふまえたものである。記述に当たっては、主としてＧＨＱや商工省の再編成担当者たちの動向を伝えるアメリカ・ワシントンＤＣ郊外のナショナル・アーカイブス別館（National Archives at College Park）が所蔵するレコード・グループ・ナンバー三三一のＧＨＱ／ＳＣＡＰ文書や、主として商工省の動向を伝える古池信三［一九四五年十月～一九四八年一月の商工省電力局長］の文書などを使用するが、本書では、紙幅の制約上、これらの一次資料の明細を記すことができない。一次資料の明細については、『日本電力業の発展と松永安左ヱ門』の第七章や他の文献（橘川、一九八九、橘川、一九九〇～九一）を参照されたい。

電気事業再編成のプロセスは、

①一九四五年八月の敗戦から一九四八年一月まで

②一九四八年二月から同年十二月まで
③一九四九年一月から同年九月まで
④一九四九年十月から一九五〇年三月まで
⑤一九五〇年四月から同年十一月まで

という五つの局面に分けてとらえることができる。この時期区分は、基本的には、電気事業再編成に対するGHQの関与のしかたの変化にもとづくものである。GHQは、①の時期に電気事業再編成に着手し、②・③の時期に再編成に関する基本方針を確立した（とくに③の時期には、再編成に関するGHQの動きが活発化した）。そして、④の時期に電気事業再編成の実行案の作成に関与し、⑤の時期に再編成の実施に影響力を行使したのである。

松永安左エ門が電気事業再編成に直接かかわるようになったのは、意外に遅く、右記の④の局面からである。しかし、松永は、後述するように、再編成の帰趨を決定づける重要な役割をはたすことになった。

電気事業再編成の胎動

電気事業再編成の第一局面は、敗戦から一九四八年一月までの時期である。従来、一九四八年二月の電力業に対する過度経済力集中排除法（集排法）の適用をもって、電気事業再編成にGHQが関与し始めたかのような記述がなされてきた（例えば、小林康、一九六四、三八六〜三八八頁）が、じつは、GHQが再編成に着手したのは、一九四八年一月以前のことである。

そして、GHQより早く電気事業再編成の胎動をもたらしたのは、電力国家管理以前に公営電気事業を経営していた地方自治体（公営電気復元運動史編集委員会編、一九六九、六九〜七〇頁）や、戦後誕生したばかりの電力業の労働組合であった。とくに後者の活動はめざましく、一九四六年の秋季闘争において日本電気事業労働組合協議会（電産労協）は、電気事業の社会化や全国一元化などの自らの要求を、日本発送電の総裁や九配電会社の社長に認めさせることに成功した。

ここで問題となるのは、のちに全国一社化を提唱した日本発送電はともかくとして、のちに九ブロック化を主張した九配電会社が、なぜ、電産労協の全国一元化案に同調したのかという点である。この問題に対して確たる解答を与えるには残念ながら資料不足であるが、ここでは、①九配電会社が、敗戦直後の猛烈な勢いの労働攻勢に抗しきれなかった、②電力国家管理下では日本発送電が主役で九配電会社が脇役という役所が定着していたので、日本発送電の動きに追随した、などの事情が作用したものと考えられる。

GHQの基本方針

ところで、GHQが電気事業再編成を具体的に検討し始めたことを示す、GHQ／SCAP文書中の管見のかぎりで最も早い時点の資料は、一九四七年四月のものである。この資料によれば、同月十五日に開催された日発に関する会議の席上、GHQ経済科学局（ESS）反トラスト・カルテル課のブッシュ（I. T. Bush）は、①独立性の強い新たな電力行政機関の創設と、②地域別分割による発送配電一貫経営への移行、の二点を主張した。そして、これらの点は、GHQが電気事業再編成の全過程をつうじて堅持する基本方針となった。

当時、電力業に関する日本政府内の主管官庁であった商工省は、敗戦後必至と目されていた電力行政機構の変更について、中央電気委員会の設置といういわば「微調整」によってこれをクリアし、電力業への監督権を保持し続けようとしていた。一九四七年七月に商工省から中央電気委員会設置についての照会を受けたＧＨＱは、経済科学局が中心となって、この問題を検討した。しかし、ＧＨＱの内部では商工省の官僚統制が日本の電力業の発展を阻害しているという見方が支配的だった（橘川翻訳・解説、二〇〇〇、三三〜三四頁）ため、関連部局である経済科学局労働課、同反トラスト・カルテル課、同法規課、および民政局は、いずれも、商工省主導の電気委員会設置に反対した。この内部検討をふまえて、ＧＨＱ経済科学局長のマーカット（W. F. Marquat）は、一九四七年七月十七日に商工大臣水谷長三郎にあてて覚書を発し、その中で、商工省電力局を廃止すること、中央電気委員会ではなく独立性の強い五人委員会を新たな電力行政機関として設置すること、電力業の企業形態の再編成を検討すること、などを求めた。この覚書は、ＧＨＱによる電気事業再編成への着手宣言とみなしうるものであった。

ＧＨＱは、一九四七年七月三〇日の商工省との会談において、独立性の強い新たな電力行政機関の創設をかさねて主張した。そして、同年九月四日の商工省との会談において、電力業の企業形態の改変案として、地域別民営会社による発送配電一貫経営案を打ち出した。

このようにＧＨＱは、一九四八年一月以前の時期のうちに、①独立性の強い新たな電力行政機関を創設する、②地域別民営会社による発送配電一貫経営を実現する、という、電気事業再編成にのぞむ二つの根本原則を確立した。ただし、この二点をいかに具体化するかということは、次の時期以降に残された課題となった。

初期の商工省の姿勢

一方、一九四七年九月四日の会談でGHQから地域別民営会社案を示された商工省は、ただちに同案に対する批判的見解をまとめた。商工省が地域別民営案を批判したのは、当時同省が、電力業の企業形態改変に関して、国営形態の継続と全国一社化をめざしていたからであった。

商工省は、前年に続いて一九四七年秋にも発生した電産争議に際して、電気事業の民主化については労使の一致を尊重する方針をとった。先述したように、一九四六〜四七年の時期には、電産労協ないしその後身の日本電気産業労働組合（電産）と日本発送電・九配電会社の労使双方は、「電気事業の社会化」や「全国発送配電事業の一社化」をめざすことで、一応合意していた（電産労協が発展的に解消して、産業別単一組織である電産が発足したのは、一九四七年五月のことであった）。この「全国発送配電事業の一社化」をめざす「電気事業の社会化」案は、根拠とするイデオロギーは異なるものの、実態としては、商工省が支持する全国一社による電力国営案に近い内容をもっていた。一九四六〜四七年に商工省が労使間の一致を尊重する方針をとったのは、こうした事情をふまえたものだったと考えることができる。

集排法の適用

電気事業再編成の第二局面は、一九四八年二月から同年一二月までの時期である。一九四八年二月二二日に持株会社整理委員会が、GHQの意向を受けて、日本発送電および九配電会社に集排法を適用したことは、電気事業再編成をめぐる動きを一挙に活発化させる契機となった。集排法指定を受けた日本発送電と九配電会社は、一九四八年四月二二日、それぞれ別々に再編成計画書を持株会社整理委員会へ提出したが、日本発送電の計画書は全国一社化を主張し、九配電会社のそれは民営地域別九社による発送配電一貫経営を提唱した。つまり、九配電会社は、集排法指定を機に従来の全国一社案への同調をとりやめ、九ブロック案へ方針転換したことになるが、これは、①電力業への集排法適用によって全国一社案に対するGHQの反対の意向が明瞭になり、全国一社化の現実性が低下したこと、②「逆コース」と言われるように、敗戦直後の労働攻勢にかげりがみえたこと、などによるものであろう。

日本発送電と九配電会社が再編成計画書を提出してから八日後の一九四八年四月三〇日に、電気事業再編成の具体案を作成するため、商工大臣の諮問機関として電気事業民主化委員会が発足した。電気事業民主化委員会は、東大教授で電気学会会長の大山松次郎を委員長とし、日本発送電・九配電会社・電産・地方公共団体・電気需要者などの代表を委員として、一九四八年十月一日まで十九回にわたって審議を重ねた。

五ブロック案とウエルシュ発言

一方、GHQは、一九四八年二月の電力業への集排法適用以降、すでに前の時期に確立した、①独立性の強い電力行政機関を新設する、②地域別民営会社による発送配電一貫経営を実現する、という電気事業再編成に関する二つの根本原則を、いかに具体化するかという課題に取り組むようになった。そして、その際ポイントとなったのは、②の企業形態改変実の作成であった。以下で述べるように、GHQは、②の具体化に関して動揺を重ねた。これとは対抗的に、①の具体化についてのGHQの姿勢は、揺るぎないものであった。

GHQが②の具体化として最初に本格的に検討した地域分割案は、一九四八年七月の経済科学局工業課のスタッフ・スタディが提唱した、北海道、東本州（東北と関東を含む）、西本州（中部と北陸と関西と中国を含む）、四国、九州の五ブロック案であった。ただし、この五ブロック案は、調査検討範囲が不十分だったこともあって、GHQの内部で支持を得ることができなかった。そのことは、ほぼ同時期の一九四八年六月三〇日に、同じ経済科学局の反トラスト・カルテル課長であるウエルシュ（E. C. Welsh）が、記者会見の席上、「九配電会社の機構上の分割はない見込である」、「集排法によれば他の配電との合併命令はだされないであろう」、と発言した（電力政策研究会編、一九六五、二六七頁）ことからも窺い知ることができる。

現状維持方針への転換

少なくとも、当時、日本の電力業関係者に大きな衝撃を与えたのは、経済科学局工業課の五ブロック案の方ではなく、ウエルシュ反トラスト・カルテル課長の発言の方であった。例えば、それまで全国一社化を掲げてきた日本発送電は、「九配電会社の機構上の分割はない見込である」とのウエルシュ発言を受けて、事実上現状維持をめざす方針に転換した。また、一九四八年十月一日にまとめられた電気事業民主化委員会の答申も、北海道と四国で発送配電一貫経営会社を新設するものの、本州と九州では現行体制を基本的に維持するという、現状維持色の強いものとなった。そして、商工省も、一九四八年には、電力業の企業形態改変問題に関して、現状維持方針への傾斜を強めた。

ここで注目する必要があるのは、電気事業民主化委員会において九配電会社の代表が、現状維持色の強い答申に賛成した（電気事業再編成史刊行会編、一九五二、三一四頁）ことである。このことは、一九四八年一月以前に九配電会社が全国一社案に同調していたこととあわせて、九配電会社が、電気事業再編成の最終実行案となった民営地域別九分割案の形成過程において、主役ではなかったことを意味している。

ところで、ここまで述べてきたことからも明らかなように、電力業の企業形態改変を具体化させようというGHQの動きは、一九四八年中にはさしたる進展を示さなかった。その動きが活発化したのは、一九四九年にはいってからのことであった。

電気事業再編成の第三局面は、一九四九年一月から同年九月までの時期である。

GHQの七ブロック案

一九四九年になると、電気事業再編成に対するGHQの姿勢は、従来よりも積極化した。まず、同年二月十五日に経済科学局工業課が再編成に関するスタッフ・スタディをまとめたが、この報告書の最大の特徴は、発送配電一貫経営の地域別電力会社を北海道、東北、関東、関西（中部と北陸も含む）、中国、四国、九州に七社設立するという、七ブロック案を提示したことにあった。

経済科学局工業課の一九四九年二月のスタッフ・スタディは、同課の一九四八年七月のスタッフ・スタディとは異なり、幅広い調査検討をふまえたものであり、より大きな説得力をもっていた。一九四八年のスタッフ・スタディが打ち出した五ブロック案に同調しなかった経済科学局反トラスト・カルテル課長のウエルシュも、一九四九年のスタッフ・スタディが提唱した七ブロック案については、すぐに支持の意を表明した。また、経済科学局工業課の七ブロック案は、おりから活動中の集中排除審査委員会にも、好意的に受け入れられた。一九四九年五月十日に集中排除審査委員会のバーガー(E. J. Burger)委員が日本発送電の森壽五郎理事に対して七ブロック案を内示したのも、この流れに沿うものであった。

通産省とGHQとの折衝

バーガーの七ブロック案内示は、当時、問題の曖昧化による電力業の企業形態の現状維持をねらっていた日本側関係者に、大きな衝撃を与えた。

通産大臣(商工省は一九四九年五月二五日に通商産業省に改組された)稲垣平太郎は、GHQのマーカット経済科学局長にあてた一九四九年五月二五日付の書簡で電気事業再編成の延期を要請したが、GHQ側の姿勢が強いことを知ると、六月八日付の同局長あての書簡では、要望の重点を日本サイドで再編成の具体案を作成することに移した。当時、GHQが電気事業再編成の実施にいかに意欲的になっていたかは、GHQ/SCAP文書中のいくつかの資料から読み取ることができる。

稲垣通産大臣は、一九四九年六月二二日のマーカット経済科学局長との会談の席上においても、電気事業再編成の具体案を作成する審議会を通産省に設置することを希望した。一連の稲垣による申し入れに対して、GHQ側は、経済科学局工業課長ヴォーン(W. S. Vaughan)名の一九四九年七月九日付の覚書で回答した。この覚書は、「新設せられるべき会社の数は電力再編成案がこれを明示するものとする」としていたが、これを受け取った通産省は、「再編成計画の立案は日本政府に委ねられた」と判断した（電気事業再編成史刊行会編、一九五二、三三四頁）。

たしかに、一九四九年七月にはＧＨＱの内部で、電気事業再編成の具体案作成に日本サイドも関与させるべきだとの意見が高まったのは事実である。しかし、通産省が判断したように、ヴォーンの覚書をもってＧＨＱが七ブロック案を棚上げしたとみなすのは、やや早計であった。と言うのは、一九四九年八月まではＧＨＱ内部で、七ブロック案が電気事業再編成の最有力の実行案と考えられていたからである。

七ブロック案強行の回避

ただし、同時に見落すことができないのは、一九四九年五月ごろからＧＨＱの内部で、七ブロック案に対する異論が出始めていた点である。それは、七ブロックに分割した場合、本州の中央部にできる関東と関西（この関西には、中部と北陸も含む）の二つの電力会社の規模が大きすぎるから、それぞれをさらに二分割して、結果的には九ブロック化を実現しようという異論であった。なお、この九ブロック案は、関東を二分割する点、および中部と北陸を含む関西を三分割せず二分割する点で、電気事業再編成の最終実行案となった九ブロック案とは、内容を異にしていた。

ＧＨＱ内部で七ブロック案に対する異論が生じたこと、電力業の新たな監督機関として設立が予定された公益事業委員会の権限について経済科学局価格配給課がクレームをつけたことなどによって、一九四九年五〜七月に日本サイドが懸念したＧＨＱによる七ブロック化の強行という事態は、結局、回避された。

改変案作成の日本側への委譲

このような状況のもとで、マーカット経済科学局長は、一九四九年八月十日の稲垣通産大臣との会談の席上、同年夏に来日した経済科学局生産・企業理事のケネディ（T. O. Kennedy）とよく相談することという条件をつけながらも、電気事業再編成の具体案を日本サイドが作成することを認めた。つづいてGHQは、一九四九年九月二七日に通産省にあてて、①電力局（商工省の通産省への改組にともない、電力局は、通産省の外局の資源庁に所属するようになった）の廃止とそれに代る調整機関としての公益事業委員会の新設、②七ブロック化ないし九ブロック化の実行、などを主要な内容とする非公式覚書を発した。このうち②で、GHQが電力業の企業形態改変について複数のプランを示したことは、事実上、具体的なプラン作成を日本サイドにゆだねることを意味した。

以上のようにGHQは、一九四九年九月までに、電気事業再編成の一つの柱である企業形態の改変については、地域分割、民営、発送配電一貫経営という大枠を提示しながらも、具体的なプランの作成を日本サイドにゆだねるという方針に行き着いた。これに対して、再編成のいま一つの柱である電力行政機構の改変については、GHQは、電力局を廃止して代りに独立性の強い公益事業委員会を新設するという自らの見解を日本サイドにおしつける姿勢を、一九四九年を通じて一貫して堅持した。電気事業再編成の二つの柱に対するGHQの対応が対照的であったことは、大いに注目に値する。

松永安左エ門の登場

電気事業再編成の第四局面は、一九四九年十月から一九五〇年三月までの時期である。この半年間は、民営地域別九分割という電気事業再編成の最終実行案が成立した時期であり、企業形態改変面での再編成の準備が佳境を迎えた重要な時期だと言える。その時期に、舞台の前面に一挙に躍り出たのが、ほかならぬ松永安左エ門であった。

ＧＨＱが電気事業再編成の具体案作成を日本サイドに委ねる方針を決めたことを受けて、一九四九年十月四日に経済科学局公益事業・燃料課長のロームス（G. R. Roames）が、「公益事業委員会設置案」とともに「電力事業再編成勧告委員会案」を通産省に手渡した（電気事業再編成史刊行会編、一九五二、三三七〜三三九頁）。この「勧告委員会案」は、電気事業再編成の具体案を作成する日本サイドの審議会を設置することは認めるが、それを通産省の諮問機関とすることは認めないというものであった。これに対して、具体案作成に携わる審議会を自らの諮問機関とすることに執着していた通産省は、精力的に巻き返しを図った。そして、一九四九年十月二六日、十一月二日、十一月九日の稲垣・マーカット会談を通じて、審議会を通産省の諮問機関とすることに成功した。

以上のような経緯を経て、通産大臣の諮問を受け、電気事業再編成の具体案作成を任務とする電気事業再編成審議会が、一九四九年十一月二四日に発足した。審議会発足にあたって注目すべき点は、吉田茂首相や稲垣通産大臣が率先して、会長に松永安左エ門をすえるために動いた（大谷、一九八四、一三八〜一三九頁）ことである。

電気事業再編成審議会の会長に就任した松永は、戦前の五大電力の一角を占めた東邦電力の社長をつとめた人物であり、電力国家管理に最後まで抵抗した徹底的な電力民営論者として知られていた。また、松永はすでに一九二八年の時点で体系的な『電力統制私見』を発表していたが、その内容は、すでに第三章で論じたように、二十三年後の電気事業再編成において最終実行案となった民営地域別九分割案とほぼ同一であった。したがって、松永を電気事業再編成審議会の会長に起用すれば、民営地域別九社による発送配電一貫経営という九ブロック案を持ち出すであろうことは予測できたわけであり、一九四九年十一月の時点で吉田首相と稲垣通産大臣は、「九ブロック化やむなし」という判断にある程度傾いていたと言うことができよう。

電気事業再編成審議会と松永

一九四九年十一月二四日に発足した電気事業再編成審議会は、一九五〇年一月三一日までに十七回の本会議を開くとともに、都合七回にわたってGHQとの会談をもった（電気事業再編成史刊行会編、一九五二、三四〇〜五二四頁）。その際、GHQを代表して会議に参加したのは、ケネディ、ロームス、およびロームスの部下のキャッシュ（J. B. Cash）などであった。

電気事業再編成審議会でイニシアチブを発揮したのは会長の松永安左エ門であり、松永は、着々と九ブロック案作成の準備を進めるとともに、会長「就任当初から努めて総司令部に出頭し」（松永、一九七六、二九頁）、ケネディやロームスらのGHQ側担当者を説得することに全力をあげた。もともと、発送配電一貫経営の地域分割や民営を念頭におくケネディやロームスの考え方と松永の九ブロック案とのあいだには決定的な違いはなく、松永の回想によれば、「ロームス氏は大体私の意見に賛成的」となり、「ケネディ氏も私の説に賛成してくれ」るという状況がうまれた（松永、一九七六、三〇〜三一頁）。現にロームスは、一九五〇年一月十二日の時点で、松永案を高く評価した。また、マーカット経済科学局長は、一九四九年十二月二一日に、当面、電力業関連の官僚や電力会社の役員の人事異動を行うべきでないという、やや奇妙な内容の覚書を稲垣通産大臣にあてて発したが、これは、日本サイドの反松永勢力の動きを封じ込めるためのものであった。

融通会社案の台頭

しかし、電気事業再編成審議会でイニシアチブを発揮していた松永は、一九五〇年一月九日ごろから二つの面で困難に遭遇するようになった。

一つは、審議会の内部で松永の九ブロック案に対する有力な対案として三鬼隆《みきたかし》委員が提唱した融通会社案が台頭し、やがては、松永会長以外の委員四名全員が三鬼案を支持するようになったことである。この三鬼の融通会社案は、松永案の九社のほかに日本発送電の発電能力の四二％を継承する電力融通会社を別立するというものであり、事実上の日本発送電存続案と言えるものであった［日本製鐵社長の三鬼隆が融通会社案を提唱したのは、日本発送電を中心とする国家管理体制下での電気料金の政策的低位によって利益を得ていた、鉄鋼会社等の電力ユーザーの立場を反映したものである］。

松永が電気事業再編成審議会において孤立するようになった一つの要因は、彼の強引な議事運営に対して、反発が強まった点に求めることができる。松永は、事務局を構成する通産官僚とも、九ブロック案に反対する他の委員とも激しく対立したのである。

ＧＨＱの十分割案

一九五〇年一月に松永が直面することになったいま一つの困難は、ＧＨＱが突然、十分割案を持ち出したことである。

一九五〇年一月十九日の電気事業再編成審議会委員とＧＨＱ代表との会談の席上、ケネディは、突如として十分割案を提案した。この十分割案は、①九ブロック以外に信越地区にも電力会社を新設する、②地域分割にあたっては、松永が主張しているいわゆる「両揚げ地帯」方式（大消費地をかかえる電力会社には給電地域以外にも電源保有を認める方式）を排して、属地主義（給電地域と電源地域を一致させる方式）を採用する、という二点で松永案と異なっていた。

ここで問題となるのは、松永によるケネディやロームスの説得がある程度成果をあげていたにもかかわらず、なぜ、GHQが、突如として十分割案を持ち出したのかという点である。いまのところ、この疑問を解明するデータは、GHQ／SCAP文書の中には見当らない。

ただし、松永は、後年の回想記の中で十分割案について、「経済科学局電気ガス課［正確には、公益事業・燃料課…引用者］員エヤース大佐の案らし」（松永、一九七六、二五頁）いと指摘し、ケネディやロームスはエヤースの考えに必ずしも賛成ではなかったと述べている（松永、一九七六、二九〜三一頁）。GHQ／SCAP文書の中に十分割案提案にいたる経過やエヤースに関する記述が見当らない点からみても、いかにも急ごしらえだったと思われる十分割案が一時的にせよGHQ内部で認知されたのは、松永が言うように、「エヤースは職業軍人であるが、元は米国の中小電気会社の技師をしていたことがあり、職業軍人に転じたもののそれなりに電業事業については一個の考え方を持ってい」（松永、一九七六、二七頁）た、という事情によるのかもしれない。

審議会の答申とGHQの反応

電気事業再編成審議会は、一九五〇年一月三〇日付のマーカットの非公式覚書に促された形で、二日後の二月一日に答申をまとめた。

同審議会は、本答申として多数意見の融通会社案を採用し、参考資料として松永会長の九ブロック案を添付するとともに、答申書中にGHQの十分割案に反対することを明記した。

十分割案への傾斜を強めていたGHQは、一九五〇年二月十一日付のマーカット経済科学局長の覚書で電気事業再編成審議会の本答申に盛り込まれた融通会社案を強く否定しただけではなく、参考資料として添付された松永案にも批判を加えた。GHQのこの姿勢は、一九五〇年二月いっぱい変わらなかった。

最終実行案の成立

一方、マーカットの覚書で窮地に立たされた通産省は、GHQの拒否反応が強い融通会社案を採用することを断念し、GHQの批判の度合が小さい松永案を前面に立てて、局面の打開を図ることにした。そして、一九五〇年二月十四日の省内の首脳会議で、「原則的に再編成については、答申に参考意見として附記せられていた松永九ブロック案を採用し、電力行政機構については答申案を骨子とすることに決定し」（電気事業再編成史刊行会編、一九五二、五三四頁）た通産省は、①企業形態の改変については九ブロック化を実現する、②その際、分割方式としては「凧揚げ地帯」方式を採用する、という松永案を継承した二点に、③電気料金の地域差調整のために特別措置を講じる、④電力行政機構については現状を維持するとともに通産大臣の諮問機関として公益事業審議会を設置する、という二点を加えた合計四点を要望事項として、二月二三日からGHQとの本格的な折衝にはいった（電気事業再編成史刊行会編、一九五二、五三六～五三八頁）。

折衝は難航したが、それでもGHQは、一九五〇年三月十日に、通産省の四点の要望のうち①・

②・③を受け入れた。ただし、残る④の要望については、GHQは、断固としてこれを拒否した。資源庁電力局を廃止し、独立性の強い電力行政機関として公益事業委員会を創設するというGHQの意見は、一九四九年十月〜一九五〇年三月の時期においても揺ぐことはなかった。結局、電力行政機関の改変に関しては、一九五〇年三月二九日に通産省が④の点を断念し、資源庁電力局の廃止と公益事業委員会の創設をめざすことが決まった。

こうして、一九五〇年三月末には、企業形態については「凧揚げ地帯」方式による九ブロック化、つまり地域別民営九社による発送配電一貫経営への移行を追求し、行政機構については資源庁電力局の廃止と公益事業委員会の創設をめざすという、電気事業再編成の最終実行案の内容が固まった。この実行案は、企業形態に関しては松永安左エ門の見解を、行政機構に関してはGHQの意向を、それぞれふまえたものであった。

通産省とGHQの判断根拠

ところで、ここまでの経緯を念頭におくと、考慮しなければならない問題が二つあることがわかる。第一は、なぜ通産省は省全体としては密接な間柄ではなかった松永［例えば、電気事業再編成審議会において、松永は、資源庁電力局電政課長小室恒夫と激しく対立した（松永、一九七六、三二頁）］が提唱したプランを採用したかという問題であり、第二は、なぜGHQはいったん批判した松永案を受け入れたかという問題である。

この二つの問題に対する共通の解答は、通産省とGHQの双方が当時一応のタイムリミットとみなしていた第七国会の会期末が近づくという状況のもとで、ともかくも両者が受け入れることができる具体的なプランは松永案をおいてほかにはなかった、という事情に求めることができよう。九ブロック化を骨子とする松永案は、通産省の前身の商工省が一九四八年三〜五月に経済安定本部と電力業の企業形態変更に関する合同研究会議を行った際、三つの推奨案のうちの一つとして掲げたB案にあい通じる内容をもっていた［三つの推奨案のうちA案は全国一社案、B案は七ないし九ブロック案、C案は現状維持を骨子とする案であった］。また、いくつかの資料が示すように、GHQの内部には、十分割案の提示後も松永案を評価する傾向が根強く残っていた。この点に関連して、松永自身も、のちに当時を振り返って、「実は総司令部は必ず私の案に賛成するとの確信を持っていた」（松永、一九七六、三四〜三五頁）と述べている。

再編成実施の難航

電気事業再編成の第五局面、つまり最終局面は、一九五〇年四月から同年十一月までの時期である。一九五〇年三月末に九ブロック化と公益事業委員会の創設という内容が固まった電気事業再編成の最終実行案は、実施にいたるまでに紆余曲折を経た。

実行案の実施を困難にした一つの要因は、一九五〇年四月の時点でGHQ内部の経済科学局価格配給課や民間運輸局が、実行案についてクレームをつけたことであった。ただし、この意見対立については、GHQ内部で調整が進められ、次の要因に比べれば、電気事業再編成の実施を阻害する材料として、大きな意味をもたなかった。

実行案の実施を困難にしたいま一つの、そして最大の要因は、日本サイドの松永案に反対する勢力の猛烈な抵抗であった（電気事業再編成史刊行会編、一九五二、五九九〜八〇六頁）。実行案を具体化して吉田内閣が第七国会に提出した電気事業再編成法案と公益事業法案の審議は難航し、ついに一九五〇年五月二日に、両法案の廃案が確定した。

見返り資金の停止

第七国会での電気事業再編成関連二法案の不成立に焦燥感を強めたＧＨＱは、実行案にもとづく再編成の必要性を再確認しつつ、①見返り資金の電力業向け融資を停止し、日本サイドに再編成促進の圧力をかける、②強権を発動して、ポツダム政令の形をとって再編成を強行する、などの手段を検討するようになった。そして、経済科学局財政課から若干の異論が出たものの、①の見返り資金の停止を実行に移した。

しかし、吉田内閣と与党自由党との意見調整が手間どり、一九五〇年七月十二日に開会した第八臨時国会への電気事業再編成関連法案の提出が不可能になるなどしたため、再編成問題の決着は、同年秋以降にもつれこんだ。これに対してＧＨＱは、一九五〇年九月の時点で②の手段の実行を検討したが、第九国会での電気事業再編成関連法案の成立をめざす吉田内閣の最後の努力に期待して、しばらくのあいだ、ポツダム政令による再編成強行を見合わすことにした。

再編成の実施

最終期限と目された第九国会開会日の一九五〇年十一月二一日が近づくにつれて、関係者のあいだに緊張が高まり、同年十月には連合国最高司令官マッカーサー（D. MacArthur）と内閣総理大臣吉田茂とのあいだで、電気事業再編成問題に関する書簡が直接やりとりされた。ところが、吉田内閣と与党自由党とがようやくおりあいをつけて作成した妥協案（電気事業再編成史刊行会編、一九五二、八二九～八七一頁）は、ＧＨＱの受け入れるところとならず、結局、吉田内閣は、第九国会にも電気事業再編成関連法案を提出することができなかった。

ことここにいたって、GHQの強権発動による電気事業再編成問題の一挙解決は、もはや避けられない情勢となった。そして、一九五〇年十一月二二日付マッカーサー書簡［この書簡については、（橘川、一九九〇～九一、（四）一七九頁）に全文を掲載した］にもとづき、二日後の十一月二四日に電気事業再編成令と公益事業令が、いずれもポツダム政令として公布された（施行は、ともに同年十二月十五日）。この結果、GHQ案による公益事業委員会の創設と、松永案による九ブロック化を主要な内容とする電気事業再編成が、実施されることになった。

一九五〇年四～十一月の第五局面のなかで興味深いのは、GHQが一貫して、同年三月末に内容が固まった最終実行案の線で電気事業再編成を実施することを主張した点である。かつてGHQ案と松永案は、十分割か九分割か、属地主義か「凧揚げ地帯」方式か、という二点で食い違いをみせていたが、再編成問題が最終局面を迎えた一九五〇年四～十一月の時期には、GHQは、いずれの点でも松永案の熱心な支持者として行動した。同年十一月の時点でケネディが、「凧揚げ地帯」方式を支持する立場から、吉田内閣と自由党とのあいだで成立した妥協案に盛り込まれた属地主義を批判したことは、そのことを端的に示している。

3　電気事業再編成の立役者

前節では、電気事業再編成のプロセスとそこでの松永安左エ門の活動を振り返った。本節では、それをふまえて、再編成の立役者を特定する。

再編成の主役は誰か

表5・2は、電気事業再編成の過程で提唱された企業形態改変に関する諸プランを、「発送配電一貫経営を採用するか否か」、「配電について地域分割を行うか否か」、「事業全体を民営化するか否か」という三つの基準にもとづいて四パターンに分類し、それぞれの提唱主体を併記したものである。この表によれば、電気事業再編成の最終実行案となる発送配電一貫経営・配電地域分割・民営案を事前に提唱していたのは、松永安左エ門、GHQ、九配電会社の三者であった。この三者のうち、最終実行案となった民営地域別九分割案を策定するプロセスでリーダーシップを発揮したのは、誰だったのだろうか。別言すれば、企業形態改変面での電気事業再編成の主役は誰だったのだろうか。

九配電会社とGHQの動揺

主役となりうる候補者としてリストアップされた三者のなかで、最初にリストから除かれるべきは、九配電会社である。なぜなら、九配電会社が、①一九四八年の集排法（過度経済力集中排除法）指定以前には労働組合が掲げた全国一社化案に同調していた、②集排法指定以後でも一九四八年の電気事業民主化委員会において現状維持色の強い答申の作成に賛成した、という事実が存在するからである。

表5－2　電気事業再編成の過程で提唱された企業形態改変に関する主要なプランと提唱主体

プランの概要			提唱主体
発送配電一貫経営	配電の地域分割	民営	
○	○	○	松永安左エ門，GHQ，九配電会社（1948年以降）
○	×	×	電産，日本発送電，商工省（1946-47年），九配電会社（1946-47年），社会党，共産党
×	○	○	電気事業民主化委員会，電気事業再編成審議会，民主党
×	○	×	地方公共団体

出典：橘川武郎「電気事業再編成の歴史的意味」原朗編『復興期の日本経済』。

次に問題になるのは、ＧＨＱである。電気事業再編成自体がＧＨＱの強権発動によって実施されたものであることは間違いない。また、再編成の一側面である電力行政機構の改変〔電気事業再編成によって、電力行政の所管官庁は、通産省の外局である資源庁電力局から新設された公益事業委員会へ、一九五〇年に変更された〕について、ＧＨＱが一貫してイニシアチブを発揮したことも確かである。しかし、肝心の企業形態改変の面では、ＧＨＱは必ずしも主導性を発揮したとは言えない。前節で見たように、この面でのＧＨＱの方針は、五ブロック案、七ブロック案、九ブロック案、十分割案と激しく動揺し、最終的には、具体案作成を日本サイドにゆだねることになった。

ＧＨＱが電気事業再編成において重要な役割をはたしたことは紛れもない事実であるが、ＧＨＱを民営地域別九分割案策定の主役とみなすことは正確でない。GHQが企業形態改変面で再編成の主役となることができなかったのは、日本の電力業の技術的、歴史的条件を網羅的、体系的に理解することが困難だったからであろう。

松永のリーダーシップ

GHQが日本サイドにゆだねた企業形態改変の具体案作成を主導的に推進し、九ブロック化と「爪揚げ地帯」方式（大消費地をかかえる電力会社には給電地域以外にも電源保有を認める方式）の採用という二点で特徴づけられる民営地域別九分割案の策定に中心的な役割をはたしたのは、松永安左エ門であった。したがって、企業形態改変面での電気事業再編成の主役は松永だった、と結論づけることができる。松永案に盛り込まれていた九ブロック化や「爪揚げ地帯」方式採用に対して一時は批判を加えていたGHQが、最終局面ではそれらの熱心な支持者に転じたことは、そのことを端的に示している。

ここで興味深いのは、民営地域別九分割案策定の主役となりながら、松永安左エ門が、会長をつとめた電気事業再編成審議会のなかで孤立したことである。これは、主張の内容の良否とは別の次元の要因、つまり、電気事業再編成審議会における松永の議事進行の強引さがもたらした結果であった。

しかし、大局的にみれば、電気事業再編成において主役をつとめたのは、明らかに松永安左エ門であった。松永が再編成の主役になりえたのは、一九二八年にすでに再編成の内容を先取りする『電力統制私見』を発表していたことからもわかるように、日本の電力業の技術的、歴史的条件に関して、広く深い理解をもっていたからである。

松永の電力業に対する理解を豊かにさせるうえで重要な意味をもったのは、当時、「科学的経営」

と評価された、戦前の東邦電力におけるトップマネジメントの経験であった。また、戦前戦後を通じて、松永のもとに、日本の電力業界を代表する優秀な人材が参集したことも、忘れてはならないポイントであろう。電気事業再編成によって誕生した民営九電力会社のトップマネジメントには、東邦電力の出身者が多数就任した。また、既述のように、松永が民営地域別九分割案を策定する過程では、のちにそれぞれ東京電力、関西電力、中部電力の社長に就任し、高度経済成長期における日本の電力業界のリーダーとして活躍することになる、関東配電の木川田一隆、関西配電の芦原義重、中部配電の横山通夫の三人が、松永のサポーターとして重要な役割をはたし、再編成推進の「三羽烏」と呼ばれたのである［ただし、これら三人の行動は、各配電会社によってオーソライズされたものではなかった］。

規模の経済性と垂直統合の経済性

ここで、一つ、答えておくべき疑問がある。それは、松永が『電力統制私見』を発表した一九二〇年代と、電気事業再編成が実施された一九五〇年代とを、技術史的にみて同一視してよいかという疑問である。

もちろん、この三〇年間には、新鋭火力発電の登場など、電力技術自体は長足の進歩をとげた。しかし、電力業の企業形態に直接かかわる規模の経済性と垂直統合の経済性という点では、一九二〇年代と一九五〇年代とで状況が大きく変ることはなかった。

日本の電力業において、規模の経済性と垂直統合の経済性は、遠距離送電と大規模水力開発とが結合して普及した第一次世界大戦直後の時期（一九一〇年代末〜一九二〇年代初頭のいわゆる「大水力時代」）に、ほぼ同時に成立した。その後、規模の経済性については、分散型電源の登場により発電部門を中心に後退に向うことになったが、その後退が生じたのは、一九八〇年代以降のことであった。また、垂直統合の経済性については、減退しつつも、今日でも継続しているという見方が支配的である（以上の点については、中西・伊藤、一九八八、Nemoto・Nakanishi・Madono, 1993, 新庄、一九九四、後藤・末吉、一九九八、渡辺・北村、一九九四・一九九八、桑原・依田、二〇〇〇、武石、二〇〇一、など参照）。規模の経済性および垂直統合の経済性の継続と言う点からみて、一九二〇年代の『電力統制私見』は、一九五〇年代においても、十分に有効だったのである［右に列挙したように、最近の日本の電力業における規模の経済性と垂直統合の経済性のあり方をめぐっては、いくつかの実証的分析が存在する。これらの分析の結論は、細部では異なる点もあるが、大筋においては一致している。それは、（一）発電部門での規模の経済性は地域差を残しつつも総じて消滅に向かっている、（二）それとは対照的に送配電部門での規模の経済性は縮小傾向にあるものの厳然として存在する、（三）垂直統合の経済性も縮小傾向にはあるが継続している、の三点に要約することができる］。

電力業の本流への回帰

企業形態改変面での電気事業再編成の主役がＧＨＱではなく松永安左エ門だという結論からは、電気事業再編成が単なる「外圧」の所産ではなく、基本的には「内圧」によって生じたものだという見方を導くことができる。そして、（a）電力国家管理以前の一九二〇年代末葉～一九三〇年代の時期に、松永の『電力統制私見』の発表にみられるように、電力業界の自主統制の気運がある程度高まっていたこと、（b）電気事業再編成によって誕生した民営九電力体制が、その後も長期にわたって定着したこと、を考え合わせると、この見方の説得力はいっそう高まる。一方、これとは裏腹に、電力国家管理の経済的必然性を強調する従来の通説的見解の延長として展開される、電気事業再編成をＧＨＱという「外圧」によって遂行された経済的必然性をもたないプロセスととらえる議論の妥当性は、後退する。

もちろん、日本の電力業が、一九三〇年代の業界自主統制から電気事業再編成へ直進せず、そのあいだに足かけ十三年間にわたる国家管理を経験したことは、歴史的事実である。しかしそれは、国家主義イデオロギーの台頭などの経済外的要因によるものであり、電力国家管理は、経済的必然性をもたない、日本の電力業にとっての長い回り道だったと、筆者は考える。電力国家管理下で伏流としていったん地表から姿を消した日本電力業の本来の流れが、再び本流として姿を現わしたものが、ほかならぬ電気事業再編成だったと言うことができよう。

第六章　再編成後の活躍と九電力体制の確立（一九五一～七一年）

1　電気事業再々編成問題と松永の対応

電気事業再々編成問題

一九五一（昭和二六）年の電気事業再編成によって誕生した民営九電力体制は、定着するまでに十数年を要した。一九五〇年代の後半まで、電力国家管理の流れをくむ反対勢力からの巻き返しが続き、それは、一九五七～五八年に「電気事業再々編成問題」として、ピークに達した。

本章ではまず、電気事業再々編成問題への松永安左エ門の対応を検討し、そのうえで、一九六〇年代に九電力体制が定着してゆくプロセスに光を当てる。電気事業再々編成問題が社会問題化した事実経過から議論を始めよう。

電気事業再編成に関連して見落すことができない点は、一敗地にまみれた電力国家管理推進派はもちろんのこと、電力行政の主管官庁としての地位を失った通商産業省（通産省）も、再編成の結果に対して強い不満をもったことである。

電気事業再編成への反発

前章で述べたように、電気事業再編成の実行案となった松永案（発送配電一貫経営・地域別九分割・民営を主要な内容とする松永安左エ門が提唱した企業形態改変案）は、もともと、電気事業再編成審議会において多数の委員の支持を得たものではなかった。同審議会で多数意見となり答申に採用されたのは、日本製鐵社長の三鬼隆委員が提案した、いわゆる「融通会社案」（一応九ブロック化を実施したうえで、日本発送電の発電能力の四二％を継承する卸売専門の電力融通会社を別個に設立するという、実質上の日本発送電存続案）であった。さらに、松永案にもとづいて吉田茂内閣が作成した電気事業再編成に関する政府案（電気事業再編成法案と公益事業法案）は、第七国会で審議未了、廃案に追い込まれた。結局、松永案に沿う形で再編成が実行されたのは、GHQの権力をバックにしたポツダム政令（電気事業再編成令と公益事業令）によってであった。以上のような経緯で実施された電気事業再編成に対して、何らかの形で国家管理を継承しようとする勢力が反発の念をいだいたのは、ある意味では当然のことであった。

通産省の不満

一方、通産省は、電力行政の主管官庁の地位を守るために、ぎりぎりまで尽力した（橘川、一九八八九、（一））。公益事業委員会の新設が避けられない情勢となった一九五〇年二月の時点で同省が、公益事業委員会を通産大臣の諮問機関とする提案を行ったことは、そのことを端的に示すものであった。しかし結局、通産省の抵抗は功を奏さず、電気事業再編成によって電力行政の主管官庁は、通産省外局の資源庁から総理府外局の公益事業委員会へ変更となった。

また通産省は、民営地域別九社による発送配電一貫経営という松永案に、必ずしも賛成したわけではなかった。この点は、①通産省の前身である商工省が、本州中央部をいくつかに分割する民営地域別分割案に対して、一九四七年の時点で反対の意を表明したこと、②一九四六〜四七年に商工省（通産省の前身）が、国営形態の継続と発送配電一貫経営の全国一社化の実現をめざしたこと、③一九四八〜四九年に商工省ないし通産省が、電力産業の企業形態問題に関して現状維持方針への傾斜を強めたこと、などから明らかである（橘川、一九八九、(二)）。

公益事業委員会廃止と電源開発㈱

このように、電力国家管理継承派と通産省は、電気事業再編成の結果に不満をもったが、占領が継続している状況のもとでは、反撃に転じることは困難であった。両者が巻き返しに出たのは、占領が終結した一九五二年のことであった。

敗戦以来続いていた連合軍による占領は、サンフランシスコ講和条約の発効により、一九五二年四月に終了した。占領終結直後の一九五二年八月から九月にかけて、電気事業再編成の内容に手直しを加える二つの出来事があいついだ。それは、一九五二年八月の公益事業委員会の廃止と、同年九月の電源開発株式会社（電発）の設立である。

公益事業委員会の廃止と同時に、新たに電力行政を所管する部局として、通産省内に公益事業局が設置された。この結果、通産省は、一九五〇年十二月の公益事業委員会の発足にともない失った電力行政の主管官庁としての地位を、わずか二十カ月で回復することになった。

電発については、当初大規模水力開発に携わる建設会社として位置づけられていたが、電源開発促進法案をめぐる国会審議を通じて、水力開発のみならず火力開発も行うこと、建設した発送電設備をその後も運営することなどが決定され、機能が強化された。この結果、電発は、かつて電気事業再編成審議会において三鬼委員が提唱し、答申に盛り込まれた、電力融通会社にあい通ずる性格をもつことになった［ただし、電力融通会社が既設の発送電設備を運営するものとされていたのに対して、電発は自ら建設した発送電設備を運営することになったわけで、両者のあいだには相当の差異が存在したことも忘れてはならない］。

以上の経緯から明らかなように、公益事業委員会の廃止と電発の設立は、電気事業再編成の結果に不満をもった通産省と国家管理継承派による、部分的ではあれ一種の巻き返しとみなしうるものであった［公益事業委員会の廃止をめざす動きと、電発の設立をめざす動きは、連動していたと考えられる（松永、一九七六、一四四〜一四五頁）］。このような動きに対して、再編成によって誕生した公益事業委員会と九電力会社は、激しく抵抗した（通商産業省公益事業局編、一九五三、一〇二〜一〇五頁、電力政策研究会編、一九六五、三七八〜三八〇頁、松永、一九七六、一四四〜一四五頁）。しかし、占領終結という新たな情勢のもとで、公益事業委員会と九電力会社は、今回は敗者の立場に立たされた。

新電気事業法制定の遅延

占領終結の影響は、電力業の法制面にも及んだ。電気事業再編成の根拠となった電気事業再編成令と公益事業令はいずれもポツダム政令であったため、両法令とも、サンフランシスコ講和条約の発効から一八〇日後の一九五二年十月に失効した。その後二カ月間の空白期間を経て、一九五二年十二月に「電気およびガスに関する臨時措置に関する法律」が公布、施行され、電気事業再編成令と公益事業令の必要な規定の効力を復活させる措置がとられた。ただし、同法はあくまで臨時措置法であったため、きちんとした形で新しい電気事業法を制定する必要があった［戦前の旧電気事業法は、公益事業令の施行にともない、一九五〇年十二月に廃止されていた。また、一九五三・五四年度の電力白書は、「電気およびガスに関する臨時措置に関する法律」について、「この法律は、その題名の示す通り、単に空白期間を埋めるための臨時措置法であり、しかも、その実体は、『死んだ法を生かす法』との批判もあるように、内容のない全く枠だけの法律であった」（通商産業省公益事業局編、一九五五、二三頁）、と述べている］。

しかし、新電気事業法の法案をまとめる作業は難航し、結局、一九五〇年代の後半になっても、具体的な進展をみせなかった。新電気事業法の制定が遅延した直接の原因は、水利権所管問題や公営電気事業等の復元問題などで、関係各省間の調整がつかなかったことである。しかし同時に、供給区域独占問題などで、通産省と九電力会社との意見が食い違ったことも、大きく影響した。別言すれば、民営九電力体制に対する社会的評価は未確定だったのであり、一九五七年から一九五八年にかけて生じた電気事業再々編成問題は、そのことを端的に示すものであった。

火主水従化と油主炭従化　民営九電力体制に対する社会的評価を高める必要に迫られた九電力会社は、火主水従の電源開発や火力発電用燃料の油主炭従化を推進し、「低廉で安定的な電気供給」の実現をめざした。これに対して通産省は、当初、従来どおりの水主火従の電源開発に固執するとともに、石炭産業保護の観点から、一九五九年まで火力発電用燃料の油主炭従化を抑制する姿勢をとった（橘川、一九九一、四五三、四六四〜四六五頁）。

この間、松永安左エ門は、委員長代理をつとめていた公益事業委員会が一九五二年八月に廃止となってからも、一九五三年四月に電力中央研究所の理事長に就任するなどして、日本の電気事業への積極的な関与を継続した。例えば、一九五五年一月には同研究所内に電力設備実態調査委員会を設置し、みずから委員長となって、二カ月後の三月に「電力設備の近代化実施計画試案」をまとめあげた。電力中央研究所は、この試案の細部の具体化を進めるため、一九五五年二月に電力設備近代化調査委員会（のちに電気事業近代化計画委員会と名称変更）を発足させたが、同委員会は、一九五五年三月に第一次計画、一九五六年一月に第二次計画、一九五七年三月に第三次計画、一九五八年九月に第四次計画を、それぞれ発表した。これらの計画の名称は、第一次計画〜第三次計画については「電力設備近代化計画」、第四次計画については「電気事業近代化計画」であった。

電気事業再々編成問題の発生

火主水従の電源開発や火力発電用燃料の油主炭従化をめざす九電力会社の経営努力は、すぐには、民営九電力体制に対する社会的評価を高めることにはつながらなかった。その結果、一九五七年には、電気事業再々編成問題が浮上するにいたった。

電気事業再々編成問題が一挙に社会問題化するきっかけとなったのは、表6・1にあるように、一九五七年七月に東北電力と北陸電力の二社が電気料金を値上げしたことである。電気事業再編成直後

表 6-1　10電力会社の電気料金改定（1951～2001年）

（単位：％）

改定年月	北海道	東北	東京	中部	北陸	関西	中国	四国	九州	沖縄	平均
1951年8月	37.5	24.0	24.0	27.9	24.0	32.8	36.2	36.1	38.7		30.1（9社）
52. 5	35.1	22.7	24.2	19.6	28.3	29.4	32.6	30.1	36.9		28.0（9社）
54. 10	13.2	16.4	11.6	18.1	13.5	3.9	8.6	14.7	12.4		11.2（9社）
57. 7	—	17.8	—	—	18.1	—	—	—	—		
61. 3	—	—	—	—	—	—	—	—	10.5		
61. 8	—	—	13.7	—	—	—	—	—	—		
62. 12	—	12.6	—	—	—	—	—	—	—		
65. 4	—	—	—	7.9	—	—	—	—	—		
66. 8	—	—	—	—	6.4	—	—	—	—		
66. 10	—	—	—	—	—	—	△3.9	—	—		
73. 9	—	—	—	—	—	22.2	—	17.8	—	—	
74. 6	43.3	51.9	63.0	71.8	59.5	46.4	60.8	45.3	48.1	—	56.8（9社）
74. 11	—	—	—	—	—	—	—	—	—	85.9	
76. 6	30.3	28.5	—	—	26.1	—	—	—	24.8	—	
76. 8	—	—	21.0	22.5	—	22.2	22.2	22.8	—	28.5	
80. 2	35.6	—	—	—	—	—	—	—	—	43.7	
80. 4	—	59.8	53.7	50.5	49.6	44.8	68.9	48.0	47.8	—	52.3（8社）
80. 10	—	—	—	—	—	—	—	—	—	19.2	
81. 10	18.1	—	—	—	—	—	—	—	—	—	
88. 1	△11.5	△18.6	△19.2	△22.0	△14.5	△15.8	△16.1	△14.3	△15.2	△19.6	△17.8（9社）
89. 4	△ 1.8	△ 2.8	△ 3.1	△ 3.6	△ 2.6	△ 2.6	△ 3.0	△ 2.7	△ 3.0	△ 2.8	△ 3.0（9社）
96. 1	△12.7	△ 8.6	△ 5.4	△ 4.2	△ 8.7	△ 4.0	△ 8.5	△ 9.0	△ 8.7	△ 6.0	△ 6.3（10社）
98. 2	△ 6.7	△ 6.1	△ 4.2	△ 3.9	△ 4.8	△ 3.3	△ 6.7	△ 6.5	△ 6.1	△ 3.7	△ 4.7（10社）
2000. 10	△ 5.8	△ 5.7	△ 5.3	△ 5.8	△ 5.6	△ 4.2	△ 6.9	△ 5.3	△ 6.1	△ 3.8	△ 5.4（10社）

注：各社の平均値上げ率。△は値下げ率。暫定値下げは除く。
出典：電気事業連合会統計委員会編『電気事業便覧』。

の一九五一～五四年の九電力会社いっせいの電気料金値上げとは違って、二社だけが料金改定を実施したことは、電気事業再編成の際に危惧された地域間格差の拡大を、いわば実証するものであった。このため、電気事業再編成が生み出した電力業の企業体制（九電力体制）をいま一度根本的に編成替えしようという、電気事業再々編成論が急速な高まりをみせた。

このような状況を受けて、与党自民党の重要産業対策特別委員会（のちに基礎産業対策特別委員会と名称変更）は、一九五七年八月から電気事業再々編成問題について集中的な審議を行ったうえで、この問題について、より立ち入った検討を加えるため、同年十二月に学識経験者などから成る七人委員会を組織した。松永安左エ門は、一九五七年八月に自民党重要産業対策特別委員会へ再々編成問題に関する自らの見解を寄せるとともに、七人委員会の委員にも選ばれた。

松永の対応に関する疑問

電気事業再々編成問題が社会問題化した事実経過は以上のとおりであったが、松永安左エ門は、この問題に対して、どのような姿勢を示したのであろうか。今までのところ電気事業再々編成問題について最も詳しい記述を展開している文献である『電力百年史　後篇』は、再々編成問題への松永のかかわり方について、次のように述べている。

勿論再々編成論ということになれば、社会党、共産党は、十年一日のごとく国営論、公社化論を唱えていたのであるから、決して目新しい問題ではなかったが、このときは再編成の責任者であった松永安左ヱ門氏ですら、系列化論、東京、東北及び北陸、中部、関西の合併論を唱えていた。

（小竹編、一九八〇、三六九頁）

つまり、『電力百年史　後篇』は、松永を代表的な電気事業再々編成論者の一人とみなしたうえで、彼が唱えた系列化構想は電力会社の合併に主眼をおいたものであり、九電力体制を否定するものだった、と説明しているわけである。もし、この説明が正確であるならば、松永は、みずからの活躍によって実現させた電気事業再編成の成果である民営九電力体制を、短期間のうちに打消しにかかったことになる。はたして、このようなことがありえるだろうか。そもそも、電気事業再々編成問題では何が問われ、そこで松永は、どのような主張を展開したのだろうか。本節の以下の部分では、これらの疑問を解き明かすことにする。

三つの委員会での松永の言動

以下では、電気事業再々編成問題に関する松永安左エ門の見解を検討する。具体的には、時系列順に、

①公益事業委員会の委員長代理としての言動

②電力中央研究所の電力設備実態調査委員会と電力設備近代化調査委員会（ないし電気事業近代化計画委員会）での活動

③自民党重要産業対策特別委員会（ないし基礎産業対策特別委員会）と同委員会が組織した七人委員会における意見表明

にそれぞれ光を当てる。

公益事業委員会廃止・電発設立への反対　電気事業再々編成問題の出発点となった一九五二年の公益事業委員会の廃止と電源開発株式会社（電発）の新設に対して、公益事業委員会の委員長代理であった松永安左エ門は、反対の態度をとった。一九六二〜六三年に『電力新報』に連載された回想録「電力再編成の憶い出」の中で、松永は、公益事業委員会の廃止について、次のように述べている。

ここで一つ考えられることがある。総司令部が占領政策として打ち出した民主化政策の結果、公正取引委員会、人事院、電波管理委員会、国家および地方公安委員会、二つの労働委員会、教育委員会等が設置されたが、結局廃止となったのは公益事業委員会だけであることだ。私どもが政府の意見を尊重しなかったから公益委を廃止したというのであれば、私どもに責はないとはいえないが、政府、与党の側にこの制度に対する解釈上の間違いがあるといえる。そもそも公益委員会制度は政治的な色彩をなくすための制度であり、各委員が認証官であるとしても、その任命は政府が権限をもっている。しかも委員は任期があるのだから、松永が気に喰わぬといって、それで委員会行政制度を廃止する必要はなかった。また政府側からみれば、二度にわたる電力料金の値上げが気に喰わなかった――ある意味では世論と妥協した――のであろうが、本来こういう政治的配慮を避けて、電気、ガス事業行政をやることが公益委の任務である。純然たる経済問題として処理するところに公益制度の法の精神があるのであって、その点の反省が欲しかった。

（松永、一九七六、一八三〜一八四頁）〔公益事業委員会は、一九五一年八月と一九

五二年四月に、九電力会社いっせいの電気料金値上げを認可した（表6・1）〕

また、松永は、同じ文書の中で、電発の新設に対して、「無論、九電力側は反対だった。私どもも私見としては反対であった」（松永、一九七六、一四五頁）〔ここでの「私ども」には、松永安左ヱ門自身だけでなく、公益事業委員会の委員長だった松本烝治も含まれる〕、と記述するとともに、電発設立の背景について次のように説明している。

大水力発電を主にした電源開発を目的に、いわゆる特殊会社を設立しようという考えは、電力再編成のため日発〔日本発送電…引用者〕を九分割し、配電会社と合体して民営に移そうとの方針が固まり、同時に公益事業委員会を設けて電気・ガス事業の行政を行なうことが本決まりとなった頃、すなわち二十六年〔一九五一年…引用者〕春頃には、すでに自由党の内部で起こっていた。再編成に反対したものの、ポツダム政令でいわば強行されたことから、こうした考えが生まれたものであった。（中略）二十六年の秋頃には、自由党の内部は新会社設立に固まっていたらしい。この法案の提案者の顔触れ——水田三喜男、神田博、福田一、村上勇君など——は、第七国会で九分割に反対して、先頭に立って質問戦をやった人達である。（中略）この構想の理念は国家資本主義というべきものであろう。（中略）それにしても、九電力が発足して一年も経たないうちに、電源開発を行なうための特殊会社設立方針が確定していたのは、やはり九分割——民営反対の考えが根底にあっためであろう。

（松永、一九七六、一四三〜一四四頁）

以上の一連の引用から窺い知ることができるように、松永が公益事業委員会の廃止や電発の新設に反対したのは、電気事業に対する政府の過剰な介入を排除し、民営の企業体制を擁護しようとしたからであった。一九五二年の時点で松永は、公益事業委員会の委員長代理として、電気事業再編成の基本精神を堅持する立場をとっていたと言うことができる。

「松永構想」の衝撃

電力中央研究所の電力設備実態調査委員会が一九五五年三月に発表した「電力設備の近代化実施計画試案」の作成に際して、同委員会の委員長であった松永は、リーダーシップを発揮した。そのことは、この「試案」が通称「松永構想」と呼ばれたことに、端的に示されている。

「松永構想」の要点は、「今后の新設は、『火主水従』とすべきであって、特に新鋭火力発電所の増強に力を注ぐべし」（通商産業省編、一九五五、一七〇頁）、という点にあった。『電力中央研究所二十五年史』に掲載されている「松永構想」の概要からその主要部分を抜粋すると、次のようになる。

九電力会社の火力発電設備のうち非能率、老朽、劣化などで旧式に属する二八〇万kWを、早急に新鋭の火力発電設備二〇〇万kW（国産優秀設備一五〇万kW、輸入大容量設備五〇万kW）に置き換える。

（電力中央研究所、一九七八、一六三頁）

当時の水主火従方式による電源開発五カ年計画では、九電力会社の所要工事資金は毎年一二五〇億円となっている。ところが、水力設備二、火力設備一の割合による従来の開発方式を、火力二、水力一の火主水従方式に改めることにより、前述の火力設備更新に要する追加投資三か年合計一〇〇〇億円は容易に捻出可能となる。

（電力中央研究所、一九七八、一六四頁）

一九五五年の「松永構想」の発表は、当時、従来どおりの水主火従の電源開発方針に拘泥していた通産省に衝撃を与えた。例えば、一九五四年度の『通商産業省年報』は、「二十九年度［一九五四年度…引用者］の電源開発に関する動きを振り返るならば、先ず。《ママ》三十年二月《ママ》、所謂『松永構想』の発表という形で現れた従来の『水主火従』の開発方針に対する反省を挙げることができよう」（通商産業省編、一九五五、一七〇頁）、と記述している。

既述のように、電力各社はそのころ、通産省の方針とは異なり、電源構成の火主水従化に取り組みつつあった。「松永構想」は、新電気事業法の制定に関連して民営の企業体制の合理性を実証する必要性に迫られていた九電力会社を、強力にサポートするものであった。

広域運営の提唱

電力中央研究所の電力設備近代化調査委員会（ないし電気事業近代化計画委員会）が一九五五年三月から一九五八年九月にかけて発表した第一次計画〜第四次計画は、「松永構想」の細部を具体化したものであったから、これらの作成についても、基本的には、松永がリーダーシップを発揮したとみなすことができる。一連の計画のなかで、電気事業再々編成問題に最も密接な関連をもったのは、一九五七年三月発表の第三次計画であった。同計画の概要を掲載している『電力中央研究所二十五年史』から該当部分を全文抜粋すると、次のようになる。

発送電系統の系列化：九電力会社は電気事業再編成以後、専ら荒廃した電力設備の復旧改善と急激な需要増加に対応する電源の開発に没頭し、各社とも自社内の事情を考えるだけで、他社系統との連絡などを考慮する余裕はなかった。

各電力会社間を送電幹線を以て連絡し、各社が個々の需給のみにとらわれずに、数社が一体となって電力の融通を行うことにすれば、緊急事故時の応援はもとより、渇水期の季節差による融通、日負荷の時間差による融通その他多大の利益があるだけでなく、大容量発電所完成当初の余剰電力を有効に利用することが可能となる。

この見地に立って、本州東部における五〇サイクル系の東北、東京の二社を東地域、中央部における六〇サイクル系の中部、北陸、関西の三社を中地域、中国、四国、九州の三社を西地域として、各地域内は勿論各地域間を強力な送電幹線で連絡し、発送電系統を系列化して電力の融通を強化すると同時に送電損失電力の軽減を図る必要がある。

（電力中央研究所、一九七八、三一三〜三一四頁）

ここで注目する必要があるのは、第三次計画が打ち出した発送電系統の系列化は、同計画の発表から十三カ月後の一九五八年四月にスタートした広域運営と、内容的にほとんど同一であり、さきに引用した『電力百年史　後篇』の記述が強調するような、各地域内の電力会社の合併に重点をおいたものではなかったことである。やや気になるのは、右記引用文中の「数社が一体となって電力の融通を行う」という表現であるが、これについても、合併を意味するものではないと考える方が妥当であろう。と言うのは、広域運営がすでにスタートし、もはや合併が過去の問題となった一九五八年九月に発表された第四次計画のなかにも、「広域運営は単に電力の融通を行うのみに止まらず、水火力の建設についても数社が一体となって、設備の計画、需要の調整等を広域的に考え全体の企業が最も経済的になるような計画のもとに開発し、融通が行われるべきである」（電力中央研究所、一九七八、三一七頁。傍点は引用者）、との表現がみられるからである。

油主炭従化の提唱

電力中央研究所の電力設備近代化調査委員会（ないし電気事業近代化計画委員会）が作成した第二次計画〜第四次計画に関していま一つ見落すことができない点は、これらの計画が火力発電用燃料の油主炭従化を強く主張したことである。もう一度『電力中央研究所二十五年史』から該当部分を抜粋すると、次のようになる。

設備運転上の不能率を補うため、微粉炭燃焼ボイラー装置を重油専焼ボイラーに改造し、負荷に応じた急速な運転又は休止を行うとともに人件費その他発電原価の諸要素の節減を図る（第二次計画）。

我が国の石炭は出炭量にも限度があり、かつ、石油に比べ甚だしく割高となる。よって今後の電（電力中央研究所、一九七八、三一一二頁）

源開発は、石炭火力は産炭地のみに限定して、専ら重油火力に依存しなければならない（第三次計画）。

（電力中央研究所、一九七八、三一四頁）

国内炭は量的にも経済的にも将来性はなく、将来は輸入燃料に依存しなければならない。よって、将来原子力発電に大幅に依存できることになるまでの期間は、専ら重油に依存しなければならないことを銘記して燃料対策を確立することが急務である（第四次計画）。

（電力中央研究所、一九七八、三一八頁）

既述のように、電力各社は、一九五〇年代後半に、炭主油従のエネルギー政策をとる通産省に対抗して、火力発電用燃料の油主炭従化を主張していた。松永は、電源開発の火主水従化だけでなく、火力発電用燃料の油主炭従化についても、民営九電力会社を強力にサポートしたことになる。

自民党特別委員会での意見表明

高碕達之助が委員長をつとめた自民党重要産業対策特別委員会は、一九五七年八月に、電気事業再々編成問題に関する松永の意見を聴取した。これについて、『電力百年史　後篇』は、次のように述べている。

松永安左ヱ門氏は当時電気事業の系列化を唱えていたが、これについても重要産業対策特別委員会でとり上げられ、八月二十一日松永氏の代理として清水金次郎氏が出席、その見解を述べている。それによると、『系列化を行うに、本州ではどういうところが必要であるかということも、第三次近代化報告書［前記の第三次計画をさす…引用者］で唱えております。それは関西、北陸、中部の三社を第一に取り上ぐべきであろう。それから東北、東京の五〇サイクル系の系列化も必要であろう。また将来は中国、四国、九州といったようなところも一つのグループにして送電、配電、需要の状態を調節するのがよいだろう。北海道はだいぶ離れておりますのでこれは特別の措置を考えるとし、前に述べた三つのグループというものは系列化さるべきである』とし、系列化の順序としては、『まず六〇サイクル系において関西、北陸、中部の三社が一つの系列化をすることを、できるだけ急ぐ。東北、東京の五〇サイクル系はその後でもよい。そのまたあとで中国、四国、九州という順序にしたい』と述べ、ただ四国については住友共同電力という特別な企業が存在しているので『四国、中国、九州の系列化というまえに、まずとり上げなければならないことは、住友共同電力と四国電力とが一つの会社のもとに合併されることの必要性でこのことが先決ではないかと思うのでありま す』とし、系列化の具体策は、それぞれのグループに属する会社の合併であると説明している。そして電源開発株式会社の在り方については、系列化とは関係がないと結論づけているのである。

（小竹編、一九八〇、三七二頁）

『電力百年史　後篇』は、この文章の直後に、第三次計画に示された松永の系列化論の主眼は各地域内の電力会社の合併にあり、「企業の在り方」に手をつけない広域運営論とは「全く対照的な思想より発想されている」と、評価している（小竹編、一九八〇、三七二頁）。しかし、このような『電力百

年史　後篇』による第三次計画のとらえ方は、同計画の主要な内容を各区域内の電力会社の合併ではなく、九電力会社の存在を前提にした広域運営の提唱に求める、先述したわれわれの評価とは大いに異なる。そこで、この点について、より立ち入った考察を加えるために、自民党基礎産業対策特別委員会［重要産業対策特別委員会が改称したもの。委員長は同じく高碕達之助］が組織した七人委員会の一委員としての松永の言動を、『電力百年史　後篇』の記述によって、追うことにしよう。

七人委員会での言動

まず、一九五八年一月十日の七人委員会の第三回会合で、「高碕氏が（中略）行政指導の強化及び電源開発会社の調整機能について述べたことに対し松永委員が大いに反発し、『合併等はあくまで電力会社の自由にさせるべきで、外部から勧告することは差支えないが、官僚統制は絶対に排除すべきである』と述べ」た（小竹編、一九八〇、三八八頁）。そして、翌十一日、松永は、官僚統制の排除と電発の調整機能の否定に力点をおく意見書を、高碕にあてて提出した（小竹編、一九八〇、三八九〜三九〇頁）。さらに、五日後の一月十六日に開かれた七人委員会代表の電力会社代表に対する説明会において、松永は、「高碕委員長のもつれ方はひどい。要するに政府の無利息の資金を使う電源開発会社によって調整しようという考えである。それはかえって困惑させることになろう。しかも電発は必ずしも安い開発を行う能力を有しているとはいえない。ただ国の金を用いるということだけで調整作用を営ませてよいということにはならない。事実関西や北陸に御母衣《みぼろ》［電発の御母衣水力発電所…引用者］の電気を入れても僅か十分の一にしかすぎない。それでは調整などできるわけはない。また政府もダムについて金利だけを問題としてとり上げ原価高騰抑制だという。しかしコストは金利だけではない。たとえば補償費などがそうだ。特に各県が土地の入手に協力するどころか橋だの道など便乗してつけさせる。電発のように手続の要するところでは仲々対応できず逆にコストが高くなる場合もある。こういった点をよく考えないと電力と電発が争うようになり、政治がこれに便乗するようになる」（小竹編、一九八〇、三九一頁）、と発言した。

以上の検討から明らかなように、七人委員会のメンバーとしての松永の言動は、電力会社の合併に重点をおいたものではなく、官僚統制の排除や電発の融通会社化阻止に重点をおいたものであった。したがって、松永は、合併に主眼をおく系列化論を唱えて広域運営論を掲げる九電力会社と対立したというよりは、民営の堅持による自主的経営責任体制の確立を主張して九電力会社をサポートしたとみなすべきであろう。

再々編成問題での松永の立場

本節の途中で指摘したように、今までのところ電気事業再々編成問題について最も詳しい記述を展開している『電力百年史　後篇』は、松永安左エ門を代表的な再々編成論者の一人とみなしたうえで、彼が唱えた系列化構想は電力会社の合併に主眼をおいたものであり、九電力体制を否定するものだった、と説明している。しかし、ここまでの検討をふまえると、この説明は、次の二つの理由で、妥当性に乏しいと言わざるをえない。

第一は、松永が提唱した系列化構想は、必ずしも電力会社の合併に主眼をおいたものではなく、むしろ、九電力会社が主張した広域運営構想につながる内容をもっていたことである。そして第二は、電気事業再々編成問題で問われた基本的な論点は、系列化か広域運営かではなく、電発の融通会社化などによる国家統制の強化か民営の企業体制の堅持かであったことである。

系列化を提唱した松永と、広域運営を主張した九電力会社は、電発の融通会社化を阻止し、民営の企業体制を擁護する点では一致していた。つまり、松永と九電力会社は、電気事業再々編成問題に関して、対立していたというよりは、本質的に同一の立場をとっていたことになる。

以上が本節の一応の結論であるが、このような見地に立てば、電気事業再々編成問題に際して松永がとった姿勢は、電気事業再編成時のそれと大差なかったことになる。松永が電気事業における民営の企業体制の維持にいかに熱心であったかは、独立性の強い電力監督機関である公益事業委員会の廃止に反対したこと、融通会社化するおそれのある電発の新設に反対したこと、通産省の方針に反して電力各社が進めていた電源構成の火主水従化や火力発電用燃料の油主炭従化を支持したこと、などからもみてとることができる。

再々編成問題の終焉

一九五七年七月から急速に社会問題化した電気事業再々編成問題は、一九五八年四月に電力業の広域運営がスタートしたことによって、一応終止符を打つことになった。この広域運営とは、「電力各社がこれまでどおりの自主的経営責任体制を維持しながら、電力の融通と電源の共同開発とによって供給力と料金の安定を図ることを目的としたものであ」り（関西地方電気事業百年史編纂委員会編、一九八七、六九一頁）、具体的には、「全国を四つの地域に分け、各地域内各社相互の協調および地域相互間の協力体制を確立し、電力融通の強化、広域的見地からの電源の開発、予備施設の共用、送電連繫の強化、設備の合理的運用等を行い、資本費の節減、燃料費の節約、送電損失の低減、余剰電力の消化等をなさんとするもので」あった（通商産業省編、一九六〇、二〇一頁）。つまり、電気事業再編成が生み出した企業体制の再度の編成替え（別言すれば、電気事業再々編成）は行われないまま、既存の九電力体制をよりフレキシブルに運用することによって、地域間格差などの問題の解決が図られたわけである。

本章の第3節で後述するように、その後、一九六四年七月には懸案の新電気事業法が公布され（施行は一九六五年七月）、民営九電力体制は法的にも追認されることになった。難航していた新電気事業法の制定作業がこの時期に進展したのは、一九六〇年代にはいって電源構成の火主水従化と火力発電用燃料の油主炭従化が進み、電力各社が「低廉で安定的な電気供給」を実現して、九電力体制に対する社会的評価が高まったからである。

2　高度経済成長期の「低廉で安定的な電気供給」

新電気事業法による民営九電力体制の確立に論点を移す前に、一九六〇年代における日本電力業のあり方を概観しておこう。

電気需要の急伸

図6・1が示すように、一九五〇年代後半になると、高度経済成長の開始にともない、電力需要も毎年著しく伸長するようになった。このような状況は、石油危機が発生した一九七三年まで続いた。

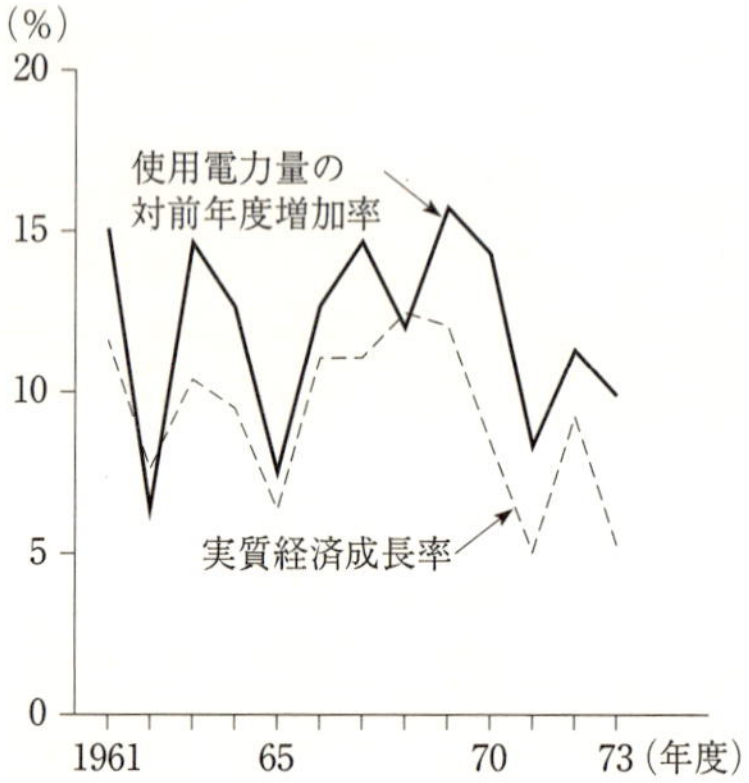

図6－1　全国の使用電力量の伸び率
（1961～73年度）

注：使用電力量の対前年度増加率は，電気事業用と自家用の合計で算出。

出典：『電気事業便覧』1974年版。『経済白書』2000年版。

一九六一～七三年度の十三年間のうち、総使用電力量の対前年度増加率が一〇％を下回ったのは、一九六二年、一九六五年、一九七一年、一九七三年の四年度のみであった。

高度経済成長期に電気需要の急伸をもたらした第一の要因は、消費革命の一環として、家電製品の普及が急速に進んだ点に求めることができる。この点は、一九五六～七〇年度の電灯使用電力量（電気事業用）の年平均増加率が一三・五％に達したことに反映されている。表6・2は、一九六〇～七三年度における日本全国の使用電力量の推移をまとめたものである。

高度経済成長期における電気需要急伸のもう一つの要因は、表6・3からわかるように、産業用の大口電力需要の増大が著しかったことである。なかでも、電力多消費型産業である鉄鋼業や非鉄金属工業による大口電力需要の増加率は、全産業平均のそれを上回った。また、機械工業による大口電力需要の増加率も高かったが、これは、家電製品の普及や電源開発の活発化などによる電気機械工業の発展や、モータリゼーションの開始による自動車工業の成長を反映したものであった。これらの結果、

表6－2　全国の使用電力量（1960～73年度）

（単位：百万 kWh）

			1960年度	65年度	70年度	73年度	年平均増加率			
							60～65年度	65～70年度	70～73年度	60～73年度
9電力会社	電　灯		13,379	28,324	51,706	71,853	16.2%	12.8%	11.6%	13.8%
	電　力	業務用	2,911	7,550	18,822	30,135	21.0	20.0	17.0	19.7
		小　口	14,232	22,780	39,882	52,208	9.9	11.9	9.4	10.5
		大　口	53,600	82,659	144,105	171,509	9.0	11.8	6.0	9.4
		電力計	73,509	115,724	208,168	263,777	9.5	12.5	8.2	10.3
	電灯・電力計		86,888	144,047	259,874	335,630	10.6	12.5	8.9	11.0
電　気事業用	電　灯		13,379	28,333	51,734	72,548	16.2	12.8	11.9	13.9
	電　力		74,355	119,481	221,225	290,821	9.9	13.1	9.5	11.1
	電灯・電力計		87,734	147,814	272,959	363,369	11.0	13.1	10.0	11.6
自家発自家消費電力量			11,648	21,002	46,741	58,399	12.5	17.4	7.7	13.2
合　計			99,382	168,816	319,700	421,768	11.2	13.6	9.7	11.8

注：1．電気事業用は，9電力会社，その他一般電気事業者，卸電気事業者の合計。
2．自家発自家消費電力量は，9電力会社との契約最大電力500kW 以上ないし自家発電設備500kW 以上の合計。

出典：『電気事業便覧』。

一九五六～七〇年度の電力使用電力量（電気事業用）の年平均増加率は、一二・八％に及んだ。

夏季昼間ピークへの移行

一九六一～七三年の時期には、電力需要が急伸しただけでなく、その需要構造にも大きな変化がみられた。この時期には、高度経済成長下で都市化が急速に進み、一般国民の生活水準も向上したため、ビルや家庭の冷房需要がめだって増大した。その結果、従来は冬季の夕刻（点灯時）に記録していた最大電力のピークが、夏季の昼間に移行するようになった。全国的に夏季ピークが冬季ピークをしのぐようになったのは、一九六八年のことであった。

一九六九年八月二〇日と同年十二月十七日の九電力会社全体のロードカーブ（日負

表6－3　大口電力の業種別使用電力量（1960〜73年度）

（単位：百万 kWh）

	1960年度		65年度		70年度		73年度	
	電力量	構成比	電力量	構成比	電力量	構成比	電力量	構成比
鉱工業	60,284	89.9%	97,138	89.9%	186,817	91.6%	234,671	91.6%
鉱　業	4,218	6.3	4,589	4.2	4,520	2.2	3,505	1.4
石　炭	3,149	4.7	3,059	2.8	2,577	1.3	1,653	0.6
製造業	56,067	83.6	92,549	85.7	182,297	89.4	231,166	90.3
繊　維	2,681	4.0	3,599	3.3	5,930	2.9	7,129	2.8
紙・パルプ	5,993	8.9	9,568	8.9	16,880	8.3	20,678	8.1
化　学	17,941	26.8	29,746	27.5	48,798	23.9	51,061	19.9
アンモニア	5,666	8.4	7,754	7.2	6,619	3.2	4,581	1.8
石灰窒素，電炉	4,488	6.7	6,283	5.8	7,726	3.8	3,284	1.3
ソーダ	2,503	3.7	4,235	3.9	9,807	4.8	11,435	4.5
石油化学	−	−	1,891	1.8	10,122	5.0	12,871	5.0
化学繊維	2,154	3.2	3,504	3.2	6,067	3.0	7,664	3.0
窯業・土石	2,904	4.3	5,647	5.2	10,744	5.3	13,852	5.4
鉄　鋼	14,563	21.7	23,764	22.0	52,343	25.7	71,766	28.0
非鉄金属	5,409	8.1	9,588	8.9	20,841	10.2	28,777	11.2
アルミニウム第1次	3,221	4.8	6.203	5.7	13,955	6.8	19,239	7.5
機　械	3,322	5.0	5,695	5.3	14,503	7.1	18,888	7.4
その他	6,769	10.1	10,888	10.1	17,056	8.4	21,455	8.4
国有鉄道	2,605	3.9	4,617	4.3	7,147	3.5	8,697	3.4
合　計	67,054	100.0	108,025	100.0	203,872	100.0	256,126	100.0

注：1．9電力会社の大口電力需要家分，他事業者の契約500kW 以上の需要家分，自家発電設備500kW 以上の自家発消費分を計上。

2．産業とその内訳は，おもなもののみ掲載した。

3．1960年度の窯業・土石はセメント製造業。

出典：『電気事業便覧』1966・74年版。

荷曲線）を比較すると、最大電力のピークが、夏季には昼間（十三時〜十四時）、冬季には夕刻（十七時〜十八時）に発生したことがわかる。年負荷曲線における冬季ピークから夏季ピークへの移行は、同時に、日負荷曲線における夕刻ピークから昼間ピークへの移行を意味するものだったのである。

最大電力のピークが夏季昼間に移行したことは、一九七〇年代にはいって、ピークの尖鋭化による負荷率（年間負荷率および日間負荷率）の低下という深刻な問題を引き起こした。冷房需要の増大によって、夏季の気温上昇による一時的な需要増の幅が著しく拡大したのである。ビル用ないし家庭用のクーラーの普及だけでなく、第三次産業の成長や昼間のみに操業する機械工業のウエイト増大にみられる産業構造の変化も、昼間最大電力と夜間最低電力との格差の拡大、つまり、日間負荷率の低下をもたらす大きな要因となった。負荷率低下に直面した九電力各社は、揚水式水力発電所の建設や大口需要家に対する特約制度の拡大（夜間電力料金の割引幅の拡大等）などの措置を講じて、状況の打開を図った。

電源開発の積極的推進

ここまでみてきたように、一九六一〜七三年の時期には、電力需要が急伸する一方で、夏季ピークへの以降という需要のあり方の変化も生じた。それでは、電力供給のサイドでは、どのような事態が進行したのだろうか。

表6・4と表6・5は、それぞれ、発電設備最大出力と発電電力量の推移をまとめたものである。これらの表からわかるように、一九六一〜七三年の時期には、日本の発電設備最大出力は四・〇倍（電気事業用では四・一倍、自家用では三・七倍）、発電電力量は四・一倍（電気事業用では四・〇倍、九電力

表 6 - 4　全国の発電設備の最大出力（1960〜73年度末）

（単位：千 kW）

		1960年度末	65年度末	70年度末	73年度末
9 電力会社	水　力	9,208	10,784	13,495	14,208
	火　力	8,597	19,595	33,238	50,694
	原子力	—	—	800	1,760
	計	17,805	30,379	47,533	66,662
電気事業用	水　力	11,773	15,270	18,922	21,519
	火　力	8,879	21,228	38,711	60,607
	原子力	—	—	1,323	2,283
	計	20,652	36,499	58,955	84,409
自家用	水　力	908	1,005	1,073	1,070
	火　力	2,077	3,489	8,221	10,010
	原子力	—	13	13	13
	計	2,985	4,506	9,306	11,093
合　計	水　力	12,681	16,275	19,994	22,589
	火　力	10,955	24,717	46,932	70,617
	原子力	—	13	1,336	2,296
	計	23,636	41,005	68,262	95,502

注：1．電気事業用は，9 電力会社，その他一般電気事業者，卸電気事業者の合計。
　　2．自家用は，1 発電所最大出力500kW 以上の合計。
出典：『電気事業便覧』。

表6－5　全国の発電電力量（1960～73年度）

（単位：百万 kWh）

		1960年度	65年度	70年度	73年度
9電力会社	水　力	45,445	55,335	56,320	49,519
	火　力	47,220	88,011	194,131	269,562
	原子力	—	—	1,293	6,211
	計	92,665	143,346	251,744	325,292
電気事業用	水　力	53,105	70,099	73,637	66,060
	火　力	48,604	97,525	229,370	330,267
	原子力	—	—	4,581	9,705
	計	101,708	167,624	307,588	406,031
自家用	水　力	5,376	5,102	6,453	5,618
	火　力	8,413	17,499	45,498	58,635
	原子力	—	25	—	2
	計	13,789	22,626	51,951	64,255
合　計	水　力	58,481	75,201	80,090	71,678
	火　力	57,017	115,024	274,868	388,902
	原子力	—	25	4,581	9,707
	計	115,497	190,250	359,539	470,287

注：1．電気事業用は，9電力会社，その他一般電気事業者，卸電気事業者の合計。
　　2．試験運転分の電力量を含む。
　　3．自家用は，1発電所最大出力500kW 以上の合計。
出典：『電気事業便覧』。

会社では三・五倍、自家用では四・七倍）も増大した。電力需要の急伸に対応して、電源開発がきわめて積極的に推進されたわけである。

電源構成の火主水従化

高度経済成長期に電源開発が活発に展開される過程では、電源構成面で二つの大きな変化が生じた。一九六〇年代前半における水主火従から火主水従への転換と、一九六〇年代後半における原子力発電の登場が、それである。

まず、日本の電源構成の火主水従化についてみれば、電気事業用の発電設備能力では一九六三年（九電力会社に限れば一九六二年）に、発電電力量では一九六二年（九電力会社に限れば一九六〇年）に、それぞれ火力が水力を凌駕した。一九五〇年代半ばから始まった高度経済成長期に電源開発の中核を担ったのは火力開発であったが、一九六〇年五月に重油ボイラー規制法が改正され重油専焼火力の運転が可能になったという事情は、火力開発にはずみをつけた。九電力各社は、互いに競い合いながら先を争うように、高能率大容量の火力発電所の建設を進めた。多くの電力会社は、高能率大容量の火力発電所を建設する際に、一号機は輸入品を使用し、二号機以降は国産品を使うというパターンを繰り返したが、このことは、国内の重電機工業の発展をも促進した。

高度経済成長期における火力発電所の高能率化は、主として、熱効率の顕著な上昇によってもたらされた。また、火力発電所の大容量化は、kW当たり建設費を低下させ、規模の経済性を作用させることになった。

電源構成の火主水従化にともない、ベースロードを高能率大容量火力発電所が担当し、ピーク調整

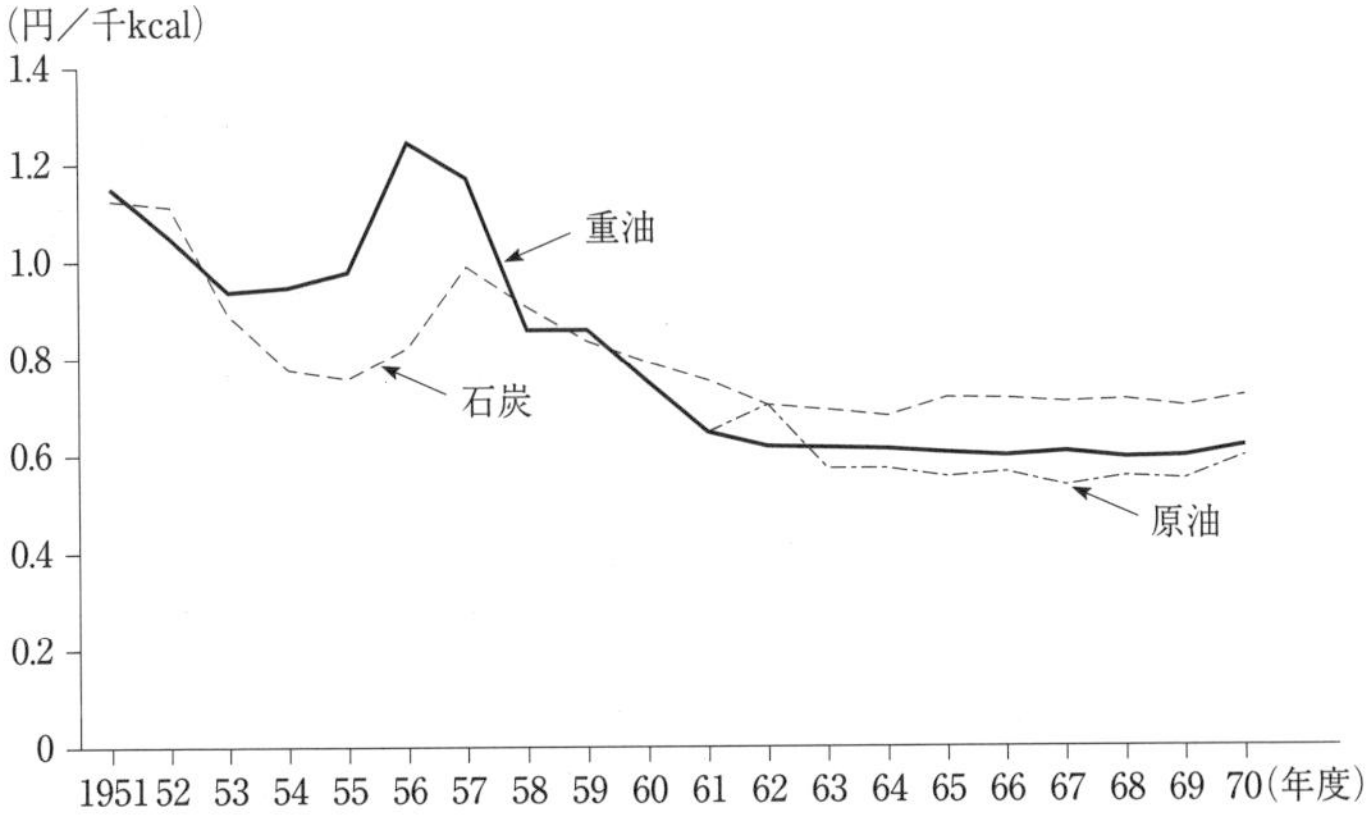

図6－2　発電用燃料価格（1951～70年度）

出典：通商産業省公益事業局編『電気事業再編成20年史』，1971年。

を大規模貯水池式水力発電所が受け持つという方式が合理的となった。一九五〇年代後半から次々と運転を開始した佐久間、田子倉、奥只見、御母衣などの電源開発株式会社の大貯水池式水力発電所は、電力広域運営の一環に組み込まれ、ピーク調整用として重要な役割をはたした。また、この時期には、九電力会社自身も、関西電力の黒部川第四発電所に代表されるように、大貯水池式水力発電所の建設に積極的に取り組んだ。

油主炭従化による燃料費低減

高度経済成長期において火力開発が活発化したのは、火力発電の原価が低下したからであるが、その要因は、高能率化や大容量化だけではなく、燃料費の低減にも求めることができる。燃料費を低減させるうえで大きな意味をもったのは、火力発電所用燃料が石炭から石油へ転換したことであった。図6・2が示すように、重油価格は、一九六〇年度以降石炭価格より割安となったが、表6・6にあるように、一九六〇

表6－6　9電力会社の火力（汽力）発電用燃料の消費実績（1961～73年度）

	石炭(千t)	重油(千kl)	原油(千kl)	ナフサ(千kl)	LNG(千t)
1961年度	15,550	5,943	0	—	—
62	17,191	7,276	12	—	—
63	18,450	6,968	335	—	—
64	18,652	9,854	695	—	—
65	18,107	10,507	719	—	—
66	20,460	11,772	1,415	—	—
67	21,464	17,348	2,192	—	—
68	20,926	19,912	3,000	—	—
69	18,216	26,927	3,939	—	92
70	12,547	30,781	7,239	—	717
71	8,755	29,239	10,996	—	714
72	6,389	30,353	17,787	164	676
73	4,843	33,487	23,601	2,240	1,379

出典：『電気事業20年の統計』。『電気事業30年の統計』。

年代には、火力発電用燃料としての重油の使用量が著しく増加した。また、同表からわかるように、一九六〇年代後半以降、重油よりさらにカロリー単価が安い原油の使用量も急増した（原油の使用量が急増した背景には、燃料の低硫黄化という公害対策上の要請も存在した）。このような状況のもとで、九電力会社全体の汽力発電用燃料構成において、燃料総発熱量に占める比率の点で、一九六四年度に石油が初めて石炭を上回り（図6・3）、以後油主炭従が定着するようになった。

火力発電用燃料の油主炭従化は、カロリー単価の低減だけでなく、付帯設備の縮小、運炭および灰捨ての省略、運転の安定化、ボイラー効率の向上などの点でもさまざまな経済的メリットをもっていたが、それがなかなか進展しなかったのは、石炭鉱業保護の立場から通商産業省が政策的な規制を行っていたからであった。一九六〇年に重油専焼火力発電所の建設が認可されたことは、この規制が緩和されたことを意味し、火力開発に拍車をかけるとともに、火力発電用燃料の油主炭従化が実現する大きな契機ともなった。

原子力発電の登場

高度経済成長期に日本の電源構成面で生じた、火主水従化と並ぶもう一つの大きな変化は、原子力発電の事業化であった。一九六六年七月に、日本原子力発電㈱の東海発電所が、わが国で初めて商業ベースでの原子力発電を開始した。同発電所の建設には、九電力各社の技術者が多数参加し、多くの貴重な経験を持ち帰って、その後の自社における原子力開発に活用した。ただし、東海発電所の一号機が採用したイギリスのコールダーホール改良型の発電炉は、以後の原子力発電所においては使用されず、著しい技術的進歩をとげたアメ

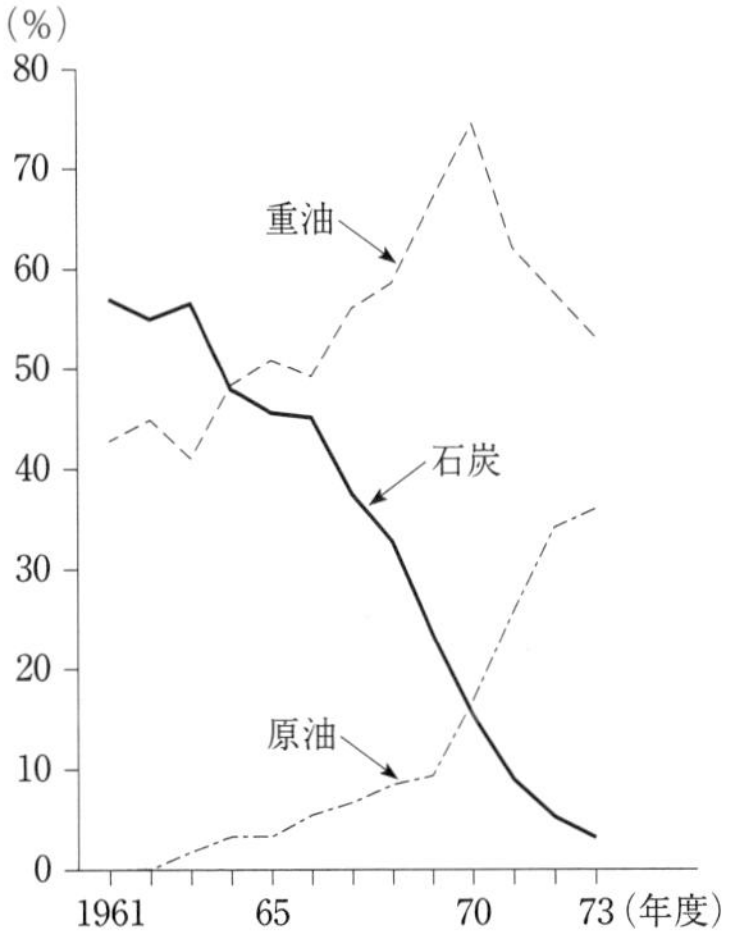

図6－3　9電力会社の火力（汽力）発電用燃料総発熱量の構成比
（1961〜73年度）
出典：『電気事業20年の統計』。『電気事業30年の統計』。

表6－7　9電力会社の総合単価
（1961～73年度）
（単位：円 /kWh）

	電灯	電力	電灯・電力合計
1961年度	11.85	4.37	5.55
62	11.95	4.59	5.90
63	12.05	4.64	6.00
64	12.06	4.68	6.06
65	12.09	4.82	6.25
66	12.08	4.83	6.26
67	12.03	4.84	6.24
68	12.00	4.90	6.29
69	11.91	4.92	6.29
70	11.85	4.98	6.35
71	11.80	5.10	6.52
72	11.76	5.16	6.57
73	11.82	5.37	6.76

出典：『電気事業20年の統計』。『電気事業30年の統計』。

リカの軽水炉にとって替わられることになった。

九電力会社のなかでは、東京電力と関西電力の二社が、他社に先がけて原子力発電所の建設に取り組んだ。その結果、関西電力の美浜原子力発電所が一九七〇年十一月に、東京電力の福島原子力発電所が一九七一年三月に、それぞれ運転を開始した。両社はいずれもアメリカの軽水炉を導入したが、関西電力はウエスチングハウス社製の加圧水型炉を、東京電力はゼネラル・エレクトリック社製の沸騰水型炉を、おのおの採用した。

低廉で安定的な電気供給

このように、一九六一～七三年の時期の日本では、電力需要が急伸する一方で、電源開発も飛躍的に進展した。電源開発の進展にともない、敗戦後続いていた電力不足は一九六〇年代初頭に解消され、電気供給の安定化が実現した。

この時期には、電気供給の安定化だけでなく、低廉化も同時に達成された。一九六一年と一九七三年とを比べると、消費者物価は二・〇九倍の値上がりを示した（日本銀行統計局編、一九七三、二七七頁）が、表6・7からわかるように、同期間の九電力会社の電灯・電力総合単価の上昇幅は一・二二倍にとどまった（一九六一年度の五・五五円／kWhから一九七三年度の六・七六円／kWhへ）。表6・1が示すように、九電力会社の電気料金は、総じて安定的に推移したのである。

電気料金の相対的安定は、より長期的な視野からみても明らかであった。一九三四～三六（昭和九～十一）年を基準とした一九七〇（昭和四五）年の料金水準は、東京都の場合で、郵便が四六七倍、鉄道が二六九倍、水道が一八八倍であったのに対して、電気は一〇一倍にとどまった（通商産業省公益事業局編、一九七一、二〇二頁）。

3　九電力体制の確立と自律的経営

新電気事業法制定と九電力体制

一九六〇年代前半になると、低廉で安定的な電力供給を達成した民営九電力体制の安定性は著しく増大し、同体制に対する社会的評価は向上した。そのため、民営地域別発送配電一貫体制を突き崩そうとする電気事業再々編成論は急速に勢いを失い、通産省も九電力体制を容認するにいたった。

こうして、新電気事業法を制定する条件はようやく整い、一九六二年四月に通商産業大臣の諮問機関として電気事業審議会が設置された。同審議会の答申は、電気事業の企業形態について、次のように指摘した。

総合的に検討した結果現行の地域別私企業九分割体制のもとにおいても、各社の広域的協調体制の強力な推進、電源開発会社の有効な活用、さらに国家資金の重点的投入あるいは必要な公共統制等国の適切な補完対策が講ぜられるならば、前述の諸要請にこたえてゆくことは可能であり、また現行体制のもとでは、私的経営の創意と柔軟性、企業相互間の競争の刺激、地域社会との連けい等地域別私企業分割経営の特色を活かすことができると判断される。また過去の体験にかんがみても、新らしい企業形態に移ることは過渡的摩擦が大きく、経営効率やサービス低下の懸念も十分考えられる。（電力政策研究会編、一九六五、四七二〜四七三頁）

要するに、電気事業審議会の答申は、現行九電力体制の維持を明確に打ち出したわけである。前記の答申にもとづいて法案が作成され、国会の議決を経て、一九六四年七月に新電気事業法が公布された（施行は一九六五年七月）。電気事業再編成以来の民有民営地域別九分割方式を法的に追認した新電気事業法は、くすぶり続けていた電力業の企業形態をめぐる論争に一応の終止符を打った。ここに、九電力体制は定着したものとなったのである。

電力業経営の自律性

一九五〇〜五一年の電気事業再編成は、電力業の行政機構と産業組織の両面にわたる一大変革であったが、ここで後者の側面に注目すると、再編成によって生み出された九電力体制の特徴は、㊀民営、㊁発送配電一貫経営、㊂地域別九分割、㊃独占、の四点に求めることができる。電気事業再編成をその直前の電力国家管理（一九三九〜五一年）と関連づければ、これら四点のうち㊀と㊁は不連続、㊂は部分的連続、㊃は連続ということになる。したがって、電気事業再編成固有の意義は㊀と㊁を実現した点、および㊂を徹底した点にあったわけであるが、これに対して再編成から半世紀以上を経た今日、電力自由化問題として、主として㊃のもたらすデメリットが議論の俎上にのぼっている。

㊃（独占）のもたらすデメリットとは、具体的には、競争の欠如による料金水準の高さのことであるが、九電力体制においては総括原価主義にもとづく料金認可制［電気を生産、販売するため必要なすべての費用に適正な利潤を加えて総括原価を算定し、それと電気の販売収入とが等しくなるように料金を設定する方式］が採用され、このようなデメリットが顕在化することをチェックすることになっていた。そして、現実に、料金認可制によるチェックは、一九七三年に石油危機が発生するまでは有効に作用していた。そこでは、九電力体制の㊀（民営）や㊁（発送配電一貫経営）や㊂（地域別九分割）の特徴がメリットを発揮し、そのことが料金認可制によるチェックに有効性をもたせ、㊃が可能性として内包する高い料金水準というデメリットを封殺するメカニズムが作用していたのである。しかし、料金認可制によるチェックは、石油危機以降、有効に作用しなくなった。㊀・㊁・㊂のメリットによる㊃のデメリットの封殺が機能しなくなったのであり、そうであるからこそ、電力自由化問題として、㊃のもたらすデメリットが議論の俎上にのぼるようになったのである。

このような事情をふまえれば、九電力体制の合理性に対して正確な史的評価を与えるためには、独占(四)が潜在的に内包するデメリットがどのように顕在化したか、あるいは別の言い方をすれば、㊃のデメリットを封殺する可能性をもつ民営(一)、発送配電一貫経営(二)、地域別九分割(三)のメリットがいかに推移したか、に注目することが重要になる。ここで、㊀・㊁・㊂のメリットが㊃のデメリットを制御することを「電力業経営の自律性」と呼び、その自律性の変遷にもとづいて、九電力体制の合理性について時期区分を行ってみよう。

経営の自律性による時期区分

時期を区分する際に画期とするのは、一九七三年に発生した第一次石油危機と、一九九五年に施行された電気事業法の全面改正とである。これら二つの出来事を転換点にして、九電力体制の半世紀余は、電力業経営の自律性が発揮された一九五一〜七三年、自律性が後退した一九七四〜九四年、自律性の再構築がめざされた(そして、現在もめざされている)一九九五年以降、の三つの時期に区分される(橘川、二〇〇二b)。

本書の「はしがき」で示した時期区分と照らし合わせれば、C1の時期が自律性の発揮期と後退期へさらに二つに細分され(一九五一〜七三年と一九七三〜九五年)、C2の時期が一九九五年以降の自律性の再構築期と対応するわけである。また、九電力会社間の企業間競争に注目すれば、C1の時期の前半(一九五一〜七三年)には、市場競争は存在しなかったもののパフォーマンス競争が存在し、C1の時期の後半(一九七三〜九五年)には、市場競争もパフォーマンス競争も存在しなくなった。そして、C2の時期(一九九五年以降)には、市場競争が始まった、と言うことができるのである。

自律性の発揮

本章ではC1の時期の前半（一九五一〜七三年）に目を向けてきたが、この時代には、日本の電力業経営は、自律性を発揮した。つまり、民営九電力体制は合理的な存在だったのである。

「電力会社はお役所のようだ」と言われるようになってから久しいが、一九五一〜七三年の時代には状況が大きく異なり、日本の電力会社は、私企業としての活力に満ちあふれていた。石油危機以前の時期には、日本の電力会社は、今日よく言われるような「お役所のような存在」ではなかったのである。

『黒部の太陽』

石原裕次郎が主演した『黒部の太陽』という映画がある。そのモデルとなったのは、一九六一年に関西電力が運転を開始した黒部川第四発電所、いわゆる「クロヨン」である。太田垣士郎・芦原義重両社長の陣頭指揮のもと、関西電力が社運を賭してクロヨンの建設に邁進した背景には、太平洋戦争前後の時期に施行されていた電力国家管理の復活がまだありえた当時の状況のもとで、民間電気事業者の活力と優位性を社会的にアピールしようとする使命感があった。

クロヨンの建設は、日本人が発揮した活力の象徴として、NHKのテレビ番組『プロジェクトX』でも取り上げられた。そして二〇〇二年の紅白歌合戦では、中島みゆきが、『プロジェクトX』の主題歌である「地上の星」をクロヨンの地下トンネルで熱唱し、話題になった。

ＬＮＧ火力発電の開始

一九七〇年に東京電力が、世界最初のＬＮＧ（液化天然ガス）火力発電を南横浜火力発電所で開始した時、「天然ガスのアブノーマル・ユーズ（異常な使用）だ」、「石油火力より発電コストが三割高いことを忘れた非経済的な行為だ」と、それをいぶかしがる声が、同社の内外からあがった。しかし、当時の東京電力社長木川田一隆は、硫黄酸化物を含まないＬＮＧの「無公害燃料」としての特徴を決定的に重視し、南横浜火力発電所の建設を断行した（東京電力株式会社、二〇〇二年、八四六～八四七頁）。

木川田の決断で東京電力が敢行した火力発電へのＬＮＧや低イオウ原油の導入は、無公害への挑戦という点で、当時、「革新自治体の雄」と呼ばれていた美濃部亮吉東京都知事や飛鳥田一雄横浜市長のはるか先を行くものであった。世界に先駆けて公害防止を第一義に追求した木川田の判断がいかに先見的であったかは、今日、ＬＮＧ火力発電所が主要な電源の一つとして定着していることからも窺い知ることができる。

「松永安左エ門魂」の発揮

このように、石油危機以前の時期には、日本の電力会社は、個性的で活力ある経営をしばしば展開した。復興期から高度成長期にかけての日本で低廉な電気供給が実現したのは、電源構成の火主水従化や火力発電用燃料の油主炭従化が進展したからであったが、そのプロセスでは、反対ないし消極的な姿勢をとる通産省サイドを業界サイドが押し切るという、興味深い光景がみられた。また高度成長期には個別に料金値上げを行う電力会社には鋭い社会的批判が集中したため、地域独占が確立されているにもかかわらず、九電力各社は、業績

（パフォーマンス）をめぐってある程度活発な企業間競争を展開した。石油危機以前の時期には、通産省と電力会社は一体ではなく、また、それぞれの電力会社のあいだには強い競争意識が存在したのである。

　このような電力業界の活力は「松永安左エ門魂」の発揮と呼ぶことも可能であろう。戦前の代表的な電力業経営者であった松永は、戦時期に、電力国家管理に徹底抗戦して敗れ、いったんは野に下った。しかし、終戦後、電気事業再編成審議会の会長として復活し、電力国家管理を廃止する電気事業再編成を断行して、民営九電力体制の生みの親となった。その活躍によって「電力の鬼」と呼ばれた松永は、役人嫌いでも有名であった。さきに名前をあげた太田垣は、松永の推挙により電力業界入りした人物であり、芦原と木川田は、松永の薫陶を受けて関西電力と東京電力のトップの座に駆け上がったのである。

産業計画会議

　晩年の松永安左エ門の活動は、電力業経営の枠を超えるものがあった。それを端的に示したのは、一九五六年三月に、彼が政・財・官・学各界の有力メンバーを集めて、民間の任意団体「産業計画会議」を発足させたことである。松永は、同会議の委員長に就任した。産業計画会議は、「レコメンデーション」と称して、

①『日本経済立直しのための勧告』（一九五六年九月）〔「エネルギー源の転換」、「脱税なき税制」、「道路体系の整備」が三本柱〕

②『北海道の開発はどうあるべきか』（一九五七年一月）

③『高速自動車道路についての勧告』（一九五八年三月）
④『国鉄は根本的整備が必要である』（一九五八年七月）
⑤『水問題の危機はせまっている』（一九五八年七月）
⑥『あやまれるエネルギー政策』（一九五八年十月）
⑦『東京湾二億坪埋立についての勧告』（一九五九年七月）
⑧『東京の水は利根川から――沼田ダムの建設』（一九五九年七月）
⑨『減価償却制度はいかに改善すべきか――経済成長と減価償却制度』（一九五九年七月）
⑩『専売制度の廃止を勧告する――専売公社の民営、分割は議論の時代ではない、実行の時代である』（一九五九年七月）
⑪『海運を全滅から救え――海運政策の提案』（一九六〇年十二月）
⑫『東京湾に横断堤を』（一九六一年七月）
⑬『産業計画会議の提案する新東京国際空港』（一九六四年三月）
⑭『原子力政策に提言』（一九六五年二月）

を、あいついで発表した。これらはすべて、国会議員、経済関係者、経済諸団体、言論機関などに印刷物として配布され、大きな社会的反響を呼んだ。産業計画会議は、一九七一年十二月に解散したが、十五年間で、総計六一五種類の印刷物を刊行したと言われている（小島、一九八〇、一一四八～一一五三頁）。

松永の晩年と死

松永安左エ門の晩年の活動として、産業計画会議を通じた提言とともに特筆すべきなのは、イギリスのアーノルド・ジョセフ・トインビーの大著『歴史の研究』の翻訳刊行である。満七十八歳であった一九五四年秋にでかけた欧米視察の際にトインビーと会った松永は、自らの生涯のテーマである「人造り国造り」を実践するうえでこの大著はきわめて有用であると判断し、帰国後、専門の刊行会を組織して、日本語への翻訳に心血を注いだ。日本語版の『歴史の研究』の第一巻は一九六六年四月に刊行され、全二五巻の刊行が完了したのは、松永の死の翌年、一九七二年九月のことである（以上、小島、一九八〇、一一七七〜一一九六頁）。

このように、晩年の松永安左エ門は、多方面で活躍した。しかし、総合的にみるならば、松永は、やはり、「一人一業」に徹したと評価すべきであろう。松永はあくまで、電力業経営者であり、「電力の鬼」だったのである。米寿の祝賀会で安左エ門は、

生きているうち鬼といわれても
　死んで仏となりて返さん

という歌を作ったと言われている（でんきの科学館プロジェクトチーム企画・製作、一九九五、一四頁）。

松永安左エ門は、電気事業再編成の際にみずからがリーダーシップを発揮して生み出した民営九電力体制が確立し、電力業経営に「松永安左エ門魂」とでも呼ぶべき自律性が貫徹したのを見届けて、

一九七一（昭和四六）年六月十六日、東京の慶應病院で静かに息をひきとった。享年満九十五歳であった。松永安左エ門は、一足早く一九五八年十月に満七十四歳でこの世を去った一子夫人とともに、埼玉県新座市野火止《のびとめ》の平林寺《へいりんじ》に眠っている。

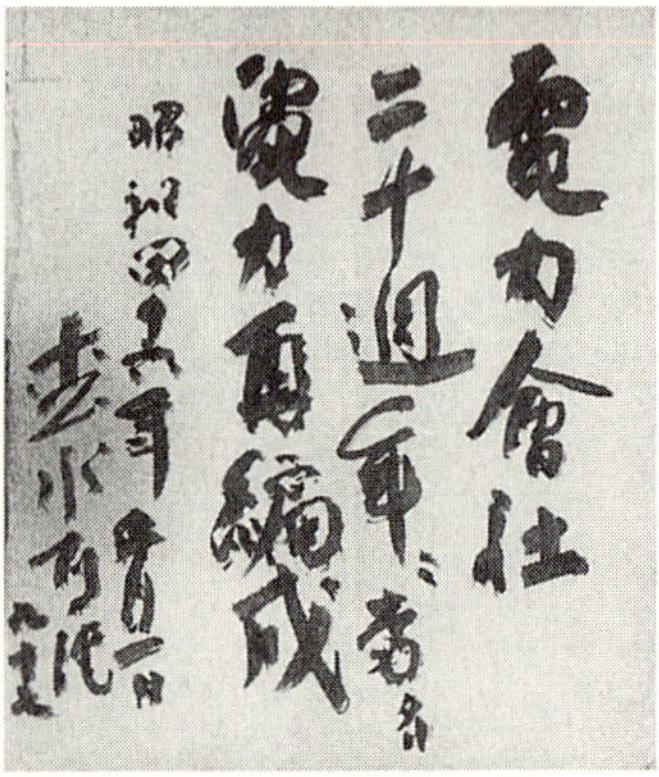

絶筆となった色紙（個人蔵）

墓碑　夫人の墓（右）と並ぶ
（埼玉県新座市野火止・平林寺境内）

第七章　「松永安左エ門魂」と電力自由化（一九七二年以降）

1　石油危機の発生とその影響

松永安左エ門の死から二年経った一九七三（昭和四八）年、日本経済は大きな曲り角を迎えることになった。石油危機の発生による高度経済成長の終焉がそれである。

石油危機と多重苦

石油危機は、日本の諸産業に大きなダメージを与えたが、電力業の場合、その度合いはとくに大きかった。高度成長期に「低廉で安定的な電気供給」を実現した日本の電力業は、石油危機を契機に、様々な苦難に直面することになった。原油価格の高騰、電力需要の伸び悩み、負荷率の低下、立地・環境問題の深刻化、資金コストの急上昇などが、それである。一九七〇年代半ばから一九八〇年代初頭にかけて、電力業にとって、多重苦の同時発生とでも呼ぶべき状況が現出したのである。

松永が、その実現、確立のために、彼の人生の後半を捧げた民営九電力体制は、多重苦の同時発生という逆境のなかで、徐々に変質をとげるようになった。電力業経営の自律性が後退し、電力会社の活力が失われていった。そして、一九九〇年代にはいると、九電力体制の根幹を揺るがすような電力自由化が開始されるにいたった。

このような状況変化を受けて、今日、我々には、電力自由化のプロセスに「松永安左エ門魂」（自律的経営の精神）をいかに反映させるかが、鋭く問われている。この種の評伝としては異例の措置であるが、本書であえて評伝の主人公の死後の時期について特別な章を設定した理由は、ここにある。

原油価格の高騰

石油危機が日本の電力業にもたらした第一の苦悩は、原油価格の高騰である。

一九七三年十月に第四次中東戦争を契機にして第一次石油危機が発生した直後には、中東石油輸出諸国の石油禁輸措置にともなう原油の量的不足が、日本経済にとって最も深刻な問題であった。しかし、時が経つにつれて、石油危機の最大の影響は、原油価格の高騰にあることが明らかになった。代表的な中東原油であるアラビアンライトの実勢価格は、一九七三年一月に一バーレル当たり二・五九ドルであったが、第一次石油危機を経た一九七四年一月には九・七〇ドル／バーレルへ急騰した。その後もじりじりと上昇し、一九七八年十二月に一二・七〇ドル／バーレルとなったが、イラン革命を契機に発生した第二次石油危機の影響を受けて、一九八〇年七月には三一・九六ドル／バーレルにまで高騰した。

日本の輸入原油のＣＩＦ（cost, insurance and freight）価格（運賃・保険料込価格）は、一九六五～七〇年度には一バーレル当たり一ドル台で推移していたが、第一次石油危機後の一九七四年度に一バーレル当たり一〇ドルの大台を上回り、第二次石油危機後の一九八〇～八二年度には三〇ドル／バーレルを越す水準に達した。一方、為替の動向も反映する一キロリットル当たりの円建て価格は、一九七二年度までの四千円台から一九七四年度に二万円台へ急騰し、一九七八年度には円高の影響でいったん一万円台に低下したものの、一九八一、八二年度には五万円を越す水準に達した。

電力需要の伸び悩み

石油危機が日本の電力業にもたらした第二の苦悩としては、電力需要の伸び悩みをあげることができる。

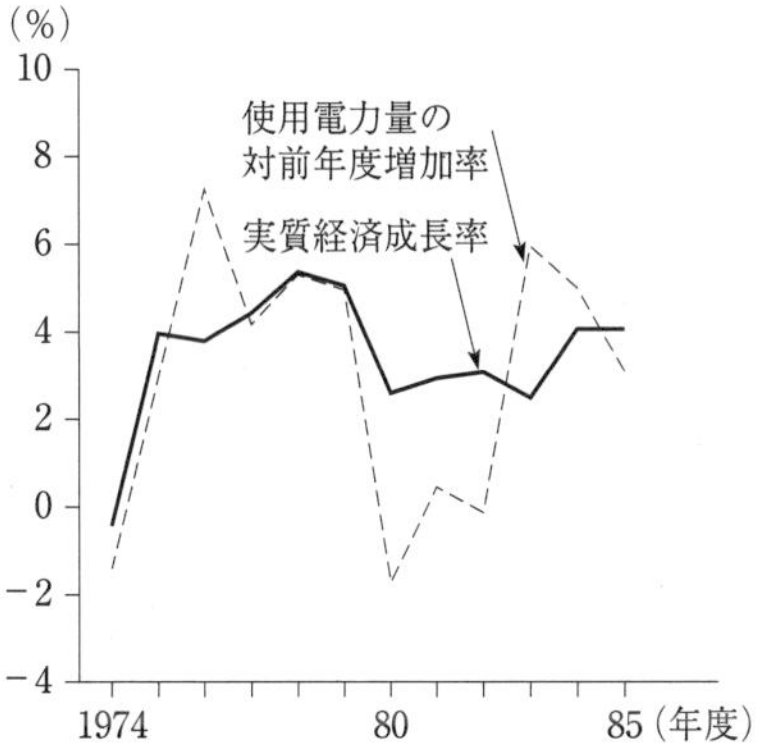

図7－1　全国の使用電力量の伸び率
（1974～85年度）

注：使用電力量の対前年度増加率は，電気事業用と自家用の合計で算出。
出典：『電気事業便覧』1986年版。『経済白書』2000年版。

石油危機を契機に日本の経済成長率の水準が低下したのにともない、一九七〇年代なかばから一九八〇年代前半にかけての時期には、電力需要は伸び悩みを示した。一九六〇～七三年度にはおおむね一〇%前後で推移していた全国の使用電力量の対前年度増加率は、図7・1にあるように、一九七四、八〇、八二年度にはマイナスとなり、一九七六年度に七・三%を記録したのが最高であった（五%を上回ったのも、一九七六、

表7－1　全国の使用電力量（1973～85年度）

（単位：百万 kWh）

			1973年度	75年度	80年度	85年度	年平均増加率 73～75年度	75～80年度	80～85年度	73～85年度
9電力会社	電　灯		71,853	81,513	104,100	131,946	6.5%	5.0%	4.9%	5.2%
	電　力	業務用	30,135	35,025	52,142	77,051	7.8	8.3	8.1	8.1
		小　口	52,208	54,209	70,077	88,192	1.9	5.3	4.7	4.5
		大　口	171,509	164,836	189,734	203,510	△2.0	2.9	1.4	1.4
		電力計	263,777	265,052	329,344	386,394	0.2	4.4	3.2	3.2
	電灯・電力計		335,630	346,566	433,444	518,340	1.6	4.6	3.6	3.7
電気事業用	電　灯		72,548	82,420	105,271	133,303	6.6	5.0	4.8	5.2
	電　力		290,821	292,339	358,982	408,091	0.3	4.2	2.6	2.9
	電灯・電力計		363,369	374,760	464,253	541,394	1.6	4.4	3.1	3.4
自家発自家消費電力量			58,399	54,063	55,998	57,912	△3.8	0.7	0.7	△0.1
合　計			421,768	428,823	520,251	599,306	0.8	3.9	2.9	3.0

注：1．電気事業用は，9電力会社，その他一般電気事業者，卸電気事業者の合計。
　　2．自家発自家消費電力量は，9電力会社との契約最大電力500kW 以上ないし自家発電設備500kW 以上の合計。
　　3．△は減少。
出典：『電気事業便覧』。

七八、八三、八四年度の四年度だけにとどまった）。一九八〇～八二年度に使用電力量の対前年度増加率が実質経済成長率を大きく下回ったのは、一九八〇年の電気料金引上げおよび一九八〇、八二年の冷夏の影響によるものであった。一方、一九七六年度と一九八三、八四年度にそれとは逆の現象がみられたのは、直前の電力需要の落込みを取り返すべく、一時的な需要増が発生したからである。

表7・1における九電力会社の使用電力量の増加率が示すように、需要の伸び悩みは、大口電力について、とくに顕著であった。九電力会社の大口電力需要の増加率は、第一次石油危機の影響を受けて、一九七三～七五年度にはマイナスとなり、その後プラスに転じたものの、き

わめて低位にとどまった。

一九七〇年代半ばから一九八〇年代前半にかけて、電力需要が全体的に伸び悩むなかで、比較的堅実な拡大がみられたのは、業務用電力需要と電灯需要であった（表7・1）。この分野では、オフィス用や家庭用のルームクーラーの普及が、重要な意味をもった。

ピーク先鋭化と負荷率低下

オフィス用や家庭用のルームクーラーが普及したことによって、夏季の気温上昇による一時的な電気需要増は、従来よりも顕著になった。電力はストックがきかない特殊な商品であるため、一時的な需要増加についても、それに対処しうる電源開発を行わなければならない。つまり、需要面における夏季昼間ピークの先鋭化は、負荷率［平均電力の最大電力に対する比率で電力設備の稼動率を意味する］を引き下げ、電力業経営に大きな打撃を与えることになった。

図7・2からわかるように、一九七〇年代にはいると、九電力会社の夏季最大電力は冬季最大電力を大きく上回るようになった。夏季ピークが顕在化したわけであるが、この傾向は、石油危機後の時期に定着した。なお、一九八〇年に夏季ピークは消滅したが、これは、電気料金の値上げと異常な冷夏とによる一時的な現象にとどまった。

ピークの先鋭化にともない、九電力会社の負荷率は、一九七〇年代前半に大きく落ち込み、その後も低い水準で推移した。図7・3が示すように、それは、一九七〇年度に六八・一％であったが、一九七五年度には六〇・七％まで低下し、以後、六〇％前後の水準にとどまり続けた。負荷率の低迷は、

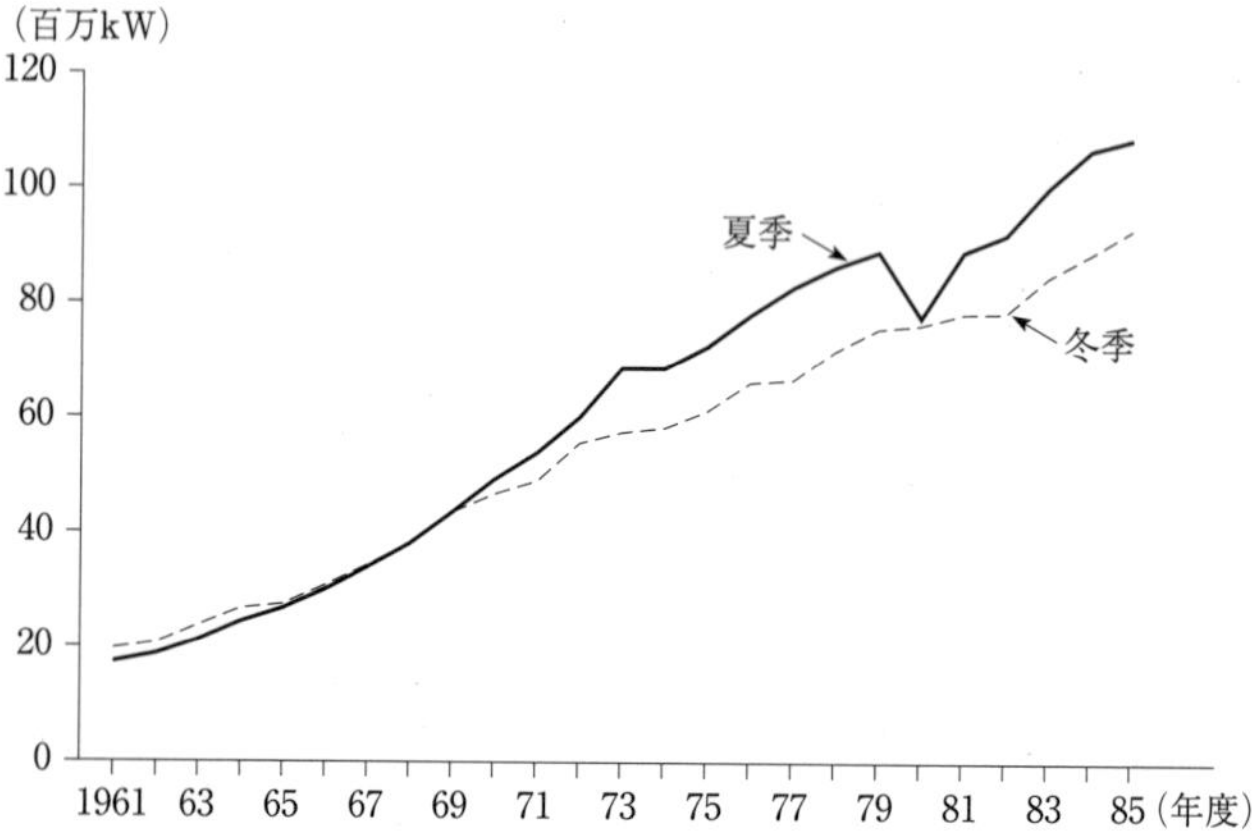

図 7－2　9 電力会社の最大電力（1961～85年度）

注：1．最大電力 3 日平均で，9 電力会社の合成最大値。1970年度までは発電端，1971年度以降は発受電端。

2．夏季は 8 月，冬季は12月の数値。

出典：『電気事業20年の統計』。『電気事業30年の統計』。『電気事業40年の統計』。

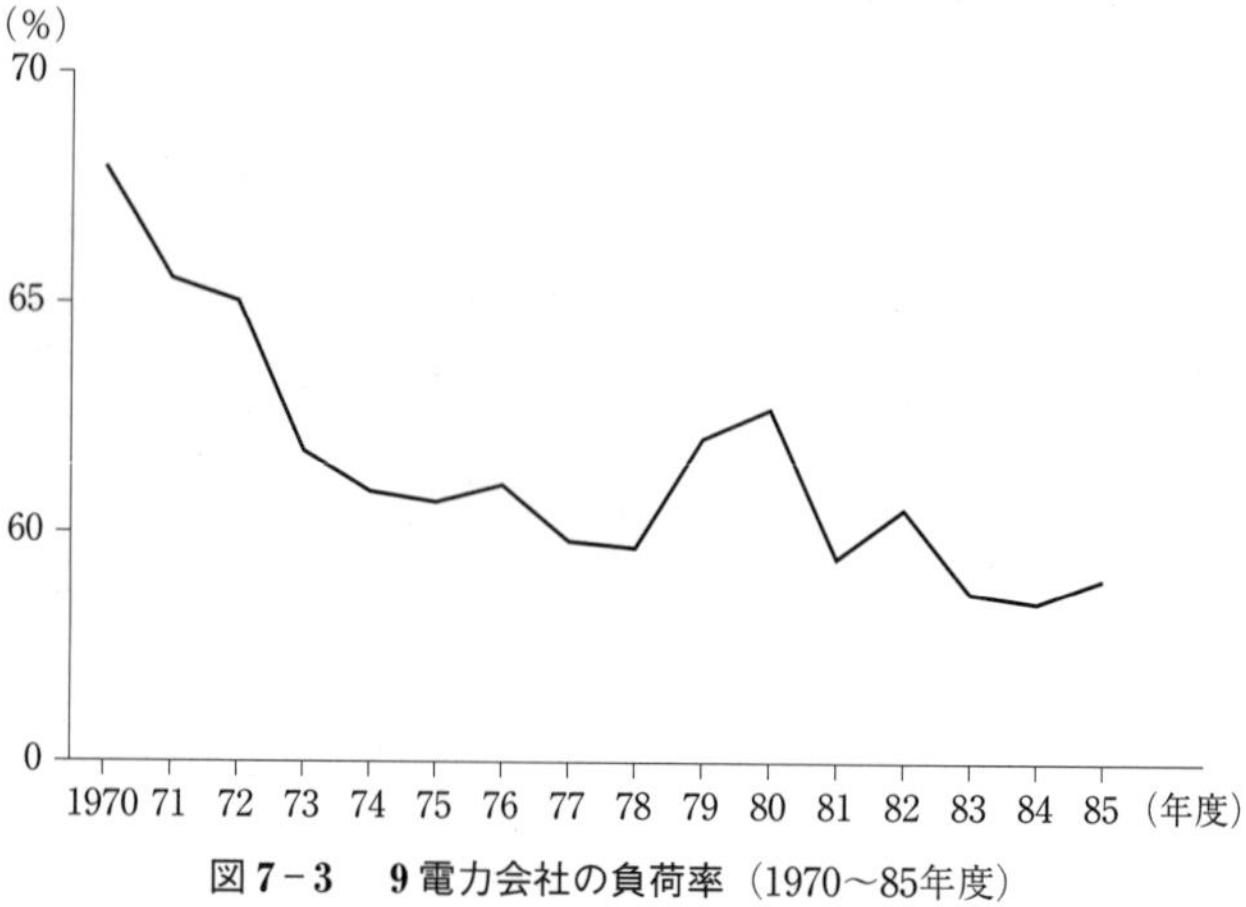

図 7－3　9 電力会社の負荷率（1970～85年度）

注：1980年度までは発電端，1981年度以降は送電端の数値。

出典：『電気事業20年の統計』。『電気事業30年の統計』。『電気事業40年の統計』。

ミネルヴァ
日本評伝選通信
水無月
NO.51 2008

一生涯坐禅 坐禅の行を積む

——竹貫元勝氏『宗峰妙超』を語る

◆宗峰妙超は本物

宗峰妙超・大燈国師は、大燈禅の法幢をかかげた禅の本物であり、日本禅宗史においては知られている禅僧である。しかしながら、中世史の上においては同時代に生きた夢窓疎石などに比べれば、知名度は一段低くなる。また、一般常識としてもつべき中世史上の人物としての位置付けがなされ、或いはその扱いを得ているかといえば、必ずしもそうではない。そのように考えても過言ではないであろう。その要因は幾つか考えられようが、宗峰妙超の活動は、地域的には京都を拠点としていた。ことにその場所が禅の道場大徳寺にあって、禅寺ということである。それは民衆と一線をかくした存在という感じを強くすることにもなろう。

本書の帯に「一生涯坐禅坐禅の行を積む」と宗峰妙超の伝を集約したけれど、この一二字の語を今日の人々がどのように感受されるのであろうか、筆者としては関心のあるところである。

宗峰妙超は、禅を極めて大燈禅を興した「本物」である。その生きざまに学びとりたい、「本物」に心の糧をえたい。そのような思いをもってくれることに期待しているのであるけれど。

◆日本史の俎上に引き出す

ところで、宗峰妙超を本書に纏めるにあたって、意識したことは、如何に日本史の俎上において紐解くかであった。日本史の俎上に宗峰妙超を語るには、その史的位置付けが迫られるが、宗峰妙超は後醍醐天皇や花園天皇などと接し、激動の時代に生きた人物である。この時代を知る上で、決して小さい存在ではない。かかる視点で政権とのかかわりや、寺領荘園とのかかわりなど、時代社会に精通していた人物であったことに注目し、中世・南北朝史上における位置付けの手掛かりが提供できないかということを考えた。また、女性史の一角に位置付けができないかということも思考した。女性の参禅者、求道者に積極的にかかわって、女性道場をもうけた。宗峰妙超の禅指導は、雲水、一般参禅者の男女の区別なく貫かれた、坐禅専一を勧めるものであった。女性の帰依参禅者を有する宗峰妙超にとって、女性専用の道場をもつことは、その対応のための理想として、当然考えられる施設であった。これまで女性のための尼道場開設を現実のものにした禅僧はいなかった。それを宗峰妙超は実現したのである。積極的な女性教化活動の姿勢を示したものとしてみるべきものがある。坐禅専一の修行とその指導ができる女性のための空間を構築したそれは、「大燈禅」を考える上で看過できない点であろう。

◆紫野文化

つぎに、宗峰妙超の後に、大燈禅の法灯を引っ提げた一休宗純、江月宗玩、玉室宗珀、沢庵宗彭などが出現したことを見通して、大燈禅を根源とした精神文化の形成とその展開した文化に注視して、日本文化史の見直しと、宗峰妙超の位置付けを考え、「紫野文化」を提言した。

中世文化の形成展開において、禅宗がそれに及ぼした影響は絶大である。禅宗に視点を置けば、中世文化は禅文化の時代であったと称し得る。こと室町文化については、北山文化、ついで東山文化が形成された。そこに主導的役割を果たしていたのは、五山の僧であり、五山派であった。概して、紫野の大徳寺に見出せる文化も、その範疇、あるいは延長線上において把握され、集約される傾向をもってきた。

しかし、大徳寺は、禅の造形として見るべき庭園があり、墨蹟があり、また茶の湯に深くかかわり、戦国期から近世初期の文化にも大きく影響を及ぼした。さらには京都中央文化の地方普及にも一役を担っている事実がある。

この大徳寺を拠点に開花した文化は、大燈禅の精神が深く浸透し、それによって育まれた文化であって、中世の精神文化に見出せる「道（どう）」の文化としての開花とその熟成に大燈禅は看過できない。敢えて「紫野文化」とでも称して、紫野大徳寺と宗峰妙超の大燈禅に発し、それを源流として展開した禅文化を特別視してはどうかと思っている。

竹貫元勝氏（たけぬき・げんしょう）
現在、花園大学教授・花園大学図書館長。正眼短期大学特任教授。文学博士。
著書に『日本禅宗史』大蔵出版、『古溪宗陳』淡交社、ほか多数。

『宗峰妙超』
竹貫元勝 著
2940円 2008.1刊

ちょっと立ち読み

「あとがき」または「はじめに」から、ミネルヴァ日本評伝選の最新刊をいち早くご紹介します。

『西田天香』宮田昌明著
3150円
2008年4月刊

ロシアの文豪レフ・トルストイに、『人は何によって生きるか』という短編小説がある。神より罰を受け、三つの課題を与えられて人間の世界に下された、ある天使の物語である。その課題とは、人間の中にあるものは何か、人間にないものは何か、そして、人は何によって生きるか、というものであった。天使は全ての答えを知り、神の許へ帰ることになるが、その答えとは次の通り。すなわち、人の中には愛がある。しかし、人には自分の将来を知り、自分の生活に本当に必要なものを考える能力がない。したがって、人は自らを知り、自らのことを考えることによって生きているのではなく、周囲の愛に囲まれることによって生きている。そして、その愛こそが神そのものである。

本書で取り上げる西田天香は、日露戦争前にトルストイの『我宗教』という著作に接してそれまでの生活への苦悩を深め、およそ半年後に郷里長浜の愛染堂に参籠し、新たな生活と生涯を開始した。天香の新生活は、一燈園という宗教的修養団体を成立させた。さらに大正十年に至り、天香は『懺悔の生活』という著書を出版し、これによって天香の名が広く知られるようになった。天香はその後、昭和三年に財団法人光泉林を創設し、後に一燈園も同敷地内に移転する。光泉林は京都市山科区四宮の、春には桜、秋には紅葉の美しい琵琶湖疏水端に位置し、今日に至っている。

天香は、自らを捨てて「死ぬ」こと、そして神仏への感謝と奉仕の精神に基づく無償の労働を行うことで、逆に自らも生かされると信じ、それを実行した。その意味で、前述のトルストイの短編小説を現実にしたかのような生活を送ったわけである。本書は、天香が新生涯に入るまでの経緯、一燈園創設の背景となった思想や宗教的教義、天香と一燈園が広く知られるようになった後の活動、そして天香に師事し、天香を支えた人々の軌跡を紹介する。以上を通じ、天香が一燈園生活として実践した、捧げることによって逆に与えられるという生活が、どのように始まり、どのように広がっていったのかが明らかとなるはずである。(後略)

「はしがき」より

西田天香

ミネルヴァ日本評伝選　周辺紀行

この心 この身 このくらし

自らを捨て、神仏への感謝と奉仕の精神に基づく無償の労働を行うなど、京都・四宮の地で「無」の思想を実践した西田天香。彼は大正11（1922）年9月、その覚書である『天華香洞録』に「…この心この身この生活（くらし）をおもふ。…」と記している。これが後に手ぬぐいに印刷され、六万行願（便所掃除の際の祈り）を行うとき頭に被る「天蓋」として用いられ、天香の教えをいまに伝えている。

ゆかりの地：一《いっ》燈《とう》園《えん》

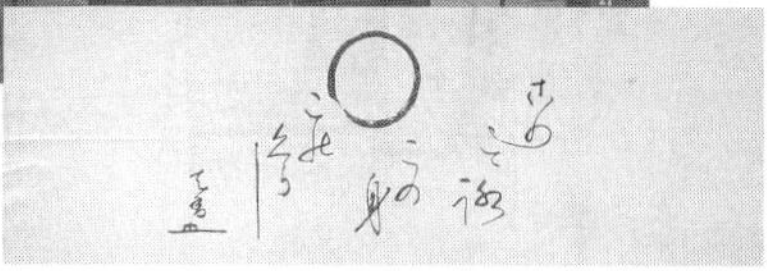

◁上　一燈園　礼堂
下　「この心この身このくらし」の「天蓋」

西田天香と一燈園（(財)懺悔奉仕　光泉林）

トルストイの『我宗教』に影響をうけ、新生活に入った西田天香。彼が創設した一燈園は昭和5（1930）年に現在の地に移転し、今日に至っている。自らを捨て、神仏への感謝と奉仕の精神に基づいて、他家の便所を心をこめて掃除するなどの無償の労働を行う一燈園の活動は、天香や周りの人々が生涯をかけて遺した、誠実や敬虔といった人間の純粋な精神作用がもたらす成果の一端を示す。

Access

【所在地】
京都市山科区四ノ宮柳山町8
【最寄り駅】
京阪電鉄浜大津線「四ノ宮」下車約10分

今月の「推薦図書」

好奇心が刺激される一冊をミネルヴァの蔵書からピックアップ!

国連加盟から50年――国連外交の醍醐味を味わう

『オーラルヒストリー 日本と国連の50年』
明石 康／高須幸雄ほか編著　２９４０円
ISBN 978-4-623-04916-5
２００８年3月刊

国連が直面した戦争、安全保障、テロ、平和交渉などさまざまな国際問題。その真っ只中にいた日本人初の国連職員である明石 康 元国連事務次長をはじめ、国連諸機関の日本人リーダーや国連大使たちは、いかに考え、どう行動したのか。

日本の国益と一九〇か国を超える国連加盟国の国益がぶつかる、国際政治の血のほとばしるような生なましい実態や、グローバル世界の重要な問題の解決に心骨を砕いて努力する当事者の意見や行動について、如実にオーラルヒストリーで明らかにすることにより、無味乾燥になりがちな国際政局の分析や論説とは異なる臨場感が溢れ出る一冊。

現在、国連における日本の貢献、役割は着実に増している。国連加盟から50年が経ったいま、日本の国連外交を知ろうとするひとにとって、本書のもつ資料的な意義は極めて大きいものになるだろう。

20世紀女傑列伝――

現代世界の女性リーダーたち

石井貫太郎編著◉世界を駆け抜けた11人

20世紀を中心に活躍し、世界を駆け抜けた女性リーダーの情熱と努力を傾けた熱い生き様に迫る。

3360円

開発途上国の政治的リーダーたち

石井貫太郎編著◉祖国の建設と再建に挑んだ14人

途上国の政治指導者の生涯と、当該国の発展を描く、歴史・地域・国際関係研究。

3780円

世紀転換期の国際政治史

福田茂夫／佐藤信一／堀 一郎編著

世紀転換期の国際政治の流れを、アメリカが推進力と見ながら概説する。

2625円

現代日本のアジア外交

宮下明聡ほか編◉対米協調と自主外交のはざまで

政策アクター間の利益の一致度合を軸に、外交研究上の幅広い枠組みを提示する。

5040円

過去・現在・未来を見通す羅針盤――

＊A5判上製カバー

国際政治・日本外交叢書

① アメリカによる民主主義の推進

猪口 孝ほか編◉なぜその理念にこだわるのか

今日改めて関心がもたれているアメリカの民主主義推進を、多角的に検証する。

7875円

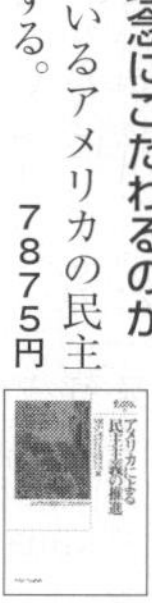

② 冷戦後の日本外交

信田智人著◉安全保障政策の国内政治過程

湾岸戦争でのトラウマ、朝鮮半島危機などに日本はどう立ち向かうのか。

3675円

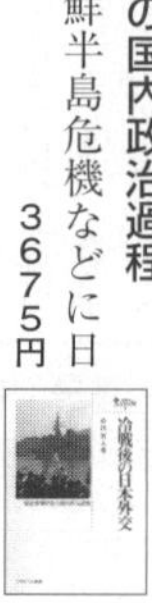

③ 領土ナショナリズムの誕生

玄大松著◉「独島／竹島問題」の政治学

問題の起源と経緯、韓国人の精神構造を解明し、日韓関係の特徴を考察する。

6090円

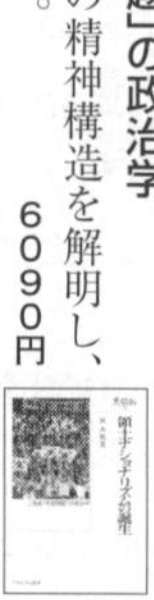

④ 冷戦変容とイギリス外交

齋藤嘉臣著◉デタントをめぐる欧州国際政治、1964～1975年

イギリス外交史の視点から欧州国際政治を再検討し、冷戦変容の過程と、役割を解明。

5250円

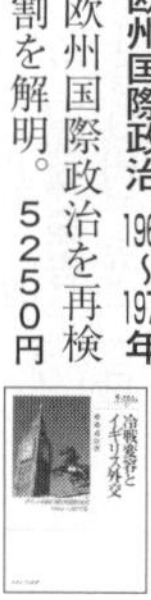

読・者・の・声・か・ら

愛読者カードから読者の声を紹介します

国際的にテロリズムのはびこる
現代において、
浜口雄幸がいた昭和の激動期を、
改めて見直してほしいと思う。
（多治見市男性・84歳）

立憲君主としての**明治天皇**の行績や態度を
理解することができた。（真岡市男性・26歳）

その当時の時代背景が
目に浮かび、
特に**北政所おね**の
書状などには
感動を覚える。
（富士市男性・69歳）

和宮の名前だけは知っていたが、
人物についてはほとんど知らず、
昔の女性の生き様の激しさを
強く感じた。
（綾部市男性・60歳）

広報担当者より

今回は、最高額紙幣一万円札の顔としても知られている『**福澤諭吉**』（平山洋著　定価３１５０円）をご紹介します。

福澤諭吉は、慶應義塾の創設者、明治の六大教育家のひとりであり、日本の文明開化を指し示したとして、その名を馳せた人物です。

『学問のすゝめ』、『西洋事情』など、多数著書を出版している諭吉ですが、なかでも無類のおもしろさを誇る口語文体の自叙伝『福翁自伝』は、彼の人柄がわかるだけでなく、幕末の動乱期に近代思想の先駆者として日本を導いた近代史の貴重な文献として注目され、自伝において最高傑作のひとつといわれています。

「門閥制度は親のかたき」などの有名な言葉もこの自伝から出てきたものです。しかし、そこに真実は語られていたのでしょうか。

本書では、厳密な史料解釈により、新たな福澤諭吉の人物像をいきいきと描きだし、その素顔に迫ります。

発行 ミネルヴァ書房　NO.51　2008年6月1日
〒607-8494 京都市山科区日ノ岡堤谷町1
Tel 075-581-5191　Fax 075-581-8379
表示価格は税込　http://www.minervashobo.co.jp/

郵便はがき

料金受取人払

山科局承認

47

差出有効期間
平成21年5月
10日まで

6078790

(受　取　人)

京都市山科区
日ノ岡堤谷町1番地
(山科局私書箱24)

㈱ミネルヴァ書房
ミネルヴァ日本評伝選編集部 行

◆以下のアンケートにお答え下さい。

＊　お求めの書店名

__________市区町村__________書店

＊　この本をどのようにしてお知りになりましたか？　以下の中から選び、3つまで○をお付け下さい。

A.広告(　　　　)を見て　B.店頭で見て　C.知人・友人の薦め
D.図書館で借りて　E.ミネルヴァ書房図書目録　F.ミネルヴァ通信
G.書評(　　　　)を見て　H.講演会など　I.テレビ・ラジオ
J.出版ダイジェスト　K.これから出る本　L.他の本を読んで
M.DM　N.ホームページ(　　　　　　　　　)を見て
O.書店の案内で　P.その他(　　　　　　　　　　)

＊新刊案内（DM）不要の方は×をつけて下さい。 □

ミネルヴァ日本評伝選愛読者カード

書 名　お買上の本のタイトルをご記入下さい。

◆上記の本に関するご感想、またはご意見・ご希望などをお書き下さい。
「ミネルヴァ通信」での採用分には図書券を贈呈いたします。

◆あなたがこの本を購入された理由に○をお付け下さい。(いくつでも可)

A.人物に興味・関心がある　B.著者のファン　C.時代に興味・関心がある
D.分野(ex. 芸術、政治)に興味・関心がある　E.評伝に興味・関心がある
F.その他（　　　　　　　　　　　　　　　　　　　　　　　　　　　）

◆今後、とりあげてほしい人物・執筆してほしい著者(できればその理由も)

〒 ご住所	Tel　（　　　　）	
お名前《ふりがな》	年齢 歳	性別 男・女
ご職業・学校名 (所属・専門)		
Eメール		

ミネルヴァ書房ホームページ　http://www.minervashobo.co.jp/

日本の電気事業にとって、原価高騰の大きな要因となった。石油危機前後に発生した電力業経営の多重苦の三番目の内容は、このピーク先鋭化による負荷率の低下に求めることができる。

立地・環境問題の深刻化

右記の負荷率の低下は、石油危機以前に発生した問題が、石油危機後もさらに深刻化して定着したものであるが、これと同様の経過をたどったのが、立地・環境問題である。立地・環境問題の深刻化は、石油危機前後に電力業経営が直面するようになった第四の苦悩と言うことができる。

電源開発調整審議会（電源開発に関係する諸官庁の調整機関）が設定した電源開発目標と、それに対する開発地点決定の実績値を示した表7・2にあるように、一九七〇年代から一九八〇年代半ばにかけて、実績値が目標値を上回ることは一度もなかった。電源立地決定の遅れは、火力については一九七〇年代前半、水力については一九七〇年代後半〜八〇年代前半に顕著であり、原子力については、ほぼ全期間にわたって立地決定が困難であった。

電源をめぐる立地・環境問題を深刻化させた要因としては、公害問題の深刻化を反映して環境悪化への懸念が強まったこと、地域住民の意識が変化し土地に対する執着心や権利意識が高まったこと、原子力発電の安全性に対する不安や不信が根強く存在したこと、雇用拡大など地元への直接的な経済波及効果が比較的小さかったこと、先鋭化され組織化された反対運動が展開されるようになったこと、などをあげることができる。

表 7-2　電源開発調整審議会の電源決定状況（1971〜85年度）

（単位：万 kW）

	水力			火力			原子力			合計		
	目標	決定	達成率	目標	決定	達成率	目標	決定	達成率	目標	決定	達成率
1971年度	295	344	116.6%	1,290	837	64.9%	381	523	137.3%	1,966	1,704	86.7%
72	23	25	108.7	780	244	31.3	390	110	28.2	1,193	379	31.8
73	380	344	90.5	900	368	40.9	300	0	0.0	1,580	712	45.1
74	164	87	53.0	931	501	53.8	629	333	52.9	1,724	921	53.4
75	26	3	11.5	338	239	70.7	147	89	60.5	511	331	64.8
76	221	221	100.0	350	365	104.3	333	110	33.0	904	696	77.0
77	289	137	47.4	62	62	100.0	400	174	43.5	751	373	49.7
78	380	237	62.4	760	801	105.4	610	425	69.7	1,750	1,463	83.6
79	200	8	4.0	400	204	51.0	300	0	0.0	900	212	23.6
80	300	261	87.0	1,300	1,381	106.2	500	302	60.4	2,100	1,944	92.6
81	100	29	29.0	500	548	109.6	500	198	39.6	1,100	775	70.5
82	100	51	51.0	500	585	117.0	400	325	81.3	1,000	961	96.1
83	50	15	30.0	350	370	105.7	200	0	0.0	600	386	64.3
84	50	3	6.0	200	180	90.0	600	456	76.0	850	639	75.2
85	20	12	60.0	10	2	20.0	100	0	0.0	130	14	10.8

注：目標とは当該年度の電源開発調整審議会の開発基本計画による数値。
出典：通商産業省・資源エネルギー庁公益事業部編『電源開発の概要』1977・86年度版。

電気事業の業績悪化

多重苦の同時発生

という状況のもとで、日本の電力業の業績は悪化した。九電力会社の総収入利益率は、第一次石油危機が発生した一九七三年度から低迷するようになった。そして、第二次石油危機の影響が大きかった一九七九年度には、九電力会社の総収入が総支出を下回る事態さえ生じた。

九電力会社の収支が悪化した最大の要因は燃料費の膨張であったが、電力各社は、燃料費を捻出するために、減価償却実施率を引き下げざるをえなかった。減価償却費は内部留保の中心部分を占め、九電力会社の場合には内部留保が自己資金の中心部分を占めたから、減価償却実施率の低下は、総工事資金に占める自己資金のウエートの後退に直結した。一九六〇年代にはつねに五〇％を超えた九電力会社の総工事資金に占める自己資金の比率は、一九七三～七九年度には七年度連続して五〇％水準を下回り、とくに一九七四年度と一九七九年度には、それぞれ、二八・一％と一八・一％という低い数値を記録した。

総工事資金に占める自己資金のウエートを後退させた九電力会社は、社債や借入金など有利子負債への依存度を高めた。そのことは、電力各社の利子負担を増大させ、資金コストを押し上げて、業績をさらに悪化させることにつながった。一九七三～七九年の時期に、九電力会社の経営は、このような悪循環に陥ったのである。

低廉な電気供給の終焉

石油危機後の時期に、原油価格の高騰、電力需要の伸び悩み、負荷率の低下、立地・環境問題の深刻化、資金コストの上昇など様々な苦難に直面し、業績を悪化させた日本の電力業は、高度経済成長期に実現した「低廉な電気供給」を維持することが困難になった。表7・3にあるように、九電力会社は、一九七四年六月、七六年六～八月、八〇年二～四月に、三度にわたって電気料金をいっせいに値上げすることを余儀なくされた。また、一九八一年十月には、北海道電力が、独自の料金値上げを行った。第二次石油危機の直前の一九七八年十月には、円高差益還元の一環として、北海道電力を除く八電力会社が電気料金を引下げたが、その影響は僅少であった。

表7－3　9電力会社の電気料金改定（1974～85年）

（単位：%）

	北海道電力	東北電力	東京電力	中部電力	北陸電力	関西電力	中国電力	四国電力	九州電力
1974年6月	43.33	51.87	63.04	71.79	59.45	46.43	60.79	45.30	48.07
76. 6	30.33	28.47	－	－	26.06	－	－	－	24.84
76. 8	－	－	21.01	22.47	－	22.22	22.19	22.81	－
78. 10	－	△0.94円	△1.65円	△1.52円	△0.86円	△1.34円	△0.82円	△1.01円	△1.35円
80. 2	35.62	－	－	－	－	－	－	－	－
80. 4	－	59.77	53.73	50.49	49.64	44.82	68.85	48.04	47.80
81. 10	18.11	－	－	－	－	－	－	－	－

注：各社の平均値上げ率。ただし，1978年10月の△は1kWh当たりの平均値下げ額。
出典：『電気事業便覧』。

電気料金いっせい改定時における九電力会社の平均値上げ率は、一九七四年が五六・八二％、一九七六年が二三・〇七％、一九八〇年が五〇・二一％であった。一連の料金改定の結果、一九七三年度に一kWh当たり電灯・電力合計六・七六円、電灯一一・八二円、電力五・七六円であった九電力会社の総合単価は、一九八五年度には一kWh当たり電灯・電力合計二三・七一円、電灯二八・八九円、電力二一・九四円になった。この十二年間に、九電力会社の総合単価は、電灯・電力合計で三・五倍、電灯で二・四倍、電力で三・八倍の上昇をみたのである。

一九七三年から一九八五年にかけて、水道料金は五・七倍（十立方メートル当たり一四〇円→八〇〇円）、ガス料金は二・五倍（東京における五千キロカロリー、一立方メートル当たり月額二九円七八銭→七三円八六銭）、電話料金は二倍（東京における基本料金、住宅用九〇〇円→一八〇〇円、事務用一三〇〇円→二六〇〇円）、郵便料金は手紙で三倍（二五グラムまで二〇円→六〇円）はがきで四倍（一〇円→四〇円）、都バス乗車賃は四倍（大人四〇円→一六〇円）、国電旅客運賃は四倍（普通旅客最低運賃三〇円→一二〇円）、都立高校授業料は七・八倍（全日制年額九六〇〇円→七万四四〇〇円）、国立大学授業料は七倍（年額三万六〇〇〇円→二五万二〇〇〇円）になった（週刊朝日編、一九八八、による）。電気料金の上昇率は他の公共料金の上昇率と比べて突出していたわけではなかったが、一連の電気料金改定に対する社会的な風当たりは大きかった。多くの需要家にとって、それは、低廉な電気供給が終焉したことを意味するものだったのである。

電源の多様化と脱石油化

ここまでみてきたように、石油危機が発生した一九七三年から一九八〇年代前半にかけての時期には、火力発電用燃料である原油の価格が急騰する一方で電力需要が伸び悩むという、電力需給をめぐる大きな変化が生じた。このような新しい条件のもとで、日本の電源開発はどのように進展したのだろうか。

表7・4と表7・5は、一九七三〜八五年度における日本の発電設備最大出力と発電電力量の推移をまとめたものである。これらの表からわかるように、同期間に日本の発電設備最大出力は一・八倍、発電電力量は一・四倍しか増大しなかった。電力需要の伸び悩みに対応して、電源開発のペースは、高度経済成長期に比べて、大幅にスローダウンしたのである。

この時期の日本の電源開発では、原子力発電所の建設が重点的に推進された。一九七三〜八五年度の十二年間に原子力のウエートは、発電設備最大出力では二・四%から一四・六%へ一二・二ポイント、発電電力量では二・一%から二三・七%へ二一・六ポイントも増大した。これとは対照的に火力のウエートは、発電設備最大出力では七三・九%から六五・二%へ、発電電力量では八二・七%から

表7－4　全国の発電設備の最大出力（1973～85年度末）

（単位：千 kW）

		1973年度末	75年度末	80年度末	85年度末
9電力会社	水　力	14,208	16,380	20,298	24,126
	火　力	50,694	58,098	72,629	81,556
	原子力	1,760	6,079	13,888	22,898
	計	66,662	80,557	106,815	128,580
電気事業用	水　力	21,519	23,786	28,667	33,195
	火　力	60,607	69,352	85,181	96,613
	原子力	2,283	6,602	15,511	24,521
	計	84,409	99,740	129,358	154,329
自　家　用	水　力	1,070	1,068	1,109	1,142
	火　力	10,010	11,465	13,054	13,762
	原子力	13	13	178	165
	計	11,093	12,545	14,340	15,070
合　　計	水　力	22,589	24,853	29,776	34,337
	火　力	70,617	80,817	98,234	110,375
	原子力	2,296	6,615	15,689	24,686
	計	95,502	112,285	143,698	169,399

注：1．電気事業用は，9電力会社，その他一般電気事業者，卸電気事業者の合計。
　　2．自家用は，1発電所最大出力500kW 以上の合計。
出典：『電気事業便覧』。

六三・二％へ、それぞれ減退した。水力のウエートも若干後退し、とくに一九八五年度の発電電力量では、原子力の後塵を拝することになった。原子力の急増と火力・水力の減退によって、電源構成の多様化が急テンポで進行したのである。

電源構成の多様化は、さらに、火力発電の内部でも進行した。二度の石油危機を通じた原油価格の高騰によってコスト面での優位が後退し、燃料安定確保面での不確実性が増大した石油火力のウエートが低下する一方で、LNG（液化天然ガス）火力と石炭火力のウエートが高まった

表7－5 全国の発電電力量（1973～85年度）

（単位：百万 kWh）

		1973年度	75年度	80年度	85年度
9電力会社	水力	49,519	59,970	63,871	61,044
	火力	269,562	244,851	277,437	292,383
	原子力	6,211	22,710	71,950	148,017
	計	325,292	327,531	413,258	501,444
電気事業用	水力	66,060	79,276	85,146	81,192
	火力	330,267	309,648	346,895	363,751
	原子力	9,705	25,102	82,009	158,983
	計	406,031	414,026	514,050	603,926
自家用	水力	5,618	6,630	6,946	6,755
	火力	58,635	55,115	55,943	60,676
	原子力	2	23	582	595
	計	64,255	61,768	63,471	68,026
合計	水力	71,678	85,906	92,092	87,946
	火力	388,902	364,763	402,838	424,427
	原子力	9,707	25,125	82,591	159,578
	計	470,287	475,794	577,521	671,952

注：1．電気事業用は，9電力会社，その他一般電気事業者，卸電気事業者の合計。
2．試験運転分の電力量を含む。
3．自家用は，1発電所最大出力500kW 以上の合計。
出典：『電気事業便覧』。

のである。

九電力会社の汽力発電所における重油と原油の消費実績は、一九七三年度をピークにして、一九七四年度以降は減少傾向をたどった［九電力会社の汽力発電所における重油の消費実績は、一九七五～七七年度には増加傾向に転じたが、これは一時的な現象にとどまり、一九七八年度以降は、明らかな減少傾向を再び示すようになった］。これとは対照的に、LNGの消費実績は、一九七四～八五年度の時期に、一貫して増加し続けた。石炭の消費実績も、一九七六年度以降増加傾向への転換が明らかになり、一九

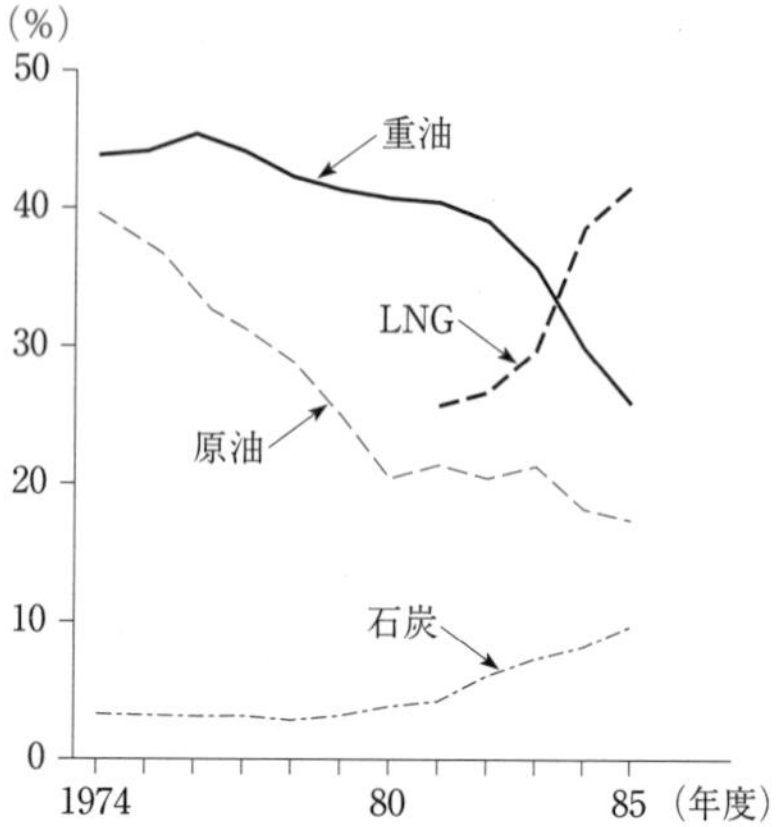

図7－4　九電力会社の火力（汽力）発電用燃料総発熱量の構成比（1974～85年度）

出典：『電気事業30年の統計』。『電気事業40年の統計』。

八五年度（一一九九万トン）には、一九七〇年度の水準（一二五五万トン）に迫るまでに回復した。

図7・4は、九電力会社の汽力発電用燃料発熱量の構成比を示したものである。この図にあるように、ＬＮＧの発熱量構成比は、データが判明する最初の年度である一九八一年度には、原油のそれをすでに上回っていた。そして、一九八四年度には、ＬＮＧの発熱量構成比が重油のそれをも凌駕したのである。

ここでみたように、一九七四～八五年の日本では、①原子力の増進と火力・水力の後退、②ＬＮＧ火力・石炭火力の増進と石油火力の後退、という二重の意味で、電源構成の多様化が進行した。この二重の電源多様化は、一言で言えば、電源の脱石油化と表現することができる。

原子力シフトと官民一体化

電源の脱石油の本命として、日本の政策担当者が選択したのは、原子力であった。いわゆる自然エネルギーでは、量的に決定的に不十分であるとともに、コスト的にも石油にとってかわることはできなかった。石炭、とくに海外から輸入する海外炭は、量的にもコスト的にも石油代替エネルギーの柱となる可能性はあり、現に日本でも、石油危機後、石炭利用が拡大したが、公害対策上の問題があり、その点が大きな懸念材料であった。これに対して、原子力を石油代替エネルギーの本命視することについては、それを後押しする二つの事情があった。

一つは、日本の原子力発電が一九六〇年代後半から本格的な実用化の段階にはいり、第一次石油危機が発生した一九七三年度には、すでに六基二二八万kWが実用運転を行っていた（電気事業用のみ、前掲の表7・4参照）ことである。戦後の日本では、中心的な電源が水力から石炭火力を経て石油火力へと移り変わっており、石油の埋蔵量に限界がある以上、やがて石油火力に代って原子力の時代が来るものと、多くの関係者が想定していた。石油危機が発生した時点では、石油火力から原子力へのシフトは、ある程度想定済みの路線となっていたのであり、原油価格が高騰した際に、原子力発電が実用化していたこと対して、安堵の感をいだいた国民は少なくなかったのである。

いま一つは、原子力発電が、当初はウラン精鉱の輸入や濃縮・燃料製作業務の海外委託に依存せざるをえないものの、将来的には核（原子）燃料サイクルの確立によって、燃料の輸入依存度を減少させる、エネルギー自給へ向けての切り札的存在だと期待されたことである。たとえ、石油火力を海外炭火力に置き換えたとしても、発電用燃料を全面的に海外から輸入する事実には変わりがない。それに対して、使用済み原子燃料の再処理・転換・濃縮・再転換・成形加工工程が国産化され、核燃料サイクルが確立されれば、発電用燃料の輸入依存度を大幅に低下させることができる。まして、既存の軽水炉よりもウラン燃料のプルトニウムへの転換能力にすぐれた高速増殖炉が実用化されれば、エネルギー自給の達成に大きく近づくことさえ可能になる。このような壮大な構想は、資源の乏しさに長年苦しめられてきた日本の国民に、夢を与えるものだったのである。

しかし、原子力に対する国民の期待が高かったからといって、原子力開発がスムーズに進行したわけではなかった。一方で、原子力発電の安全性に対する不安感や不信感が、根強く存在したからである。

このような状況のもとで、政府と電力業界は、原子力発電に対する不安感や不信感を払拭することに全力をあげた。また、歩調をあわせて、核燃料サイクルの確立や高速増殖炉の実用化にも取り組んだ。こうして、官・民一体となった原子力へのシフトが本格化したのである。

石油危機後の日本の電力業においては、政府と業界の一体化が、立地問題への対策という面でも進展した。いわゆる「電源三法」の成立が、それである。

電源三法の制定

日本政府は、原子力行政とともに、電源立地促進対策にも力を入れた。電源立地促進対策の中心な柱となったのは、一九七四年六月に公布され、同年十月に施行された電源三法であった。電源三法とは、一般電気事業者に対して目的税である電源開発促進税を課す電源開発促進税法、その税収入で電源開発促進対策特別会計を設ける電源開発促進対策特別会計法、および同会計から指定された自治体に対して公共用施設の整備に充当する交付金を支給する発電用施設周辺地域整備法の、三つの法律のことである。電源三法制定の目的は、地元への直接的な経済波及効果が小さいという難点を解消し、発電所立地によるメリットを地元へ還元して、電源立地を円滑に進めることにあった。

その後、一九八一年十月には、電源立地特別交付金制度が新設された。この結果、電源三法を柱とする政府の電源立地促進対策は、いっそう拡充されることになった。

2　九電力体制の変質と電力自由化の進展

前節で取り上げた石油危機～一九八〇年代前半にかけての時期における日本の電力業経営に関しては、「石油危機のトラウマ」とでも呼ぶべき問題を指摘することができる。

石油危機のトラウマ

わが国の電力業は、二度の石油ショックを受けて、原子力発電とLNG火力発電に重点をおいて、電源の脱石油化を推進した。この方針自体は、当時の判断として歴史的にみれば、間違ったものとは言えないだろう。ちょうど第一次石油危機の三年前の一九七〇年に関西電力の美浜原子力発電所が九電力会社最初の商業炉として運転を開始したところであり、石油輸入途絶の危機感は、原子力発電推進の追い風になった。

しかし一方で、石油危機を契機にして採用された電源の脱石油化路線は、日本の電力業の産業としての体質を硬直化させてしまった。「石油危機のトラウマ」の問題性は、まさにこの点にある。

LNGの割高な調達

「石油危機のトラウマ」は、日本の電力業界が今日も抱える二つの大きな問題の直接的な要因となった。LNG（液化天然ガス）の割高な調達と核燃料サイクルへの固執が、それである。

第一の問題は、日本の電力会社が、火力発電用燃料のLNGを、国際水準より割高な価格で輸入していることにある。これは、石油危機後、日本の電力会社やガス会社が、LNGの長期購入契約を締結するに当たって、「テイク・オア・ペイ」と呼ばれる方式をとったからである。

テイク・オア・ペイ方式は、十五〜二〇年間の長期にわたり、一定量のLNGを一定間隔で受け渡しするというものであり、厳しい引取り保証や代金支払い保証を買い手に課す点に特徴がある。買い手の側に不利な側面をもち、結果的には割高な天然ガス輸入につながるこの方式を日本の電力会社等が受け入れたのは、石油危機時の石油供給断絶のような事態を回避するために、LNGの安定的確保を最優先させるべきだと判断したからである。近年、テイク・オア・ペイ方式の見直しがある程度進んでいるようであるが、割高な天然ガス輸入という問題が解消されるまでにはいたっていない。

核燃料サイクルへの固執

第二の問題は、日本の電気事業者が、国際的にはすでに過去のものとなりつつある自前の核燃料サイクル（原子燃料サイクル）の確立や、高速増殖炉の建設に、今日にいたってもあいかわらず固執していることである。安全性についてのコンセンサスが形成されていなかったにもかかわらず、原子力発電が石油ショック後、急速に拡大した一つの要因は、「自前の核燃料サイクルが確立されれば発電用燃料の輸入依存度を大幅に低下させることができる」、さらには「既存の軽水炉よりウラン燃料のプルトニウムへの転換能力にすぐれた高速増殖炉が実用化されればエネルギー自給の達成に大きく近づくことさえ可能になる」という見通しを、多くの国民が信じた点に求めることができる。

この見通しは、石油危機の悪夢の記憶が生々しかった一九七〇年代半ばから一九八〇年代半ばごろまでは、今よりはるかに大きな説得力をもっていた。当時は、他の先進諸国も、日本と同じ道を歩むかのようにみえた。しかし、現実には、先進各国は、技術的理由や経済的理由で、自前の核燃料サイクルの確立や、高速増殖炉の建設を、次々と断念していった。改めて見渡せば、日本だけが取り残されたというのが、現在の実情である。

このように「石油危機のトラウマ」は、日本の電力業にとって、今日も続く大きな問題の出発点になってしまった。その影響がいかに大きかったかは、電力業界の変貌ぶりが、それを如実に示している。

「お役所のような存在」

すでに本書の第六章で述べたように、石油危機以前の高度経済成長期には、日本の電力会社は、今日よく言われるような「お役所のような存在」ではなかった。そこには、「松永安左エ門魂」と呼ぶべき企業経営の活力がみられ、九電力体制の自律性が堅持されていた。

しかし、石油危機後の時期になると、九電力会社は、行政への依存を強め、ライバル意識を失ってしまった。原油価格の上昇を受けて一九七四年から一九八〇年にかけて三度にわたって料金のいっせい値上げを繰り返すうちに、深刻化する立地問題の解決を一九七四年に制定された電源三法のスキームに委ねるうちに、あるいは、反原発運動に対抗して一枚岩的行動様式を強める［一九七三年に第一次石油危機が発生した時点で原子力発電所の運転を行っていたのは、九電力会社のうち関西電力と東京電力の二社だけであったが、二〇年後の一九九三年には北陸電力の志賀原子力発電所が稼動を開始することによって、九社すべてが原子力発電所を保有するようになった」うちに、行政との距離はせばまり、それぞれの企業の競争意識は弱まった。九電力各社は、「石油ショックのトラウマ」にしばられて、活力のない「お役所のような存在」になってしまった。「松永安左エ門魂」は、後退したのである。

九電力体制の変質

行政への依存や競争意識の減退は、九電力体制が有する四つの特徴（㈠民営、㈡発送配電一貫経営、㈢地域別九分割、㈣独占）のうち、㈠や㈢のもつメリットが十分には作用しなくなったことを意味した。それでも、電力各社は、㈡・㈢・㈣の帰結である各地域での電気供給責任を全うし、「安定的な電気供給」を維持することには力を注いだ。ただし、本書の「はしがき」で示したC1の時期の後半（一九七四～九五年）には、「安定的な電気供給」は、C1の時期の前半（一九五一～七三年）とは異なり、「低廉な電気供給」をともなうものではなかった。

つまり、一九七四～九五年の時期には、㈣（独占）が可能性として内包する高い料金水準というデメリットが、顕在化することになった。㈠・㈡・㈢が発揮するメリットが㈣のデメリットを封殺するメカニズムは十分に作用しなくなったのであり、九電力体制全般にわたって電力業経営の自律性は後退することになったのである。

内外価格差と規制緩和

ところで、一九八〇年代半ばごろから円高と原油安が定着するようになり、日本の電力業をめぐる経営環境は好転した。この状況変化を受けて九電力会社は、表7・6にあるように、一九八六年から随時、電気料金を暫定的に引き下げる措置を講じた。そして、一九八八年と一九八九年には、いっせいに電気料金の恒常的値下げを実施した。

表7－6　十電力会社の電気料金改定（1986～2000年）

	北海道電力	東北電力	東京電力	中部電力	北陸電力	関西電力	中国電力	四国電力	九州電力	沖縄電力	平　均
1986年6月	△0.83円	△2.29円	△2.39円	△3.26円	△1.87円	△1.70円	△2.09円	△1.80円	△1.62円	—	△2.20円（9社）
87. 1	△1.36円	△3.12円	△3.50円	△4.28円	△2.15円	△2.52円	△2.73円	△2.45円	△2.49円	—	△3.10円（9社）
88. 1	△11.53％	△18.60％	△19.16％	△22.01％	△14.51％	△15.79％	△16.14％	△14.27％	△15.15％	△19.62％	△17.83％（9社）
89. 4	△1.76％	△2.76％	△3.11％	△3.61％	△2.57％	△2.58％	△2.98％	△2.65％	△3.02％	△2.79％	△2.96％（9社）
93. 10	△0.88円										
93. 11	△0.21円	△0.43円	△0.37円	△0.39円	△0.22円	△0.25円	△0.48円	△0.33円	△0.34円	△0.52円	△0.35円（10社）
94. 10	△0.88円										
94. 10	△0.23円	△0.45円	△0.37円	△0.39円	△0.22円	△0.25円	△0.50円	△0.33円	△0.34円	△0.52円	△0.35円（10社）
95. 7	△0.92円										
95. 7	△0.28円	△0.50円	△0.42円	△0.43円	△0.28円	△0.28円	△0.55円	△0.38円	△0.41円	△0.56円	△0.40円（10社）
96. 1	△12.71％	△8.61％	△5.39％	△4.16％	△8.74％	△4.02％	△8.53％	△9.01％	△8.69％	△5.96％	△6.29％（10社）
	△8.01％	△6.39％	△3.34％	△1.88％	△7.35％	△2.55％	△5.95％	△7.36％	△6.92％	△3.51％	△4.21％（10社）
98. 2	△6.65％	△6.09％	△4.20％	△3.86％	△4.76％	△3.27％	△6.70％	△6.52％	△6.06％	△3.72％	△4.67％（10社）
2000. 10	△5.83％	△5.68％	△5.32％	△5.78％	△5.57％	△4.20％	△6.90％	△5.26％	△6.12％	△3.78％	△5.42％（10社）

注：1．△は値下げを示し，単位が円のものは1kWh当たりの値下げ額で暫定措置。
　　2．1996年1月の上段は旧供給規程に対する値下げ率で，下段は暫定引下げ措置に対する値下げ率。。
　　3．2000年10月の改定は，規制部門に対する値下げ率。
出典：『電気事業便覧』。

しかし、ここで注目すべき点は、一九八六年以降の電気料金の低下が、一九七四～八〇年の時期に醸成された電気料金水準に対する需要家の割高感を解消するものとはならなかったことである。一九八〇年代後半以降の時期には、電気料金に関して、円高の進行によって顕在化した内外価格差（外国に比しての日本の相対的高料金）の解消を求める声が高まり、九電力会社はむしろ、批判の矢面に立たされた。一九八九年版の『経済白書』が、東京とニューヨークの電気料金を比べ東京の方が割高であるとのデータを掲げた（経済企画庁編、一九八九、四五四頁）ことは、それを端的に示す出来事であった。

内外価格差の解消を求める世論は、おりからの規制緩和の波に乗って、高まりをみせた。一九八〇年代半ば以降の日本においては、公的規制を見直し、それを緩和することが、経済政策の一つの柱となった。規制緩和の波は、内外価格差の象徴的存在であった割高な電気料金の解消を重要なターゲットとみなすようになり、一九九〇年代半ばには、電力自由化がスタートするにいたった。

電力自由化の始まり

一九八〇年代半ばに台頭し、一九九〇年代には日本社会の各分野に波及した規制緩和の波は、やがて、電力業をもその対象とするにいたった。この流れのなかで、一九六四年に公布され、一九六五年に施行された電気事業法は、一九九五年に三一年ぶりに全面改正された。この電気事業法の大幅改正は、日本の電力業が、新たに自由化の時代、つまり、本書の「はしがき」で示したC2の時期を迎えたことを意味するものであった。

一九九五年の改正電気事業法は、四月に公布され、一二月に施行された。改正のポイントは、(一) 発電部門への新規参入の拡大、(二) 特定電気事業にかかわる制度の創設、(三) 料金規制の改善、緩和、(四) 電気事業者の自己責任の明確化による保安規制の合理化、の四点にあった。このうち(一)は、卸電気事業参入に関する許可制の原則撤廃と入札制度の導入を主要な内容としたものであり、これを受けて、IPP (Independent Power Producer) と呼ばれる独立系発電事業者が次々と登場した。また (二) は、電力小売販売事業を可能にするための制度を新設したものであった。さらに(三)は、負荷平準化のための料金メニューの設定を許可制から届出制に改めたものであり、同時に、経営効率化の度合いを比較査定しやすくするヤードスティック査定を採用することによって、地域独占の大枠を維持しながらも、電力会社間の間接的な競争を促進しようというねらいをもっていた。

最後に（四）は、設備設置者による自主検査制度の導入と、国の直接関与の重点化、必要最小限化を柱としていた。要するに、この改正電気事業法の眼目は、日本の電気事業に競争原理を導入する点にあった［戦前（厳密には一九三一年まで）の日本では電力会社間で激しい競争が展開されていたから、歴史的観点に立てば、一九九五年の改正電気事業法のねらいは競争原理の「再導入」にあったと言うことができる］。

電力自由化の進展

電気事業法は、その後、一九九九年にも大幅に改正された。この改正電気事業法は、一九九九年五月に公布、二〇〇〇年三月に施行された。改正のポイントは、使用規模二〇〇〇kW以上・二万V特別高圧系統以上で受電する需要家（特別高圧需要家）を対象に電力小売を部分的に自由化し小売部門にも競争原理を本格的に導入したこと、電力会社が送電ネットワークを他の電気事業者に開放する託送制度を新設したこと、電気料金の引下げについては許可制から届出制に改めたこと、電気事業者に対する兼業規制を撤廃したこと、などの諸点にあった。電力小売の自由化部門では原則として規制は撤廃されることになったが、例外として、最終保障約款による電力供給は認められた。また、規制対象部門の需要家に悪影響が及ぶことを防止するため、供給原価を自由化部門と規制部門に区分し、部門別収支を明確にすることも制度化された。そして、新制度開始後おおむね三年経った二〇〇三年の時点で、自由化の実績を検証し、その後の方向を決定することとした。なお、東京電力のケースでは、小売自由化の対象となった特別高圧需要家のシェアは、販売電力量ベースで約二九%であった［一九九八年度における東京電力の販売電力量の実績値をもとに算出した数値である］。

電力小売全面自由化へ

二〇〇〇年の第二段階の電力自由化からおおむね三年後の二〇〇三年二月、総合資源エネルギー調査会電気事業分科会は、「今後の望ましい電気事業制度の骨格について」と題する経済産業大臣あての答申を公表した。この答申は、一九九五年十二月と二〇〇〇年三月の二度にわたる電気事業法大幅改正によって先鞭がつけられた電力自由化の動きをさらに進めるものであり、日本の電力自由化のいわば第三段階における基本方針を明確にしたものと言える。

この「今後の望ましい電気事業制度の骨格について」によれば、電力自由化の第三段階では、①小売自由化の拡大（二〇〇四年四月に高圧五〇〇kW以上の需要家を自由化、二〇〇五年四月に高圧五〇kW以上の需要家を自由化、二〇〇七年四月を目途に全面自由化の検討を開始）、②電力小売託送制度の見直し（複数の電力会社が送電線使用に対して課金する振替供給制度の廃止）、③全国規模での卸電力取引市場の創設（PPS＝Power Producer and Supplier, 特定規模電気事業者にとっての電力調達の容易化）、④電力会社によるカバー・ルールの見直し（事故時バックアップ料金の廃止等によるPPSの負担の軽減）、などが実施されることになっている。第三段階のポイントは、電力小売の全面自由化の方向性を打ち出した点に求めることができる。

その一方で、「今後の望ましい電気事業制度の骨格について」は、電力自由化の第三段階での強行も見込まれたアンバンドリング（発電・送電・配電の垂直分割）に関して、それを見送る方針も打ち出した。本書の筆者はこれまで、①日本の電気事業においては規模の経済性は後退しているものの垂直統合の経済性は継続していること、②電力小売の部分自由化が電気料金引下げ等の効果をもたらしていること、③アンバンドリングは不確実性を増大させ設備投資に対するインセンティブを減退させるおそれが大きいこと、などを論拠にして、電力自由化について、電力小売の完全自由化と垂直統合の継続（＝アンバンドリングの回避）とを主張してきた（橘川、二〇〇二b・二〇〇二c、など参照）。電力小売全面自由化の方向性を明確にする一方でアンバンドリングを見送る方針を打ち出した「今後の望ましい電気事業制度の骨格について」は、筆者の従来からの主張と大筋において合致するものである。

3 「松永安左エ門魂」と日本電力業の未来

カリフォルニア電力危機の教訓

日本において有意義に電力自由化を進めてゆくうえで、重要な教訓を与えるのは、二〇〇〇年から二〇〇一年にかけて発生したアメリカ・カリフォルニア州での電力危機である。

世界中の耳目を集めたカリフォルニア州の電力危機は、二〇〇一年二月の電力供給法の成立・施行により、一九九六年に本格化した同州の電力自由化を大きく頓挫させる事態を招来した。これに対して、「カリフォルニアの経験は、自由化自体の失敗を意味するのではなく、制度設計の失敗を意味する」という論評が、よく聞かれた。たしかに、この論評の結論自体は、間違ってはいない。しかし、そこには、看過しがたい問題がある。右記のようなコメントは、なぜカリフォルニアの電力自由化が誤った制度設計のもとで行われたかについて、説明を避けているというのが、その問題である。

カリフォルニア型自由化の頓挫がもたらした最大の教訓は、制度改革におけるコンテクストの重要性に求めることができる。例えば、特定の産業を対象にして制度改革を進めようとするときに、どんなに立派な理念や「正しい理論」を掲げても、それを、その産業がおかれた実情という文脈（コンテクスト）の中にあてはめて適用する努力を払わないならば、効果をあげられないばかりでなく、思わぬ失敗を導くことになりかねない。カリフォルニアの電力自由化が誤った制度設計のもとで行われたのは、そのプロセスにおいて、電力産業の実情が十分には考慮されなかったからである。

このことは、けっして対岸の火事ではない。コンテクストを十分に配慮しないまま、「まず、自由化ありき」と主張する姿勢は、日本での電力自由化の審議プロセスにおいても、かなりの関係者の間で見受けられる。彼らは、カリフォルニアのケースに依拠しながら、電力自由化の必要性を力説してきた。しかし、カリフォルニアの自由化が頓挫すると、手のひらを返したように、「じつは、カリフォルニアでは制度設計が悪かった」と言い出した。このような一貫性を欠いた、「まず、自由化ありき」という姿勢をとる関係者が、わが国の電力自由化の今後のゆくえを左右するのであれば、日本も、カリフォルニアの二の舞となる危険性は高いのである。

一方で、カリフォルニア型電力自由化の頓挫をとらえて、「自由化そのものの無理」を主張する議論にも、与することはできない。新聞紙上では、一部の電力業経営者がこの種の議論を展開したかのような報道がなされたこともあったが、もし、それが事実だったとすれば、ゆゆしき事態である。そもそも、自由化に電力業者が消極的であるかのような印象を与えることは、国民的規模の重大な誤解を招きかねない。

カリフォルニア州での新たな事態をふまえて、日本の電力業経営者が今とるべき立場は、真の電力自由化、あるべき自由化の旗を高く掲げることである。

ビジネスチャンスとしての電力自由化

ここで明確にする必要があるのは、電力自由化が、需要家や新規参入者だけでなく、九電力各社等の既存の電気事業者にとっても、対応のしかたによっては大きなメリットをもたらすことである。各電力会社にとってのメリットは、経営の自由度が拡大する点に求めることができる。電力自由化が進めば、電力会社は、既存の供給区域を越えて電気供給を行えるようになる。自主的判断により需要家と契約を締結できるようになる。料金メニューを豊富化し、顧客ニーズに対応したオーダーメイド型サービスを提供することも可能になる。利益処分に関する選択肢も広がり、料金引下げか内部留保かを戦略的に選択できるようになる。設備形成についても多様な選択肢が生まれ、投資リスクのハンドリングの幅が広がる。さらに、兼業規制の廃止によって、事業多角化が可能となり、経営資源を有効活用できるようになる。端的に言えば、電力自由化は、九電力各社にとって、大きなビジネスチャンスなのである。

しかし、ここでは同時に、チャンスにピンチヒッターやピンチランナーが登場する英語のニュアンスが示すように、チャンスとピンチとは、多くの場合、表裏一体であることも忘れてはならない。日本電力産業史におけるいくつかの失敗事例（例えば、一九二〇年代における東京電燈の放漫経営）が示すように、私企業性を後退させたまま守旧的姿勢をとる電力会社があるとすれば、そのような企業は、自由化の激動の中で一敗地にまみれざるをえない。一方、本来の私企業性を取り戻し、それを大いに発揮して、経営革新を断行する電力会社にとっては、自由化は、事業基盤拡充と企業体質強化を達成し、電気料金引下げ等の消費者便益の向上を図る条件を獲得するうえで、絶好のチャンスとなる。両者を分かつのは、経営革新に取り組む気概の有無、経営革新それ自体の成否なのである。

現実には、電力自由化時代に九電力会社は、どのように対処しているのであろうか。

電力業経営の自律性の再構築

そもそも、電力自由化時代が出現した背景には、前節で指摘したような、「一九八〇年代後半以降の時期には、電気料金に関して、円高の進行によって顕在化した内外価格差の解消を求める声が高まり、九電力会社は、むしろ、批判の矢面に立たされた」という事情が存在した。つまり、電気料金に対する強い値下げ圧力が、自由化時代の到来をもたらしたのである。

右記のような経緯をふまえ一九九五〜二〇〇一年の時期に九電力会社と沖縄電力は、一九九六年、一九九八年、二〇〇〇年の三度にわたって、電気料金をいっせいに値下げした（表7・6）。この結果、日本の電力業が高度経済成長期に実現し、石油危機によって崩壊を余儀なくされた「低廉な電気供給」は、この時期には、ある程度再構築されたと言うことができる。

電力自由化時代を迎えた一九九五年以降の時期に、九電力会社は、前の時期に後退させた私企業性を取り戻すことを経営方針の中心に据えた。例えば、東京電力は、一九九八年の「中期経営方針」のなかで、「『お客様と株主・投資家から選択していただける』経営体質の確立」を前面に押し出し（東京電力株式会社、二〇〇二、九八八頁）、北陸電力は、一九九九年度の「経営効率化計画」において、「信頼され選択される『北陸電力ブランド』の充実」をスローガンとして掲げた（北陸電力株式会社、二〇〇一、六四頁）。これらにもとづいて展開された私企業性回復をめざす九電力会社の経営行動は、いくつかの重要な帰結をもたらした。

第一は、行政当局と電気事業者とのあいだの距離が再び広がり始めたことである。そもそも電力自由化とは、電気事業に対する行政サイドの関与を縮小しようとするものにほかならない。また、自由化の進め方をめぐって、行政当局と電力業界とのあいだに亀裂が生じたことも、注目に値する。

第二は、九電力各社が競争意識をもち始めたことである。電力自由化時代の到来によって日本の電力業界でも市場競争が開始されたが、それは、既存の電力会社とＩＰＰやＰＰＳとのあいだだけでなく、九電力会社相互間でも展開された。この時期の九電力会社間の競争は、一九五一～七三年の時期にみられた間接的なパフォーマンス競争だけにとどまらず、直接的な市場争奪競争をも内包していた。

第三は、九電力会社の横並び志向に変化の兆しがみられ、個性的な経営行動が散見されるようになったことである。冬季ピークの継続、高い年負荷率、電灯使用電力量の大きなウエートなど、他の八社と異なるユニークな需要構造をもつ北海道電力が、時間帯別電灯料金制度「ドリーム八《エイト》」の普及等に力を入れ、電灯需要家向け営業の面で大きな成果をあげたことは、その一事例とみなすことができる（北海道電力株式会社、二〇〇一、二五九頁）。

そもそも、電力自由化の動きが生じたのは、九電力体制が有する四つの特徴（㈠民営、㈡発送配電一貫経営、㈢地域別九分割、㈣独占）のうち、㈣のもたらすデメリット（競争の欠如による料金水準の高さ）に対する社会的批判が高まったからであった。そのため、電力各社は、㈠・㈡・㈢のメリットで㈣のデメリットを抑制する電気事業経営の自律性を再構築する必要に迫られた。一九九五年以降、九電力会社が私企業性の回復に力を注いだのは、電気事業経営の自律性を再構築しようとしたからであった。この再構築のプロセスは、現在も進行中である。

もし松永が生き返ったならば

電力自由化時代が到来した一九九五年以降、電気事業経営の自律性は、再構築されつつある。ただし、その道のりは、けっして平坦ではない。電力小売部分自由化後、各社が独自に行うはずの二〇〇〇年十月の料金改定が、なぜか十電力会社（沖縄電力を含む）いっせい値下げの形で実施された（表7・6参照）事実は、そのことを端的に示している。九電力体制下で定着した横並び志向は、前記のように多少の変化がみられるものの、まだまだ根強いのである。

それでは、九電力体制の生みの親である松永安左エ門が、今、蘇ったとしたら、電力自由化に対して、どのような態度をとるであろうか。自由化のプロセスで改革の俎上に乗っている市場独占をともなう九電力体制は、一九五一年の電気事業再編成の際に松永自身が作りだしたものであるから、彼は、守旧的な姿勢をとって、自由化に反対するであろうか。答えは、否だと思われる。

九電力体制が有する四つの特徴（㈠民営、㈡発送配電一貫経営、㈢地域別九分割、㈣独占）のうち㈠の民営の旗を一貫して掲げ、電力国家管理と激しく対峙した松永安左エ門が、電気事業者の私企業性を復活、強化させる電力自由化に反対するはずはない。ただし、自由化を進めるにあたって、供給責任の貫徹と合理化の推進という観点から㈡の発送配電一貫経営を持論とした松永は、いわゆるアンバンドリング（発送配電の分断）には反対するであろう。問題は、㈢の地域別九分割と㈣の独占であるが、松永は一定の技術的条件のもとでそれらを提唱した［前章で振り返った電気事業再々編成問題についての松永の対応は、この点の証左となる］のであり、発電部門における規模の経済性の後退や、地域間ネットワークの拡充などの技術的変化を知りさえすれば、㈢や㈣に拘泥することはないものと思われる。もし、松永が生き返って現在の電力自由化のプロセスに直面したとすれば、㈠（民営）と㈡（発送配電一貫経営）の観点を徹底的に重視して、発送配電一貫経営の電気事業者を重要な構成要素として維持しながら、ネットワーク利用の新規事業者への開放と小売供給の自由化（つまり、㈢と㈣の解消）とをあわせて進める方式の電力自由化を強く主張したことは、間違いないであろう。

現時点（二〇〇三年八月時点）で、日本の電力自由化が向かおうとしている方向性は、松永が蘇ったとしたら主張したであろう方向性と一致している。それは、日本の電力業のコンテクストをふまえた電力自由化の道である。その道は、カリフォルニア州の場合とは異なり、成功をおさめる可能性が高いのである。

九電力体制の発展的解消か突然死か

日本の電力自由化が、右記のように「㈢（地域別九分割）、㈣（独占）が改変され、㈠（民営）、㈡（発送配電一貫経営）は改変されない」道をたどるのだとすれば、今後の電力業界における企業間競争の中心的なあり方として浮かび上がって来るのは、ＩＰＰやＰＰＳの新規参入による競争激化という絵柄よりも、九電力会社相互の市場争奪戦という構図である［ただし、五〇ヘルツと六〇ヘルツという東日本と西日本での周波数の相違、北海道・本州間に象徴されるような地域間送電連系の容量面での限界などがあり、九電力各社間の市場争奪戦は、全面的なものとはならないであろう］。九電力各社は、第一次石油危機以降の時期に後退させた競争意識を取り戻し、さらにヤードスティック競争ないしパフォーマンス競争の域を逸脱して、直接的な市場競争を本格化させる可能性が高い。それによって既存の九電力体制は大きく変容するであろうが、変容をもたらす担い手はあくまで九電力各社それ自身である。つまり、電力自由化が「㊂、㊃が改変され、㊀、㊁は改変されない」道をたどることは、言うなれば、九電力体制が発展的な解消をとげることなのである。

しかし、もし、九電力各社が対応を誤り、経営革新に成果をあげないのであれば、電力自由化が「㊂、㊃だけでなく㊁（発送配電一貫経営）をも改変する」道を歩む可能性も残されている。「アンバンドリング」と呼ばれる発送配電分断の道が、それである。アンバンドリングの実施は、「九電力体制の発展的解消」ではなく、「九電力体制の突然死」を意味する。

この点に関連して問題となるのは、目下のところ電力自由化への九電力各社の対応が、東京電力のような先進的なケースでも、投資抑制による企業体質強化という短期的対応の域を出ていない（東京電力株式会社、二〇〇二、一〇一五～一〇一六頁）点である。アンバンドリングに対しては、それが不確実性を増大させ設備投資に対するインセンティブを減退させることが、重大な問題点としてしばしば指摘される（伊藤、一九九四、一二八～一二九頁）。逆に言えば、アンバンドリングに反対し発送配電一貫体制の堅持を強く主張する九電力各社が世論の支持を得るためには、垂直統合を維持した場合にはこのように有用な設備投資が可能となるという、具体的なプログラムを提示することが必要なのである「このほか、九電力各社は、発送配電一貫経営をとることによって垂直統合の経済性が実現されていることや、各部門の効率的運営がなされていることなどを証明するため、会計面での情報公開を徹底する必要もある」。にもかかわらず、電力各社が設備投資の抑制に注力していては、自らの主張の拠って立つ基盤を掘り崩すことになりかねない。ここで「九電力各社が対応を誤り、経営革新に成果をあげないのであれば、電力自由化が『㊂、㊃だけでなく㊁をも改変する』道を歩む可能性も残されている」と指摘したのは、このような事情を考慮に入れたからである。

もちろん、「九電力体制の発展的解消」ないし「九電力体制の突然死」のほかにも、「九電力体制の現状維持」という道がありえないわけではない。しかし、「九電力体制の現状維持」は問題の先延ばしに過ぎず、電力自由化の進展によって、やがては、「九電力体制の発展的解消」か「九電力体制の突然死」かのいずれかに行き着くことになろう。

「松永安左エ門魂」の復活

電力自由化を通じて日本の電力業が「九電力体制の発展的解消」の方向へ進むのか、それとも「九電力体制の突然死」の道をたどるのか、現時点で、明言することは不可能である。いずれにしても、その帰趨は、九電力会社を中心とする電気事業者が、「石油危機のトラウマ」から完全に覚醒し、いま一度自律的な経営を展開しうるか否かという点にかかっている。

電力自由化の進行による経営自由度の拡大という条件を活かして私企業性を取り戻した電気事業者が展開する大胆な経営戦略は、電力業界の枠を超えて、日本のエネルギー産業全体、あるいはエネルギー政策全体に、大きな波及効果を及ぼす可能性さえある（橘川、二〇〇二c）。それは、一言で言えば、「松永安左エ門魂の復活」である。松永の自律的経営の思想を電力自由化のプロセスに反映させることが、今、強く求められているのである（橘川、二〇〇一）。

日本の電力業とエネルギー産業の未来

現在の日本では、電力業だけでなく、エネルギー産業全体が、規制緩和の波にさらされている。それにともない、電力政策のみならず、エネルギー政策全体が転換点を迎えようとしている。

石油産業の規制緩和の場合には、産業の脆弱性と政府の介入とが相互増幅的に作用する下方スパイラルからの脱却が、重要な課題となっている（橘川、二〇〇一b）。つまり、そこでは、低収益性に悩む脆弱な石油企業が規制緩和に直面するという構図がみられる。これとは対照的に、電気事業の自由化の場合には、業績の安定した電力会社が規制緩和を迎え撃つ絵柄となっている。電力各社は、高い信頼度という抜群のブランド力を有しており、経営革新を実行して、ブランド力と経営資源とを結合できれば、その事業基盤はきわめて強固なものとなる。以上の点を考慮に入れるならば、今後の日本のエネルギー産業のあり方をリードするのは、石油企業であるよりも、電力会社である確率の方が高いとみなすべきであろう。

繰り返しになるが、電力自由化の進行による経営自由度の拡大という条件を活かして経営革新を達成した強靭な電気事業者が展開する大胆な経営戦略は、電力業界の枠を超えて、日本のエネルギー産業全体、あるいはエネルギー政策全体に、大きな波及効果を及ぼす可能性がある。場合によってはPNG（パイプライン天然ガス）をも含む天然ガス利用の大幅な拡大、新規立地のストップと既存原発の徹底的活用というバランスある原子力政策の導入、核燃料サイクル開発の停止とワンススルー（核燃料廃棄物の直接処分）への移行、それにともなう大規模な原子力発電専業会社の創設、電力・ガス・石油の枠を超えた戦略的提携や総合エネルギー企業の誕生……これらのシナリオの一部ないし全部が近未来に実現することも、けっしてありえないことではない。ビジネスチャンスとしての電力自由化は、エネルギー政策全体の大転換を引き起こす起爆剤ともなりうるのである。

参考文献

Caron, François, 1979, *An Economic History of Modern France,* New York, Columbia University Press.

Hannah, Leslie, 1979, *Electricity before Nationalisation,* London, Macmillan.

Hannah, Leslie, 1982, *Engineers, Managers, and Politicians,* Baltimore, Johns Hopkins University Press.

Kikkawa, Takeo, 1992, "How Did Privatization Develop in Japan?" in *Électricité et Électrification Dans le Monde,* Association pour L'Histoire de L'Électricité en France, Paris.

Kikkawa, Takeo, 1993, "La réorganisation de l'industrie électrique au Japon en 1951" in *Bulletin d'histoire de l'électricité,* No 22, Paris.

Kikkawa, Takeo, 2001, "The Government-Industry Relationship in Japan : What the History of the Electric Power Industry Teaches Us" in Arne Holzhausen, ed., *Can Japan Globalize?,* Heidelberg, Germany and New York, Physica-Verlag.

Matsunaga, Yasuzaemon, 1929, *Cooperative Situation in the Electric Utility Industry of Japan,* Tokyo.

Myllyntaus, Timo, 1991, *Electrifying Finland,* London, Macmillan.

Nemoto, J., Y. Nakanishi, and S. Madono, 1993, "Scale Economies and Over-Capitalization in Japanese Electric Utilities", in *International Economic Review,* Vol. 34, No. 2.

Vietor, H. K. Richard, 1986, "Energy Policy and Markets", in T. K. McCraw (ed.), *America versus Japan,* Boston, Harvard Business School Press.

阿部武司・橘川武郎、一九八七、「日本における動力革命と中小工業」『社会経済史学』第五三巻第二号。

阿部留太、一九三一、『五大電力の優劣』ダイヤモンド社。

有村愼之助、一九三一a、「卸売、小売分業に就て」『電気公論』第一五巻第一〇号。

有村愼之助、一九三一b、「資産切下げ論に対する考案」『電気公論』第一五巻第一二号。

池尾芳蔵、一九二九、「電力界は根本策更改の時期」『エコノミスト』一九二九年一月一日号。

池田成彬、一九四九、『財界回顧』世界の日本社。

石川芳次郎、一九二八、「電気事業本質上より見たる市営の是非」『電気之友』第六七四号。

石川芳次郎、一九三〇、「電気事業に対し投資家の理解を望む」『電気之友』第七三四号。

石川芳次郎、一九三一、「国家統制資本主義下に於ける卸売小売分業案には賛成」『電気公論』第一五巻第一〇号。

出弟二郎、一九二八、「米欧見学談」『電華』第八四号。

出弟二郎、一九三一、「電力統制と金融問題（上）（中）（下）」『電華』第一一六、一一七、一一八号。

出弟二郎、一九三六a、「電力統制強化策に就て」『電力国営の目標』電界情報社。

出弟二郎、一九三六b、「配電事業統制問題私見」『ダイヤモンド』一九三六年十一月一日号。

出弟二郎、一九三七〜三八、「犠牲なき協力（上）（中）（下）」『ダイヤモンド』一九三七年十二月二一日、一九三八年一月十一日、一月二一日号。

出弟二郎、一九三八、「英国議会と電力問題」『ダイヤモンド』一九三八年三月十一日号。

出弟二郎、一九五八、『世界の電気事業』日本経済新聞社。

伊藤成康、一九九四、「公的規制の意義と問題」植草益編『講座・公的規制と産業1　電力』NTT出版。

『エコノミスト』、一九二五、「東邦電力外債増募と自由担保の新機軸」『エコノミスト』一九二五年三月十五日号。

『エコノミスト』、一九三五、「東邦と日電、日毛と三品」『エコノミスト』一九三五年二月一日号。

『エコノミスト』、一九三七、「政変と電力株」『エコノミスト』一九三七年二月十一日号。

『大阪朝日新聞』、一九二〇、「報償契約と会社側の態度一変」『大阪朝日新聞［東海版］』一九二〇年五月九日付。

『大阪朝日新聞』、一九二一、「報償契約改訂と福澤名電燈社長談」『大阪朝日新聞［東海版］』一九二一年五月二日付。

大谷健、一九八四、『興亡』白桃書房。

大西理平編、一九三九、『福澤桃介翁伝』福沢桃介翁伝記編纂所。

影山銑三郎、一九二七、「料金認可制度の急施を望む」『電気之友』第六六二号。

影山銑三郎、一九二八ａ、「如何したら電力統制や需用家争奪が円滑に解決出来るか」『電気之友』第六七四号。

影山銑三郎、一九二八ｂ、「唯一無二の電力統制策」『宇治川』一九二八年七月号。

影山銑三郎、一九三一、「電力会社の合同は先づ人事の統制から」『明日の電気事業』電気新報社。

影山銑三郎、一九三二、「昭和七年の電気事業界」『電気経済時論』一九三二年一月号。

関西地方電気事業百年史編纂委員会（関西電力株式会社内）編、一九八七、『関西地方電気事業百年史』日本経営史研究所。

橘川武郎、一九八九、「電気事業再編成と商工省・通産省（一）（二）」青山学院大学『青山経営論集』第二四巻第二、三号。

橘川武郎、一九九〇～九一、「電気事業再編成とＧＨＱ（一）（二）（三）（四）」青山学院大学『青山経営論集』第二五巻第三、四号、第二六巻第一、三号。

橘川武郎、一九九一、「電源開発の推進」通商産業省編『通商産業政策史　第七巻』。

橘川武郎、一九九五、『日本電力業の発展と松永安左ヱ門』名古屋大学出版会。

橘川武郎翻訳・解説、二〇〇〇、『ＧＨＱ日本占領史第四六巻　電力・ガス産業の拡大と再編』日本図書センター。

橘川武郎、二〇〇一ａ、「カリフォルニア危機は終わりではない　真の電力自由化を『松永安左ヱ門魂』で推進せよ」『週刊エコノミスト』二〇〇一年三月二〇日号。

橘川武郎、二〇〇一b、「『石油の安定的な供給の確保のための石油備蓄法等の一部を改正する等の法律案』（内閣提出第五号）に関する参考人意見陳述および質疑応答」『第百五十一回国会衆議院経済産業委員会議事録』第九号。

橘川武郎、二〇〇二a、「電気事業再編成の歴史的意味」原朗編『復興期の日本経済』東京大学出版会。

橘川武郎、二〇〇二b、「九電力体制の五十年」『経営史学』第三七巻第三号。

橘川武郎、二〇〇二c、「GATS・電力自由化と日本のエネルギー産業」『日本国際経済法学会年報』第十一号。

橘川武郎、二〇〇四a、『日本電力業発展のダイナミズム』名古屋大学出版会。

橘川武郎、二〇〇四b、「エンリコ・マッティと出光佐三、山下太郎——戦後石油産業の日伊比較——」『企業家研究』創刊号。

橘川武郎・阿部武司、一九八七、「日本における産地綿織物業の動力革命に関する資料」青山学院大学『青山経営論集』第二二巻第二・三合併号。

九州電灯鉄道株式会社、一九一七、『第四十二回営業報告書』。

栗栖赳夫、一九三三、「外債が我社債制度に与へた影響（中）」『ダイヤモンド』一九三三年十二月一日号。

桑原鉄也・依田高典、二〇〇〇、「日本電力産業のパネルデータ分析」『公益事業研究』第五二巻第二号。

経済企画庁編、一九八九、『経済白書』（平成元年版）。

公営電気復元運動史編集委員会編、一九六九、『公営電気復元運動史』公営電気事業復元県都市協議会。

郷誠之助、一九三一、「電力統制に就て」『明日の電気事業』電気新報社。

郷男爵記念会編、一九四三、『男爵郷誠之助君伝』大空社。

小島直記、一九八〇、『松永安左エ門の生涯』「松永安左エ門伝」刊行会。

小竹即一編、一九八〇、『電力百年史　後篇』政経社。

後藤美香・末吉俊幸、一九九八、「我が国電気事業の規模の経済性」『公益事業研究』第五〇巻第一号。

小林一三、一九二九、「独占は事実である」『ダイヤモンド』一九二九年四月十五日号。

小林一三、一九三〇a、「電力統制の幻影」『経済往来』一九三〇年一月号。

小林一三、一九三〇b、「減資か？減配か？」『経済往来』一九三〇年七月号。

小林一三、一九三二a、「五大電力合併とその統制」『東洋経済新報』一九三二年三月一九日号。

小林一三、一九三二b、「電力連盟と其将来」『東洋経済新報』一九三二年五月二八日号。

小林一三、一九三五、「電気事業経営の改革」『東洋経済新報』一九三五年六月二九日号。

小林康、一九六四、「再編成後の電力産業」栗原東洋編『現代日本産業発達史Ⅲ　電力』交詢社。

駒村雄三郎、一九三四、『電力界の功罪史』交通経済社。

桜井則、一九六四、「電力産業と国家管理」栗原東洋編『現代日本産業発達史Ⅲ　電力』交詢社。

週刊朝日編、一九八八、『値段史年表　明治・大正・昭和』朝日新聞社。

『新愛知』、一九二〇、「名古屋市の好教訓」『新愛知』一九二〇年十月十五日付。

新庄浩二、一九九四、「自然独占性と規模の経済性」植草益編『講座・公的規制と産業1　電力』NTT出版。

杉浦英一、一九八六、『中京財界史［復刻・総合版］』中部経済新聞社。

鈴木春、一九二五、「日本の電気事業と米国の財界と」『電華』一九二五年七月号。

大同電力株式会社、一九四一、『大同電力株式会社沿革史』。

『ダイヤモンド』、一九二九、「電力統制と電燈電力会社の配当」『ダイヤモンド』一九二九年十月二一日号。

『ダイヤモンド』、一九三〇、「東邦の減資と前途」『ダイヤモンド』一九三〇年六月一日号。

『ダイヤモンド』、一九三一、「電力統制物語」『ダイヤモンド』一九三一年五月一日号。

『ダイヤモンド』、一九三二a、「東邦電力の配当と株価」『ダイヤモンド』一九三二年三月二一日号。

『ダイヤモンド』、一九三二b、「為替急落と電力会社（続）」『ダイヤモンド』一九三二年九月十一日号。

『ダイヤモンド』、一九三四a、「東電の配当復活と東邦、東信」『ダイヤモンド』一九三四年九月十一日号。

『ダイヤモンド』、一九三四b、「為替動揺と電力会社」『ダイヤモンド』一九三四年十月十一日号。

『ダイヤモンド』、一九三四c、「東邦電力の増資と増資後の配当」『ダイヤモンド』一九三四年十一月二一日号。

『ダイヤモンド』、一九三五、「東邦の増配と今後」『ダイヤモンド』一九三五年十一月二一日号。

『ダイヤモンド』、一九三六a、「電力会社の優劣」『ダイヤモンド』一九三六年四月一日号。

『ダイヤモンド』、一九三六b、「電力会社は頻々払込を徴収せん」『ダイヤモンド』一九三六年四月二一日号。

『ダイヤモンド』、一九三七、「東邦電力の半額増資」『ダイヤモンド』一九三七年五月一日号。

武石礼司、二〇〇一、「電力産業の将来像」『Economic Review』二〇〇一年七月号。

通商産業省編、一九五五、『通商産業省年報　昭和二九年度』。

通商産業省編、一九六〇、『通商産業省年報　昭和三三年度』。

通商産業省編、一九七九、『商工政策史第二四巻　電気・ガス事業』。

通商産業省公益事業局編、一九五三、『再編成后の電力白書　昭和二六・二七年度』。

通商産業省公益事業局編、一九五五、『電気事業の現状　昭和二八・二九年度電力白書』。

通商産業省公益事業局編、一九七一、『電気事業再編成二十年史』電力新報社。

鶴田四郎、一九三二、「オープン・エンド・モーゲエジと電力会社の社債金融」『電華』一九三二年六月号。

鶴田四郎、一九三三、「再びオープン・エンド・モーゲージと電力会社の社債金融を論ず」『電華』一九三三年一月号。

電気経済研究所、一九三三、『日本電気交通経済年史第一輯』。

『電気事業研究資料』、一九二七、「電気事業界当面の緊要問題（其二）」『電気事業研究資料』一九二七年五月号。

電気事業再編成史刊行会（公益事業委員会内）編、一九五二、『電気事業再編成史』。

電気新報社、一九三五、『電気年報　昭和十年版』。

電気庁編、一九四二、『電力国家管理の顛末』。

でんきの科学館プロジェクトチーム企画・製作、一九九五、『電力の鬼　松永安左エ門展』（パンフレット）。

電力政策研究会編、一九六五、『電気事業法制史』電力新報社。

電力中央研究所、一九七八、『電力中央研究所二十五年史』。

『東京朝日新聞』、一九二九、「五大生保の東邦社債引受」『東京朝日新聞』一九二九年九月五日付夕刊。

東京電力株式会社、二〇〇二、『関東の電気事業と東京電力　電気事業の創始から東京電力五十年への軌跡』。

東邦電力株式会社、一九二三、『九電鉄二十六年史』。

東邦電力株式会社、一九二七、『稿本名古屋電燈株式会社史』。

東邦電力史刊行会編、一九六二、『東邦電力史』。

『東洋経済新報』、一九二五、「財界概観」『東洋経済新報』一九二五年五月十六日号。

『東洋経済新報』、一九二八、「東邦電力の決算と前途」『東洋経済新報』一九二八年六月十六日号。

『東洋経済新報』、一九二九、「証券値下りと東邦電力」『東洋経済新報』一九二九年十月五日号。

『東洋経済新報』、一九三〇ａ、「東邦電力の配当」『東洋経済新報』一九三〇年一月十八日号。

『東洋経済新報』、一九三〇ｂ、「東邦電力の買入減資」『東洋経済新報』一九三〇年五月三一日号。

『東洋経済新報』、一九三〇ｃ、「電力会社の再吟味」『東洋経済新報』一九三〇年六月七日号。

『東洋経済新報』、一九三〇ｄ、「東邦電力は二分減配か」『東洋経済新報』一九三〇年九月六日号。

『東洋経済新報』、一九三一、「借金会社の研究」『東洋経済新報』一九三一年十一月二八日号。

『東洋経済新報』、一九三二a、「東邦電力の配当奈何（一）」『東洋経済新報』一九三二年四月二三日号。

『東洋経済新報』、一九三二b、「電力外債買入許可」『東洋経済新報』一九三二年十二月十七日号。

『東洋経済新報』、一九三三a、「苦難期を脱した東邦電力」『東洋経済新報』一九三三年六月二四日号。

『東洋経済新報』、一九三三b、「低金利時代と借金会社」『東洋経済新報』一九三三年十月二八日号。

『東洋経済新報』、一九三四、「増配・増資決定の東邦電力」『東洋経済新報』一九三四年十一月二四日号。

『東洋経済新報』、一九三五a、「外債買入制限と六大電力会社」『東洋経済新報』一九三五年一月十九日号。

『東洋経済新報』、一九三五b、「いま推奨し得る電力株」『東洋経済新報』一九三五年四月二七日号。

『東洋経済新報』、一九三五c、「東邦電力の新株主優遇」『東洋経済新報』一九三五年九月二八日号。

『東洋経済新報』、一九三五d、「電燈電力、不況も料金認可制も恐怖不要」『東洋経済新報』一九三五年十月二六日号。

『東洋経済新報』、一九三六、「第三回払込徴収決定の東邦電力」『東洋経済新報』一九三六年八月二九日号。

『東洋経済新報』、一九三七、「鵬翼を張る東邦電力」『東洋経済新報』一九三七年十一月二七日号。

富利信喜、一九二九、「電気事業会社の利益処分（三）」『ダイヤモンド』一九二九年七月二一日号。

内閣統計局編、一九〇四、『日本帝国第二三統計年鑑』。

内藤熊喜、一九三〇、「日本の電気事業は如何に合理化すべきか」『電気之友』第七三四号。

内藤熊喜、一九三一、「電力料金問題に対する一考察」『電気公論』第一五巻第一三号。

内藤熊喜、一九三二a、「電力連盟規約に就て」『電気公論』第一六巻第五号。

内藤熊喜、一九三二b、「電力連盟規約による統制に就いて」『東洋経済新報』一九三二年五月二八日号。

内藤熊喜、一九三二c、「電力連盟の成立に際して」『電気経済時論』一九三二年五月号。

内藤熊喜、一九三三、「今後の発電計画に就て」『電気公論』第一七巻第一〇号。

中西康夫・伊藤成康、一九八八、「電気事業における規模の経済性」『電力中央研究所報告』Y87017。

日本銀行統計局編、一九七三、『経済統計年報　昭和四八年版』。

萩原古寿、一九三三、『電力外債非常時経済論』電気経済研究所。

橋本寿朗、一九七七～七八、「『五大電力』体制の成立と電力市場の展開（二）（三）」『電気通信大学学報』第二八巻第一、二号。

林安繁、一九二六a、「電力統制に就て」『宇治川』一九二六年九月号。

林安繁、一九二六b、「電気事業に関して」『宇治川』一九二六年十月号。

林安繁、一九二六c、「過剰電力消化方法研究の方が急務」『工政』一九二六年十月号。

林安繁、一九三一a、「電気事業の統制から見た官民合同経営に就て」『電気公論』第一五巻第一〇号。

林安繁、一九三一b、「電気統制上より見たる電気事業の体形」『明日の電気事業』電気新報社。

林安繁、一九三一c、「電気事業刻下の諸問題（一）」『電気公論』第一五巻第一一号。

林安繁、一九三一d、「国策として吾邦発電本位は水力火力何れに依るべきか」『電気公論』第一五巻第一二号。

林安繁、一九三二、「電気事業連盟に就て」『東洋経済新報』一九三二年五月二八日号。

林安繁、一九三四a、「産業の発達と電力界の動向」『電気之友』第七八九号。

林安繁、一九三四b、「我国発電産業の発達と工業電化の現状」『工政』一九三四年四月号。

福澤桃介、一九二三a、「超電力連系の利益」『電華』一九二三年二月号。

福澤桃介、一九二三b、「序」東邦電力調査部『米国超電力連系に関する組織』。

福澤桃介、一九二九、「電力統一問題と特殊会社設立提議」『ダイヤモンド』一九二九年四月十五日号。

福中佐太郎、一九三一a、「電気事業経営者の考慮を促す」『電気経済時論』一九三一年一月号。

福中佐太郎、一九三一b、「電気事業の緊急問題に就て」『電気経済時論』一九三一年九月号。

北陸電力株式会社、二〇〇一、『北陸電力五十年史』。

細野日出男、一九七四、「公益事業の公共的規制」『現代公益事業講座第三巻　公益事業規制論』電力新報社。

北海道電力株式会社、二〇〇一、『北のあかりを灯し続けて　北海道電力五十年の歩み』。

増田次郎、一九二六、「電力と計画資本」『ダイヤモンド』一九二六年六月十一日号。

増田次郎、一九二八、「電力界の廓清を促す」『エコノミスト』一九二八年一月一日号。

増田次郎、一九三〇a、「電気事業の前途はどうなるか」『エコノミスト』一九三〇年一月一日号。

増田次郎、一九三〇b、「我国電気事業の前途」『電気公論』第一四巻第一号。

増田次郎、一九三一、「電気界を活かす途」『明日の電気事業』電気新報社。

増田次郎、一九三二a、「電気事業の革新と連盟組織」『電気公論』第一六巻第五号。

増田次郎、一九三二b、「電力連盟の精神を尊重せよ」『東洋経済新報』一九三二年五月二八日号。

増田次郎、一九三三、「期待すべき今後の電力界」『電気公論』第一七巻第一〇号。

松島春海、一九七五、「戦時経済体制成立期における民間研究団体の動向」埼玉大学『社会科学論集』第三六号。

松島春海、一九八〇、「松永安左衛門」下川浩一・阪口昭・松島春海・桂芳男・大森弘『日本の企業家（四）　戦後篇』有斐閣。

松永安左エ門、一九二二a、「就任の挨拶」『電華』一九二二年一月号。

松永安左エ門、一九二二b、「名古屋市の電価問題に就て」『電華』一九二二年十二月号。

松永安左エ門、一九二三a、「『東邦電力』の業績」『電華』一九二三年十二月号。

松永安左エ門、一九二三b、「『米国超電力連系に関する組織』を刊行するに当たりて」東邦電力調査部『米国超電力連系に関する組織』。

松永安左エ門、一九二五a、「邦電外債成立経過」『電華』一九二五年二月号。

松永安左エ門、一九二五b、「邦電米債増額理由」『電華』一九二五年三月号。

松永安左エ門、一九二五c、「東邦電力の近況」『電華』一九二五年六月号。

松永安左エ門、一九二五d、「社債借換の理由」『電華』一九二五年八月号。

松永安左エ門、一九二五e、「福田技術部長を迎へて」『電華』一九二五年十月号。

松永安左エ門、一九二五f、「民間外資抑制の暴挙」『エコノミスト』一九二五年十一月二五日号。

松永安左エ門、一九二六a、「電気事業の財源」『ダイヤモンド』一九二六年二月一日号。

松永安左エ門、一九二六b、「東邦電力の現況」『電華』一九二六年六月号。

松永安左エ門、一九二六c、「短期外債金一千万弗成立事情」『電華』一九二六年八月号。

松永安左エ門、一九二六d、「外遊者は何を狙うべき乎」『電華』一九二六年十二月号。

松永安左エ門、一九二六e、『電気事業界の近時』。

松永安左エ門、一九二七a、「電気事業」『社会経済体系第九巻』日本評論社。

松永安左エ門、一九二七b、「序文」電気事業研究会『北米合衆国大西洋沿岸超電力連系調査報告書』。

松永安左エ門、一九二七c、「電気事業盛衰決定の要素」『ダイヤモンド』一九二七年一月一日号。

松永安左エ門、一九二八a、「電力国営反対論」『経済往来』一九二八年二月号。

松永安左エ門、一九二八b、「優先株の解釈と低利財政」『エコノミスト』一九二八年八月一日号。

松永安左エ門、一九二八c、「電気事業と料金制度の確立」『エコノミスト』一九二八年十月一日号。

松永安左エ門、一九二八d、『山登り』巧芸社。

松永安左エ門、一九二九a、「企業資本の構成と運用」『ダイヤモンド』一九二九年十月一日号。

松永安左エ門、一九二九b、「報電の下期成績」『電華』一九二九年十二月号。

松永安左エ門、一九二九c、「電気事業」『現代産業叢書第四巻　工業編上巻』日本評論社。

松永安左エ門、一九三〇a、「邦電豊橋区域譲渡と同社社債募集の所以」『電華』一九三〇年四月号。

松永安左エ門、一九三〇b、「東邦電力の上期」『電華』一九三〇年六月号。

松永安左エ門、一九三〇c、「最近の営業及財政状態に就て」『電華』一九三〇年十月号。

松永安左エ門、一九三一、「電力会社の統制問題」『明日の電気事業』電気新報社。

松永安左エ門、一九三二a、「電力統制問題とプール組織」『電気公論』第一六巻第二号。

松永安左エ門、一九三二b、「電気事業の統制私案」『電気界』一九三二年五月号。

松永安左エ門、一九三二c、「電気事業統制に就ての私見」『電気公論』第一六巻第六号。

松永安左エ門、一九三二d、「電業統制問題の由来及び帰結」『東洋経済新報』一九三二年五月二八日号。

松永安左エ門、一九三二e、「電気事業を大局より熟慮あれ」『電気公論』第一六巻第一二号。

松永安左エ門、一九三三a、「『東邦電力』の上期」『電華』一九三三年六月号。

松永安左エ門、一九三三b、「電気事業統制に就て」『電気公論』第一七巻第一〇号。

松永安左エ門、一九三七、『刻下の電力問題に就て』東洋経済新報社。

松永安左エ門、一九三八、「揉み、悩む電力管理案」『ダイヤモンド』一九三八年三月十一日号。

松永安左エ門、一九四一、『電気問題と我が邦統制の性格』東洋経済新報社。

松永安左エ門、一九四九、「電力再建の急務」『東洋経済新報』一九四九年四月二日号。

松永安左エ門、一九六四、「私の履歴書二七」『日本経済新聞』一九六四年一月二八日付。

松永安左エ門、一九七六、『電力再編成の憶い出［復刻版］』電力新報社。

三井銀行、一九三二、『電力会社米貨債ノ為替低落ニヨル影響』。

三井銀行、一九三五、『五大電力会社ノ外債現況』。

南亮進、一九六五、『長期経済統計12　鉄道と電力』東洋経済新報社。

宮川竹馬、一九三一、「卸売と小売の電力料金に就きて」『電気公論』第一五巻第一三号。

三宅晴輝、一九三七、『電力コンツェルン読本』春秋社。

村瀬末一、一九三一、「一般物価から観た電力料金の特異性」『電気公論』第一五巻第一二号。

山本淳一、一九三二、「担保附社債信託法の改正と社債金融上の効果」『法律新聞』一九三二年十二月八日付。

山本留治郎、一九二七、『電力統制と水力開発』電気新報社。

由井常彦編、一九七八、『芦原義重―回顧と展望、憂楽五十年―』日本経営史研究所。

若尾璋八、一九二八、「合同と協定」『経済往来』一九二八年三月号。

渡辺尚史・北村美香、一九九四、「わが国電気事業の垂直統合の経済性」『電力中央研究所報告』Y93016。

渡辺尚史・北村美香、一九九八、「わが国電気事業の長期費用構造の分析」『電力中央研究所報告』Y97016。

あとがき

電力業の歴史を変えた男

本書では、松永安左エ門に中心的な光を当てながら、電力業経営者個人の諸活動が産業の特質の形成といかにかかわったかを検討してきた。ここまでの検討結果をふまえれば、「松永安左エ門の活動によって日本電力業の歴史は変った」と主張することは、十分に可能であろう。

電気事業再編成を二十三年前に予見した松永の『電力統制私見』がなかったならば、国際的にみてもユニークな民営九電力体制が、第二次世界大戦後の日本で、長期にわたって根づくことはなかったであろう。松永自身だけでなく、松永のもとに参集した優秀な人材もまた、日本電力業の発展過程を規定づける重要な役割をはたした。さらに言えば、松永の激しい気性や強引な姿勢までもが、電力業の歩みに多少の影響を及ぼした。これらの事実にもとづけば、「もし松永の活動がなかったならば、松永と同様の活動を展開する別の人物は登場しえなかったであろうから、日本電力業の歴史は異なるものとなっていただろう」と推測することは、やはり十分に可能である。

日本電力産業史における松永安左エ門個人の役割は、他の誰かによって代替されうるような限定的なものだったわけではなく、きわめて大きなものであった。端的に言えば松永は、「電力業の歴史を変えた男」だったのである。

松永安左エ門が日本電力産業史においてきわめて大きな役割をはたすことができたのは、なぜだろうか。その要因としては、二つの点が重要であろう。

需要家重視の斬新なビジネスモデル

第一は、需要家重視の姿勢を貫き、その観点から、水火併用の電源開発、発送配電の一貫経営、資金調達面での革新などで特徴づけられる、斬新なビジネスモデルを開拓したことである。

日本電力産業史において、「需要家重視」を標榜し、短期的な低料金攻勢で新規参入や事業拡大をはたそうとした経営者は、相当数出現した。しかし、彼らのほとんどは、「需要家重視」を長期的に保障する明確なビジネスモデルを持ち合わせなかったために、歴史の流れのなかで泡沫となって消えていった。一方、松永以外にも、福澤桃介のように、斬新なビジネスモデルを打ち出した経営者は、数は少ないが存在した。しかし、福澤のモデルが典型的事例であるが、それらの大半は、サプライ（供給）サイドからのアプローチに立つものであり、需要家重視の姿勢を貫く松永のモデルに比べて内容的に見劣りすることは明白であった。松永は、需要家重視の姿勢と斬新なビジネスモデルとを結合させた点で、稀有な電力業経営者だったのである。

優秀な人材の結集

第二は、松永のまわりに優秀な人材が集まり、彼が、電力業に関する「人知のダム」として機能したことである。

この点ではまず、松永が若いころに、福澤桃介という、かけがえのない「生涯のライバル」に出会ったことが重要である。松永安左エ門は、事業家としての出発という面でも、株式投資家や衆議院議員としての行動という面でも、福澤の「後輩」の域を脱することはできなかった。しかし、こと電力業の経営という面では、福澤を凌駕《りょうが》する活躍を示した。「松永の徹底した研究ぶり」を支え、結果として日本電力産業史における松永安左エ門のリーダーシップをもたらした内面的な要因は、福澤桃介に対する強いライバル意識にあったと言っても、けっして過言ではなかろう。

次に東邦電力においても、松永は、優秀な人材の結集軸となった。優秀な人材の代表格は、出弟二郎であった。松永と出は、電力国家管理をめぐって対立することになったが、両者のあいだの信頼関係は、その後も長期にわたって継続した。これは、二人が、お互いの電力業に関する知見を尊重し、それに影響されながら、みずからの電力統制構想を錬磨していったからであろう。また、東邦電力に関しては、同社の関係者のなかから、戦後の電力業経営者が多数輩出したことも、忘れてはならない。

さらに、戦後の電気事業再編成のプロセスでも、松永のもとには、有為な人材が参集した。再編成推進の「三羽烏」と称された関東配電の木川田一隆、関西配電の芦原義重、中部配電の横山通夫や、松永の推挙により電力業界入りした太田垣士郎などが、それである。やがて木川田は東京電力、太田垣と芦原は関西電力、横山は中部電力の社長となり、高度経済成長期の電力業界のリーダーとして活躍した。民営九電力体制は、彼らが展開する自律的経営に支えられて、黄金期を迎えることになったのである。

松永安左エ門のような歴史を変える経営者は、ほかにも存在するのだろうか。

松永が活躍した第二次世界大戦後のエネルギー業界を世界的視野で見渡せば、敗戦国であり、非産油国であるイタリアにおいて、メジャーズ（大手国際石油資本）に準じるナショナル・フラッグ・オイル・カンパニーＥＮＩ（Ente Nazionale Idrocarburi, イタリア炭化水素公社）を築き上げたエンリコ・マッティ（Enrico Mattei）の姿が、浮かびあがってくる。マッティは、一九六二年に航空機事故で非業の死をとげ、死後、カンヌ映画祭グランプリ受賞映画『黒い砂漠』（*Il Caso Mattei*）のモデルとなったことでも有名である［マッティについては、（橘川、二〇〇四ｂ）参照］。

松永やマッティのように歴史を変える経営者は、数は多くないかもしれないが、これまで確実に存在したし、これからも必ず登場すると言うことができよう。

本書の刊行にあたっては、株式会社ミネルヴァ書房の杉田啓三社長および同社編集部の田引勝二さんにたいへんお世話になった。特記して、謝意を表すものである。

二〇〇四年盛夏

橘川武郎

松永安左エ門年譜

和暦	西暦	齢	関係事項	一般事項
明治 八	一八七五	1	12・1長崎県壱岐郡石田村で生誕。幼名は亀之助。	
二二	一八八九	15	9月慶應義塾に入学。	2・11大日本帝国憲法発布。
二六	一八九三	19	1・17父の二代目安左エ門死去。4・13帰郷し三代目松永安左エ門を襲名。	
二七	一八九四	20		8・1〜日清戦争。
二八	一八九五	21	慶應義塾に再入学。	4・17下関条約調印。
三一	一八九八	24	慶應義塾を中退。	
三二	一八九九	25	3・30日本銀行に就職。	
三三	一九〇〇	26	3・12日本銀行を辞職し、丸三商店神戸支店長に就任。7・5丸三商店閉鎖。	
三四	一九〇一	27	福松商会を設立。	
三七	一九〇四	30	7・21竹岡カズと結婚。	2・10〜日露戦争。
三八	一九〇五	31		9・5ポーツマス条約調印。
四一	一九〇八	34	2月広滝水力電気監査役に就任。	

四二	一九〇九	35	8・31福博電気軌道専務取締役に就任。	
四三	一九一〇	36	9・23九州電気取締役に就任。	
四四	一九一一	37	1月九州電気常務取締役に就任。11・26博多電灯軌道専務取締役に就任。	
四五	一九一二	38	6・29九州電燈鉄道常務取締役に就任。	
大正 六	一九一七	43	4・20福岡市選出衆議院議員に当選。	
九	一九二〇	46	5・10第十四回総選挙で落選。	
一〇	一九二一	47	12・23関西電気副社長に就任。	
一一	一九二二	48	6・26東邦電力副社長に就任。7・1東邦電力に調査部設置。12月大同電力取締役に就任。	
一二	一九二三	49	12・25群馬電力副社長に就任。	9・1関東大震災。
一三	一九二四	50	3・13日本電力の名古屋進出に対処し、受電契約を締結。3・31早川電力の社長に就任。	
一四	一九二五	51	1・17第一回海外実習生をGEに派遣。3・16東京電力副社長に就任。6・1東邦証券監査役に就任。6・3九州送電監査役に就任。	
昭和 元	一九二六	52	12・27日本電気証券社長に就任。	
三	一九二八	54	4・1東京電力が東京電燈と合併。5・1『電力統制私見』を発表。5・18東京電燈取締役に就任。5・30東邦電力社長に就任。	

四	一九二九	55	1月臨時電気事業調査会委員に就任。2・20欧米の電気事業視察に出発（7・15帰国）。6月新潟電気取締役に就任。10・4東北電気社長に就任。	
五	一九三〇	56	1・8新潟電力社長に就任。2・19中部電力取締役に就任。9・23東京電燈の名古屋方面での営業を中止させる。	
六	一九三一	57		9・18満洲事変。
七	一九三二	58	11・22資本逃避防止法第三条発動による在内電力外債強制買入を日本政府に陳情。	
八	一九三三	59	5・1東邦電力の下関支店区域を山口県に譲渡。	
一〇	一九三五	61	7・20愛岐電力社長に就任。	
一一	一九三六	62	7・15中部共同火力発電社長に就任。	
一二	一九三七	63	1・23「官吏は人間の屑だ」と発言し、問題化（長崎事件）。10・18臨時電力調査会委員に就任。	7・7盧溝橋事件。
一三	一九三八	64	9・6日本発送電㈱設立委員に就任。	
一四	一九三九	65	4・1電力国家管理実施。	
一五	一九四〇	66	11・13東邦電力会長に就任。	
一六	一九四一	67		12・8真珠湾攻撃。
一七	一九四二	68	4・1東邦電力解散（隠遁生活開始）。	
二〇	一九四五	71		8・15終戦。

二四	一九四九	75	11・21電気事業再編成審議会会長に就任。	
二五	一九五〇	76	12・15公益事業委員会委員長代理に就任。	6・25〜朝鮮戦争。
二六	一九五一	77	5・1電気事業再編成により民営九電力体制スタート。	
二八	一九五三	79	4・30電力中央研究所理事長に就任。	
三〇	一九五五	81	3・30「松永構想」を発表。	
三一	一九五六	82	3・15産業計画会議委員長に就任。	
三二	一九五七	83	12月七人委員会委員に就任。	
四六	一九七一	97	6・16永眠。	

本年譜における年齢は、数え年で表記した。

人名索引

な　行

は　行

ま　行

や　行

ら・わ行

事項索引

さ　行

た　行

な　行

《著者紹介》

橘川武郎（きっかわ・たけお）

1951年　生まれ。

1983年　東京大学大学院経済学研究科第Ⅱ種博士課程単位取得（経済学博士）。

青山学院大学助教授，東京大学教授を経て，
現　在　一橋大学大学院商学研究所教授（日本経営史，エネルギー産業論専攻）。

著　書　『日本電力業の発展と松永安左ヱ門』名古屋大学出版会，1995年。

『日本経営史第４巻　「日本的」経営の連続と断絶』共編著，岩波書店，1995年。

『日本の企業集団―財閥との連続と断絶―』有斐閣，1996年。

『産業集積の本質　柔軟な分業・集積の条件』共編著，有斐閣，1998年。

Policies for Competitiveness : Comparing Business-Government Relationships in the 'Golden Age of Capitalism', Oxford University Press, 1999, co-edited.

『日本の企業間競争』共編著，有斐閣，2000年。

『日本電力業発展のダイナミズム』名古屋大学出版会，2004年。

『地域からの経済再生』共編著，有斐閣，2006年。

『現代日本企業』全３巻，共編著，有斐閣，2005～06年。

『日本不動産史』共編著，名古屋大学出版会，2007年。

『日本経営史［新版］――江戸時代から21世紀へ』共著，有斐閣，2007年，ほか多数。

ミネルヴァ日本評伝選
松永安左ヱ門《まつながやすざえもん》
――生きているうち鬼といわれても――

2004年11月10日　初版第１刷発行
2008年６月30日　初版第２刷発行
〈検印省略〉

定価はカバーに
表示しています

著　者　橘　川　武　郎
発行者　杉　田　啓　三
印刷者　江　戸　宏　介

発行所　株式会社　ミネルヴァ書房
607-8494　京都市山科区日ノ岡堤谷町１
電話（075）581-5191（代表）
振替口座　01020-0-8076番

共同印刷工業・新生製本

ISBN978-4-623-04034-6
Printed in Japan

刊行のことば

歴史を動かすものは人間であり、興趣に富んだ人間の動きを通じて、世の移り変わりを考えるのは、歴史に接する醍醐味である。

しかし過去の歴史学を顧みるとき、人間不在という批判さえ見られたように、歴史における人間のすがたが、必ずしも十分に描かれてきたとはいえない。二十一世紀を迎えた今、歴史の中の人物像を蘇生させようとの要請はいよいよ強く、またそのための条件もしだいに熟してきている。

この「ミネルヴァ日本評伝選」は、正確な史実に基づいて書かれるのはいうまでもないが、単に経歴の羅列にとどまらず、歴史を動かしてきたすぐれた個性をいきいきとよみがえらせたいと考える。そのためには、対象とした人物とじっくりと対話し、ときにはきびしく対決していくことも必要になるだろう。

今日の歴史学が直面している困難の一つに、研究の過度の細分化、瑣末化が挙げられる。それは緻密さを求めるが故に陥った弊害といえるが、その結果として、歴史の大きな見通しが失われ、歴史学を通しての社会への働きかけの途が閉ざされ、人々の歴史への関心を弱める危険性がある。今こそ歴史が何のためにあるのかという、基本的な課題に応える必要があろう。評伝という興味ある方法を通じて、解決の手がかりを見出せないだろうかというのも、この企画の一つのねらいである。

狭義の歴史学の研究者だけでなく、多くの分野ですぐれた業績をあげている著者たちを迎えて、従来見られなかった規模の大きな人物史の叢書として、「ミネルヴァ日本評伝選」の刊行を開始したい。

平成十五年（二〇〇三）九月

ミネルヴァ書房

ミネルヴァ日本評伝選

上代

俾弥呼　古田武彦
日本武尊　西宮秀紀
仁徳天皇　若井敏明
雄略天皇　吉村武彦
*蘇我氏四代　遠山美都男
推古天皇　義江明子
聖徳太子　仁藤敦史
斉明天皇　武田佐知子
小野妹子・毛人　大橋信也
額田王　梶川信行
弘文天皇　遠山美都男
天武天皇　新川登亀男
持統天皇　丸山裕美子
阿倍比羅夫　熊田亮介
柿本人麻呂　古橋信孝
元明・元正天皇　渡部育子
聖武天皇　本郷真紹
光明皇后　寺崎保広
孝謙天皇　勝浦令子
藤原不比等　荒木敏夫
吉備真備　今津勝紀
藤原仲麻呂　木本好信
道　鏡　吉川真司
大伴家持　和田　萃
行　基　吉田靖雄

平安

*桓武天皇　井上満郎
嵯峨天皇　西別府元日
宇多天皇　古藤真平
醍醐天皇　石上英一
村上天皇　京樂真帆子
花山天皇　上島　享
三条天皇　倉本一宏
藤原薬子　中野渡俊治
小野小町　錦　仁
藤原良房・基経　滝浪貞子
菅原道真　竹居明男
紀貫之　神田龍身
源高明　所　功
慶滋保胤　平林盛得
*安倍晴明　斎藤英喜
藤原実資　橋本義則
*藤原道長　朧谷　寿
清少納言　後藤祥子
紫式部　竹西寛子
和泉式部　ツベタナ・クリステワ
大江匡房　小峯和明
阿弖流為　樋口知志
坂上田村麻呂　熊谷公男
*源満仲・頼光　元木泰雄
平将門　西山良平
藤原純友　寺内　浩
空　海　頼富本宏
最　澄　吉田一彦
空　也　石井義長
奝　然　上川通夫
*源　信　小原　仁
後白河天皇　美川　圭
式子内親王　奥野陽子
建礼門院　生形貴重
平清盛　田中文英
藤原秀衡　入間田宣夫
平時子・時忠　元木泰雄
平維盛　根井　浄
守覚法親王　阿部泰郎

鎌倉

源頼朝　川合　康
*源義経　近藤好和
後鳥羽天皇　五味文彦
九条兼実　村井康彦
北条時政　野口　実
熊谷直実　佐伯真一
*北条政子　関　幸彦
北条義時　岡田清一
曾我十郎・五郎　杉橋隆夫
北条時宗　近藤成一
安達泰盛　山陰加春夫

平頼綱　細川重男
竹崎季長　堀本一繁
西行　光田和伸
藤原定家　赤瀬信吾
＊京極為兼　今谷明
＊兼好　島内裕子
重源　横内裕人
運慶　根立研介
法然　今堀太逸
慈円　大隅和雄
明恵　西山厚
親鸞　末木文美士
恵信尼・覚信尼　西口順子
道元　船岡誠
叡尊　細川涼一
＊忍性　松尾剛次
＊日蓮　佐藤弘夫
一遍　蒲池勢至
夢窓疎石　田中博美
＊宗峰妙超　竹貫元勝

南北朝・室町

後醍醐天皇　上横手雅敬
護良親王　新井孝重
北畠親房　岡野友彦
楠正成　兵藤裕己
＊新田義貞　山本隆志
光厳天皇　深津睦夫
足利尊氏　市沢哲
佐々木道誉　下坂守
円観・文観　田中貴子
足利義満　川嶋將生
足利義教　横井清
大内義弘　平瀬直樹
伏見宮貞成親王　松薗斉
山名宗全　山本隆志
日野富子　脇田晴子
世阿弥　西野春雄
雪舟等楊　河合正朝
宗祇　鶴崎裕雄
＊満済　森茂暁
一休宗純　原田正俊

戦国・織豊

北条早雲　家永遵嗣
毛利元就　岸田裕之
＊今川義元　小和田哲男
＊武田信玄　笹本正治
真田氏三代　笹本正治
三好長慶　仁木宏
＊上杉謙信　矢田俊文
吉田兼倶　西山克
山科言継　松薗斉
雪村周継　赤澤英二
織田信長　三鬼清一郎
豊臣秀吉　藤井讓治
＊北政所おね　田端泰子
＊淀殿　福田千鶴
前田利家　東四柳史明
黒田如水　小和田哲男
蒲生氏郷　藤田達生
細川ガラシャ　田端泰子
伊達政宗　伊藤喜良
＊支倉常長　田中英道
ルイス・フロイス　エンゲルベルト・ヨリッセン
＊長谷川等伯　宮島新一
顕如　神田千里

江戸

徳川家康　笠谷和比古
徳川吉宗　横田冬彦
＊後水尾天皇　久保貴子
光格天皇　藤田覚
崇伝　杣田善雄
春日局　福田千鶴
池田光政　倉地克直
シャクシャイン　岩崎奈緒子
＊田沼意次　藤田覚
二宮尊徳　小林惟司
末次平蔵　岡美穂子
高田屋嘉兵衛　生田美智子
林羅山　鈴木健一
中江藤樹　辻本雅史
山崎闇斎　澤井啓一
＊北村季吟　島内景二
貝原益軒　辻本雅史
ケンペル　ボダルト・ベイリー
荻生徂徠　柴田純
雨森芳洲　上田正昭
前野良沢　松田清
平賀源内　石上敏
杉田玄白　吉田忠
上田秋成　佐藤深雪
木村蒹葭堂　有坂道子
＊大田南畝　沓掛良彦
菅江真澄　赤坂憲雄
＊鶴屋南北　諏訪春雄
良寛　阿部龍一
山東京伝　佐藤至子
＊滝沢馬琴　高田衛
平田篤胤　川喜田八潮
シーボルト　宮坂正英
本阿弥光悦　岡佳子
小堀遠州　中村利則
尾形光琳・乾山　河野元昭
＊二代目市川團十郎　田口章子
与謝蕪村　佐々木丞平
伊藤若冲　狩野博幸
鈴木春信　小林忠
円山応挙　佐々木正子
＊佐竹曙山　成瀬不二雄
葛飾北斎　岸文和
酒井抱一　玉蟲敏子
孝明天皇　青山忠正
＊和宮　辻ミチ子

徳川慶喜　大庭邦彦
＊古賀謹一郎　小野寺龍太
＊月　性　海原　徹
＊吉田松陰　海原　徹
＊高杉晋作　海原　徹
オールコック　佐野真由子
アーネスト・サトウ　奈良岡聰智
冷泉為恭　中部義隆

近代

＊明治天皇　伊藤之雄
大正天皇　フレッド・ディキンソン
昭憲皇太后・貞明皇后　小田部雄次
大久保利通　三谷太一郎
山県有朋　鳥海　靖
木戸孝允　落合弘樹
＊松方正義　室山義正
北垣国道　小林丈広
大隈重信　五百旗頭薫
伊藤博文　坂本一登
井上　毅　大石　眞
＊桂　太郎　小林道彦
＊乃木希典　佐々木英昭
林　董　君塚直隆
児玉源太郎　小林道彦
＊高宗・閔妃　木村　幹
山本権兵衛　室山義正
高橋是清　鈴木俊夫
小村寿太郎　簑原俊洋
犬養　毅　小林惟司
加藤高明　櫻井良樹
加藤友三郎・寛治　麻田貞雄
田中義一　黒沢文貴
平沼騏一郎　堀田慎一郎
宇垣一成　北岡伸一
宮崎滔天　榎本泰子
＊浜口雄幸　川田　稔
幣原喜重郎　西田敏宏
関　一　玉井金五
広田弘毅　井上寿一
安重根　上垣外憲一
グルー　廣部　泉
東條英機　牛村　圭
蔣介石　劉　岸偉
石原莞爾　山室信一
木戸幸一　波多野澄雄
五代友厚　田付茉莉子
大倉喜八郎　村上勝彦
安田善次郎　由井常彦
渋沢栄一　武田晴人
山辺丈夫　宮本又郎
武藤山治　阿部武司・桑原哲也
小林一三　橋爪紳也
大倉恒吉　石川健次郎
大原孫三郎　猪木武徳
河竹黙阿弥　今尾哲也
イザベラ・バード　加納孝代
林　忠正　木々康子
森　鷗外　小堀桂一郎
二葉亭四迷　ヨコタ村上孝之
巌谷小波　千葉信胤
樋口一葉　佐伯順子
島崎藤村　十川信介
泉　鏡花　東郷克美
有島武郎　亀井俊介
永井荷風　川本三郎
北原白秋　平石典子
菊池　寛　山本芳明
宮澤賢治　千葉一幹
正岡子規　夏石番矢
P・クローデル　内藤　高
高浜虚子　坪内稔典
与謝野晶子　佐伯順子
＊種田山頭火　村上　護
斎藤茂吉　品田悦一
＊高村光太郎　湯原かの子
萩原朔太郎　エリス俊子
原阿佐緒　秋山佐和子
＊狩野芳崖・高橋由一　古田　亮
竹内栖鳳　北澤憲昭
黒田清輝　高階秀爾
中村不折　石川九楊
横山大観　高階秀爾
＊橋本関雪　西原大輔
小出楢重　芳賀　徹
土田麦僊　天野一夫
岸田劉生　北澤憲昭
松旭斎天勝　川添　裕
中山みき　鎌田東二
ニコライ　中村健之介
出口なお・王仁三郎　川村邦光
島地黙雷　阪本是丸
＊新島　襄　太田雄三
嘉納治五郎　クリストファー・スピルマン
＊澤柳政太郎　新田義之
河口慧海　高山龍三
大谷光瑞　白須淨眞
＊久米邦武　髙田誠二
フェノロサ　伊藤　豊
三宅雪嶺　長妻三佐雄
内村鑑三　新保祐司
＊岡倉天心　木下長宏
志賀重昂　中野目徹
徳富蘇峰　杉原志啓
竹越與三郎　西田　毅
内藤湖南・桑原隲蔵　礪波　護
岩村　透　今橋映子

西田幾多郎 大橋良介
喜田貞吉 中村生雄
上田　敏 及川　茂
柳田国男 鶴見太郎
厨川白村 張　競
大川周明 山内昌之
折口信夫 斎藤英喜
九鬼周造 粕谷一希
辰野　隆 金沢公子
シュタイン 瀧井一博
＊福澤諭吉 平山　洋
福地桜痴 山田俊治
中江兆民 田島正樹
田口卯吉 鈴木栄樹
陸　羯南 松田宏一郎
宮武外骨 山口昌男
＊吉野作造 田澤晴子
野間清治 佐藤卓己
山川　均 米原　謙
北　一輝 岡本幸治
杉　亨二 速水　融

北里柴三郎 福田眞人
田辺朔郎 秋元せき
＊南方熊楠 飯倉照平
寺田寅彦 金森　修
石原　純 金子　務
J・コンドル 鈴木博之
辰野金吾 河上真理・清水重敦
小川治兵衛 尼崎博正

現代

昭和天皇 御厨　貴
高松宮宣仁親王 後藤致人
＊李方子 小田部雄次
吉田　茂 中西　寛
マッカーサー 柴山　太
重光　葵 武田知己
池田勇人 中村隆英

和田博雄 庄司俊作
朴正熙 木村　幹
竹下　登 真渕　勝
＊松永安左エ門 橘川武郎
鮎川義介 井口治夫
出光佐三 橘川武郎
松下幸之助 米倉誠一郎
渋沢敬三 井上　潤
本田宗一郎 伊丹敬之
井深　大 武田　徹
幸田家の人々 金井景子
＊正宗白鳥 大嶋　仁
大佛次郎 福島行一
＊川端康成 大久保喬樹
薩摩治郎八 小林　茂
松本清張 杉原志啓
安部公房 成田龍一
三島由紀夫 島内景二

R・H・ブライス 菅原克也
金素雲 林　容澤
柳　宗悦 熊倉功夫
バーナード・リーチ 鈴木禎宏
イサム・ノグチ 酒井忠康
川端龍子 岡部昌幸
藤田嗣治 林　洋子
＊井上有一 海上雅臣
手塚治虫 竹内オサム
山田耕筰 後藤暢子
武満　徹 船山　隆
力道山 岡村正史
美空ひばり 朝倉喬司
植村直巳 湯川　豊
＊西田天香 宮田昌明
安倍能成 中根隆行
G・サンソム 牧野陽子

和辻哲郎 小坂国継
青木正児 井波律子
矢代幸雄 稲賀繁美
石田幹之助 岡本さえ
＊平泉　澄 若井敏明
島田謹二 小林信行
前嶋信次 杉田英明
竹山道雄 平川祐弘
保田與重郎 谷崎昭男
佐々木惣一 松尾尊兊
＊瀧川幸辰 伊藤孝夫
矢内原忠雄 等松春夫
福本和夫 伊藤　晃
フランク・ロイド・ライト 大久保美春
大宅壮一 有馬　学
清水幾太郎 竹内　洋

＊は既刊
二〇〇八年六月現在